Berichte des German Chapter
of the ACM   25

H. Wedekind/K. Kratzer (Hrsg.)
Büroautomation '85

Berichte des German Chapter of the ACM

Im Auftrag des German Chapter
of the ACM herausgegeben durch den Vorstand

Chairman
Dr. Klaus Pasedach, Vogt-Kölln-Str. 30, 2000 Hamburg 54

Vice Chairman
Prof. Dr.-Ing. P. Gorny, Ammerländer Heerstr. 67—99, 2900 Oldenburg

Treasurer
Prof. Dr. Wolfgang Riesenkönig, Feldmannstr. 83, 6600 Saarbrücken

Secretary
U. Weng-Beckmann, Otto-Hahn-Ring 6, 8000 München 83

Band 25

Die Reihe dient der schnellen und weiten Verbreitung neuer, für die Praxis relevanter Entwicklungen in der Informatik. Hierbei sollen alle Gebiete der Informatik sowie ihre Anwendungen angemessen berücksichtigt werden.

Bevorzugt werden in dieser Reihe die Tagungsberichte der vom German Chapter allein oder gemeinsam mit anderen Gesellschaften veranstalteten Tagungen veröffentlicht. Darüber hinaus sollen wichtige Forschungs- und Übersichtsberichte in diese Reihe aufgenommen werden.

Aktualität und Qualität sind entscheidend für die Veröffentlichung. Die Herausgeber nehmen Manuskripte in deutscher und englischer Sprache entgegen.

Büroautomation '85

Herausgegeben von

Prof. Dr. rer. pol. Hartmut Wedekind
und Dipl. Informatiker Klaus Kratzer
Forschungsgruppe für Datenbanksysteme
an der Universität Erlangen-Nürnberg

B. G. Teubner Stuttgart 1985

CIP-Kurztitelaufnahme der Deutschen Bibliothek

Büroautomation <1985, Erlangen>:
(Büroautomation fünfundachtzig)
Büroautomation '85 : (vom 2.-4.10.1985 in Erlangen) /
hrsg. von Hartmut Wedekind u. Klaus Kratzer.
Stuttgart : Teubner, 1985
   (Tagung ... des German Chapter of the ACM ; 1985,4)
   (Berichte des German Chapter of the ACM ; Bd.25)
   ISSN 0724-9764
   ISBN 3-519-02444-6

NE: Wedekind, Hartmut (Hrsg.) ; Association for Computing
Machinery / German Chapter: ... Tagung des ...; Association for
Computing Machinery / German Chapter: Berichte des German...;AST

Printed in Germany
Gesamtherstellung J. Illig Offsetdruck, Göppingen
Umschlaggestaltung: W. Koch, Sindelfingen

<u>VORWORT</u>

Die Tagung BÜROAUTOMATION '85 ist die erste ihrer Art in Deutschland. Die Absicht, wie die vieler Tagungen, ist auch hier, ein Forum für die Mittler zwischen universitärer Forschung und industrieller Entwicklung zu schaffen. Deshalb wurden mehrere Sitzungen der Darstellung weiterführender Arbeiten der Computerhersteller in Deutschland gewidmet.

Viel Raum finden jedoch auch die Fragen, ob die unter dem Begriff "Büroautomation" vermarkteten Produkte nicht eher durch Zufall in diese Kategorie eingereiht wurden, und ob nicht eine grundlegende Neubesinnung auf das Grundsätzliche menschlichen Denkens und Handelns erforderlich ist, um sinnvoll die oft unstrukturierten Tätigkeiten im Büro formalisieren zu können. Für dieses Anliegen sowie die Beschreibung der technischen Realisierungen ist es gelungen, namhafte Forscher und Entwickler zu gewinnen, die in vielen Belangen nicht nur den "State of the Art", sondern oft auch den "State of the Future" vertreten werden.

Wir bedanken uns bei allen, die, oft unter erheblichem Zeitaufwand, zum Gelingen dieser Tagung beigetragen haben.

Erlangen, im Juli 1985

                                    Hartmut Wedekind
                                    Klaus Kratzer

TAGUNGSLEITUNG

H. Wedekind·

PROGRAMMKOMITEE

Vorsitzender:
H. Stoyan, Universität Erlangen-Nürnberg

H. Balzert, Triumph-Adler AG, Nürnberg
W. Effelsberg, IBM Deutschland, Heidelberg
U. Herzog, Universität Erlangen-Nürnberg
P. Mertens, Universität Erlangen-Nürnberg
W. Paulus, Nixdorf Computer AG, Paderborn
W. Remmele, Siemens AG, München
A. Reuter, Universität Kaiserslautern
G. Schlageter, FernUniversität Hagen
P. Schnupp, InterFace, München
H. Wedekind, Universität Erlangen-Nürnberg

ORGANISATION

H. Wedekind
K. Kratzer

SPONSOREN

IBM Deutschland GmbH
Siemens AG

INHALTSVERZEICHNIS

BÜROAUTOMATION - Eine anthropotechnische Aufgabe

Hartmut Wedekind
Universität Erlangen-Nürnberg

1. EINFÜHRUNG

Es ist nicht einfach, eine Begriffsbestimmung für" Büro" und die Tätigkeiten, die in ihm vollzogen werden, vorzunehmen. Eine Fixierung ist notwendig, um "Büroautomation als eigenständiges Anwendungsgebiet der Informatik" einordnen zu können. Was unterscheidet eine Bürotätigkeit von einer Fabrik-, Labor oder sonstigen Dienstleistungstätigkeit z.B. in Krankenhäusern, Verkehrs- und Gaststättenbetrieben? Auch bei einem unpräzisen Begriff ist in unserem Sprachgebrauch klar, daß Bürotätigkeiten überall anzutreffen sind, nicht nur an den Orten, die wir Büro nennen und mit denen wir z.B. Schreibtisch, Schreibmaschine, Ablage etc. assoziieren. Wenn zu hören ist, im Büro wird die Welt nicht verändert, sondern die Veränderung allenfalls vorgedacht, so ist diese Aussage sicherlich richtig, falls die konkreten Gegenstände der körperlichen Welt gemeint sind. Die abstrakten Gegenstände der "geistigen" Welt, die wir uns sprachlich erschließen, gehören sehr wohl in den Bürobereich, sie sind sogar hier die condiditio sine qua non. Noch böswilliger ist die Aussage, daß im Büro nicht gearbeitet, sondern gesprochen wird, wobei statt "Sprechen" häufig auch herabsetzende Wörter wie "Quasseln" oder "Schwätzen" zu hören sind. Animositäten gegen die Büroarbeit, die sich so äußern, treffen aber den Kern, obwohl Geringschätzung ihre Absicht ist. Bürotätigkeiten sind sprachliche Handlungen und somit zunächst einmal überhaupt Handlungen. Wer handelt tut dies in der Absicht, ein Handlungsschema zu aktualisieren. So ist z.B. ein tatsächliches Verbeugen als Aktualisierung des nichtsprachlichen Handlungsschemas "Verbeugen" aufzufassen. Ohne dieses Schema wäre die Aktualisierung überhaupt nicht verständlich, und kann erst in Gesprächen etwa der folgenden Art geklärt werden: "Was tut er dort?", "Er biegt sein Rückgrat vor?." "Nein,

er verbeugt sich." "Warum tut er das?" "Er will doch keine
Gymnastik betreiben, sondern seine Ehrerbietung erweisen." Für
Handlungen ganz allgemein ist die wohl bekannte Unterscheidung
von Schema (act types) und Aktualisierung (act token) bzw.
Ausprägung (instance, occurrence) grundlegend, weil wir ja im
Handeln von Zufall und Natur einer willkürlichen Aktualisierung
frei sein wollen und statt dessen einem vorgebenen Schema
folgen, um unsere Zwecke zu erreichen.
Welche Besonderheiten zeichnen nun sprachliches Handeln aus?
Sprachliches Handeln - und hierauf hat Kambartel (KB 80) mit
Nachdruck hingewiesen - kann nur aktualisiert werden, indem wir
eine ganz andere Handlung aktualisieren. Durch phonetische
Handlungen (Schallwellen erzeugen) sprechen wir oder vollziehen
eine Sprechhandlung (Sprechakt) im engeren Sinne. Durch Figu-
renherstellhandlungen (figurative Handlungen) seien es Buchsta-
ben oder geometrische Figuren, die hergestellt werden, schreiben wir (Schreibakte). Figurative Handlungen hinterlassen als
Herstellungshandlungen Spuren ihrer Ausführung, auf die es bei
diesen Handlungen in der Regeln gerade ankommt. Sprechakte im
engeren Sinne und Schreibakte bilden die Sprachakte im weiteren
Sinne. Schallwellenerzeugen und Figurenherstellen sind Handlungen, die das Schreiben und Sprechen tragen. Kambartel nennt
sie treffend Trägerhandlung. Trägerhandlungen tragen die symbolischen Handlungen, wie Kambartel die sprachlichen Handlungen
nennt. Wenn einer spricht oder schreibt, fallen das Schallwellenerzeugen oder das Figurenherstellen mit dem, wofür sie stehen, dem Sprechen und Schreiben, zusammen (symbolon (gr.) = das
Zusammengefallene). Ein triviales Merkmal für Büroarbeit, das
sogar konstitutiv ist, ist das symbolische Handeln. "How to do
things with words", der Titel des berühmten Buches von Austin
(AU 62), könnte als Motto über jedem Büro stehen. Damit grenzt
sich das Büro zwar von der Fabrik, dem Labor und den aufgeführten Dienstleistungsbereichen ab. Jedoch haben das Zeichen-,
das Konstruktions-, das Lohn- und das Arbeitsvorbereitungsbüro
mit diesen Arbeitsstätten gemein, daß Aufgaben, besser Probleme bewältigt werden müssen.

Das Büro als Ort des Problemlösens mit Sprache ist ein weites, für wissenschaftliche Forschung noch zu unspezifiziertes Feld. Das Besondere des gewaltig großen Arbeits- und Wirtschaftsbereiches "Büro", ist unter dem Aspekt der Automation mit den hardware- und softwaretechnischen Mitteln der Informatik, das Moment der Arbeitsbestgestaltung. Wie kann man unter der erdrückenden Vielfalt der Interaktionsmöglichkeiten mit dem Gerät [light pen, touch panel, tablet mouse, joystick, voice input, keyboard, trackball, potentiometer, programmed function key button etc. etc. und in Zukunft noch große Bildschirme zur besseren Realisierung der "desktop"-Idee bei gleichzeitiger Vernetzung] symbolische Handlungen der Sprache durch geeignete Trägerhandlungen, das ist die Bedienung der Geräte, abstützen? Für dieses Anliegen kann man Bezeichnungen wie "Ergonomie", "Human Factors" und "Arbeitswissenschaft" mit ihren psychologischen, physiologischen und technischen Komponenten einführen. Da es sich im Büro um Problemlösen mit Sprache handelt, sind aber nicht nur empirische (a posteriori), sondern auch rationale (a priori), also konstruierende Sprachwissenschaften - wie Grammatik und Logik - von Bedeutung. Da dies von vielen, die dem Scientific Management á la Taylor anhängen, nicht gesehen wird, sollen hier zwei kleine Beispiele erwähnt werden:

Angenommen in einem Datenerfassungsprozess sei die Implikation A -> B (z.B. wenn Ausländer, dann Rechnung in Dollar) zu prüfen. Soll streng im Sinne der konstruktiven Logik erst der Vordersatz A und dann der Nachsatz B zur Eingabe verlangt werden, und wenn A falsch ist, dann ist man in B zu nichts verpflichtet? Oder aber ist ¬A ∨ B zu prüfen, d.h. man ist in der Reihenfolge der Eingabe von A und B völlig frei? Anders gefragt, soll der Bediener im Sinne der Implikation über das Antezedenz zur Konklusion geführt werden oder nicht? Zweites Beispiel: Soll man in einem Menübaum, um zu einem anderen Blattknoten zu gelangen, immer wieder zur Wurzel zurückkehren, weil die Begriffsbildung im Menü das so verlangt, oder ist ein direkter Übergang von Blattknoten zu Blattknoten aus dem Aspekt einer anderen Begriffsbildung nicht wesentlich stringenter?
Aus diesen Beispielen ist zu entnehmen, daß die Logik als Lehre vom Schluß, von der Begriffsbildung und vom Urteil (Aussage)

tief in den interaktiven Arbeitsprozess eingreift. Um dies
kundzutun, ist der etwas eigenwillige Terminus "anthropo-
technisch" in der Überschrift gewählt worden. Was in diesem
Sinne von Alan Kay im Rahmen seiner Arbeiten zum Dynabook, dem
privaten Notizbuch (KA 77), oder mit den pädagogischen Be-
mühungen von Seymour Papert (PA 82) zum Turtle-Programmieren
u.a. mit Logik geschaffen wurde, sind Marksteine in einer
anthropotechnischen Entwicklung der Informatik, die in der
Büroautomation ihre Fortsetzung erfährt.

2. PRAGMATISCHE KATEGORIEN VON AUSWAHLHANDLUNGEN UND IHRE
   AUSWAHLVERFAHREN

Symbolische Sprachhandlungen können nur vermittels Trägerhandlungen aktualisiert werden. Zwischen beiden steht also eine
problematische Vermittlungsrelation. Die Gerätschaft zur
Ausführung der Trägerhandlung ist - wie bereits ausgeführt -
vielfältig. Ein grundsätzliches Problem wird sofort sichtbar.
Wie ist für eine beabsichtigte symbolische Sprachhandlung eine
Trägerhandlung zwecks Aktualisierung zu finden? Oder konventio-
nell formuliert: Eine Person will eine Mitteilung machen, wie
soll sie das tun? Per Brief, und dann in Bleistift, Tinte oder
Schreibmaschine, vielleicht aber auch mündlich, und dann eventuell per Boten oder fernmündlich? Sitzt die Person jedoch vor
dem verwirrenden Panorama eines modernen, interaktiven Arbeits-
platzes, so wird die Umsetzungsentscheidung bedeutend schwieri-
ger. Man muß sich erst systematisch mit dem befassen, was
mitgeteilt werden soll, um dann herauszufinden, welche Träger-
operationen anzuwählen sind. Ist eine Ordnung erst in das
gebracht, was mitgeteilt werden soll, und ist die Vielfalt der
Instrumente der Trägersprache kategorisiert, so verlangt die
Büroautomation vom Artikulations- bzw. Aktualisierungsvermögen
der Person nicht mehr als eine konventionelle Umgebung, ein
Umstand, auf dem Papert, Kay u.a. mit Nachdruck hingewiesen
haben, um der verständlichen, aber unbegründeten "geistigen
Blockierung" vieler Menschen entgegenzuwirken.

Betrachten wir zunächst eine elementare symbolische Sprachhandlung genauer. Ausgangspunkt ist ein elementarer Satz der
üblichen logischen Grammatik, in dem zwischen Nominator und
Prädikator unterschieden wird. In der gängigen Schreibweise
x ∈ Q (Mayer ist verschuldet) steht der Nominator x (Eigenname
bzw. Kennzeichnung), der einen Gegenstand benennt, links von
der Kopula ∈ (Bedeutung 'ist') und der dem Gegenstand zuge-
wiesene Prädikator Q rechts von ihr. Entsprechend dieser Unterscheidung wollen wir zwischen einer nominativen Sprachhandlung
N und einer prädikativen Sprachhandlung P unterscheiden. In
einer nominativen, symbolischen Sprachhandlung N wird in Form
eines Eigennamens, einer Kennzeichnung oder durch eine situa-
tionsabhängigen Zeigehandlungen ("Diesen Bleistift, bitte") ein
Gegenstand ausgewählt, um ihn mit einer ausgewählten beab-
sichtigten prädikativen, symbolischen Sprachhandlung P zu ver-
binden. Zeigehandlungen (auch deiktische Handlungen genannt)
spielen in der Computerinteraktion eine herausragende Rolle. In
einer Regel N => P gehen wir von einer nominativen zu einer
intendierten, prädikativen Sprachhandlung über. Das Zuordnen
des Namens 'Mayer' ist eine N-Handlung, das dann folgende
Präzidieren 'verschuldet' eine P-Handlung. Wer Sprache erlernen
will, muß lernen, N-Handlungen mit P-Handlungen, wie wir die
beiden pragmatischen Kategorien nennen wollen, zu verknüpfen.
Beide Handlungskategorien sind Wahlhandlungen, in dem Sinne,
daß ein Nominator bzw. ein Prädikator ausgewählt wird.

Unser Ziel ist es, Trägerhandlungen für ein automatisiertes
Büro anzugeben. In einem grundlegenden Aufsatz haben Foley,
Wallace und Chan (FO 84) Auswahlverfahren ziemlich vollständig
klassifiziert, denen die N- und P-Handlungen auf dem Wege zu
den Trägerhandlungen hin zugeordnet werden müssen. Foley e.a.
unterscheiden folgenden sechs Interaktionstypen als Input-
Aktivitäten:

1. Selektieren von Objekten einer Menge; Parameter: Mächtigkeit
   der Menge.

2. Positionieren von Objekten im Raum; Parameter: 1D-, 2D-, 3D-,
   Auflösung mit oder ohne feedback.

3. <u>Ausrichten</u> von Objekten durch Winkelfestlegung; <u>Parameter:</u>
Freiheitsgrad, Auflösung mit oder ohne feedback.

4. <u>Pfadbestimmung</u> als ganzheitlich betrachtete Folge von
Positionierungen und Ausrichtungen; <u>Parameter:</u> Max. Zahl der
Pfadelemente, Typ und Intervallgröße zwischen zwei Elemen-
ten, Auflösung mit und ohne feedback.

5. <u>Wertbestimmung</u> in einem Wertebereich; <u>Parameter:</u> Auflösung
mit und ohne feedback.

6. <u>Texteingaben.</u> <u>Parameter:</u> Mächtigkeit der Zeichenmenge,
Max. Stringlänge.

Wir müssen uns die Auswahlverfahren als interaktive
Handlungstypen orthogonal zu den N- und -P Handlungskategorien
vorstellen.

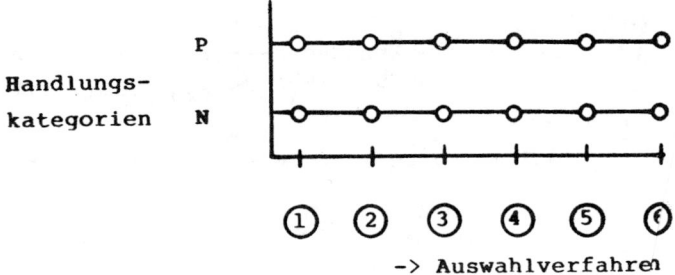

Handlungs-
kategorien

-> Auswahlverfahren

Der Übergang von einer Handlungskategorie zu einem Auswahlverfahren als einem interaktiven Sprachhandlungstyp ist ein wichtiger Entwurfsschritt, über den dann Auswahltechniken und Geräte zur Ausführung der Trägerhandlung bestimmt werden können.
Diese weiteren Verfeinerungen übernehmen wir im folgenden für
die drei, nicht typisch graphischen Auswahlverfahren 1, 5 und 6
von Foley e.a., um dem Leser einen Eindruck zu geben. Für ein
tieferes Studium dieses wertvollen Beitrages sei die Lektüre
der Originalarbeit wärmstens empfohlen.

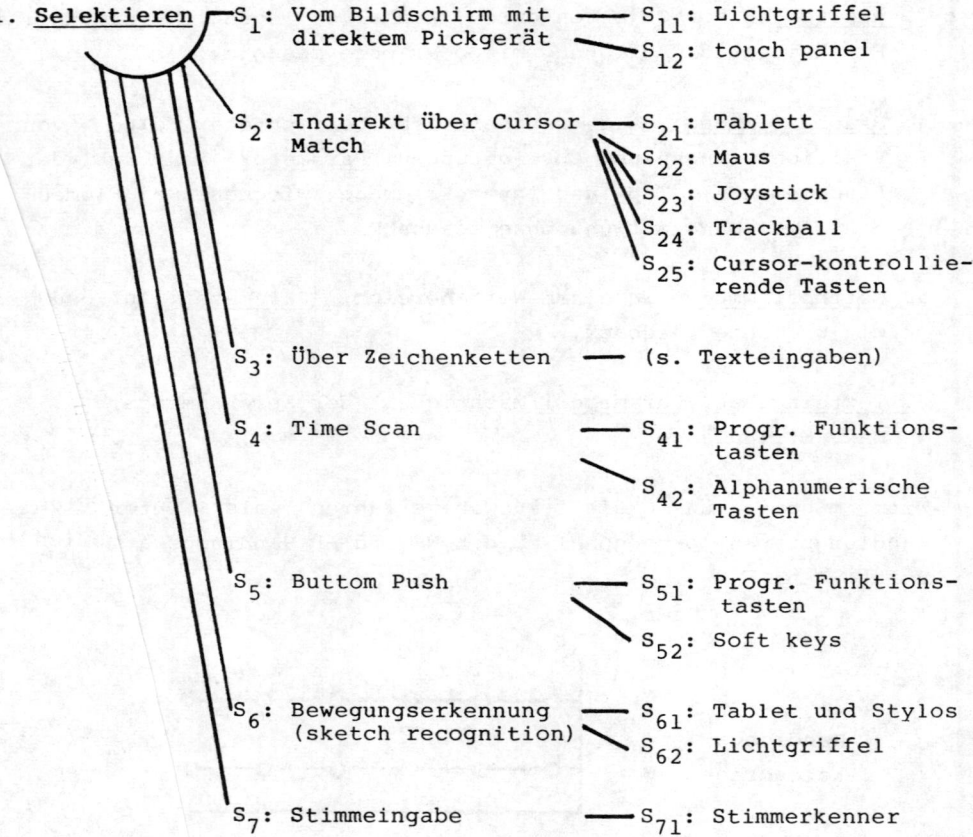

1. **Selektieren** S_1: Vom Bildschirm mit — S_{11}: Lichtgriffel
direktem Pickgerät — S_{12}: touch panel

S_2: Indirekt über Cursor — S_{21}: Tablett
Match — S_{22}: Maus
S_{23}: Joystick
S_{24}: Trackball
S_{25}: Cursor-kontrollie-
rende Tasten

S_3: Über Zeichenketten — (s. Texteingaben)

S_4: Time Scan — S_{41}: Progr. Funktions-
tasten
S_{42}: Alphanumerische
Tasten

S_5: Buttom Push — S_{51}: Progr. Funktions-
tasten
S_{52}: Soft keys

S_6: Bewegungserkennung — S_{61}: Tablet und Stylos
(sketch recognition) — S_{62}: Lichtgriffel

S_7: Stimmeingabe — S_{71}: Stimmerkenner

Typische Anwendungen sind: Selektieren eines Kommandos aus
einem Menü urd Operanden- und Prädikatioren/Nominatorenselek-
tion.

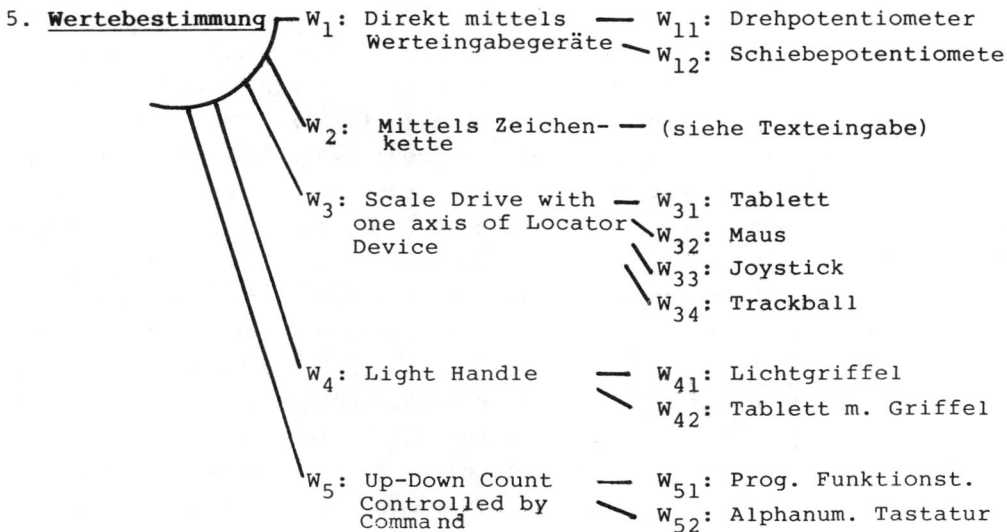

5. **Wertebestimmung** — W_1: Direkt mittels Werteingabegeräte — W_{11}: Drehpotentiometer / W_{12}: Schiebepotentiometer

W_2: Mittels Zeichen-kette — (siehe Texteingabe)

W_3: Scale Drive with one axis of Locator Device — W_{31}: Tablett / W_{32}: Maus / W_{33}: Joystick / W_{34}: Trackball

W_4: Light Handle — W_{41}: Lichtgriffel / W_{42}: Tablett m. Griffel

W_5: Up-Down Count Controlled by Command — W_{51}: Prog. Funktionst. / W_{52}: Alphanum. Tastatur

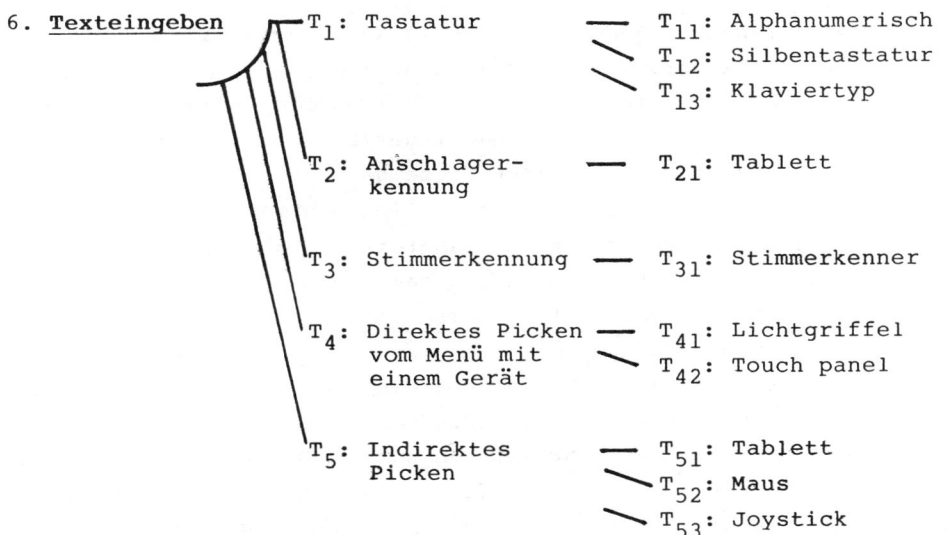

6. **Texteingeben** — T_1: Tastatur — T_{11}: Alphanumerisch / T_{12}: Silbentastatur / T_{13}: Klaviertyp

T_2: Anschlager-kennung — T_{21}: Tablett

T_3: Stimmerkennung — T_{31}: Stimmerkenner

T_4: Direktes Picken vom Menü mit einem Gerät — T_{41}: Lichtgriffel / T_{42}: Touch panel

T_5: Indirektes Picken — T_{51}: Tablett / T_{52}: Maus / T_{53}: Joystick

Im Unterschied zum Selektieren und den anderen Verfahren ist bei der Texteingabe wichtig zu erwähnen, daß ein Zeichen keine Aktion auslöst. Die ganze Zeichenkette wird als Einheit betrachtet. Verfahren 1 bis 5 können zu dem "Klassiker" der

Auswahlverfahren, dem Texteingeben, "degenerieren", was im folgenden Dialog deutlich werden soll: Was macht er? Er selektiert
(positioniert, richtet aus, bestimmt einen Pfad, bestimmt einen
Wert)! Wie macht er das? Er gibt Texte ein! Es ist klar, daß
das Texteingeben immer noch die große Bedeutung hat, weil es
aus der Papierwelt stammt. Büroautomation zeichnet sich aber
gerade dadurch aus, daß Texteingeben (Figurenherstellen) als
Trägerhandlung drastisch reduziert wird. Das Panorama der
Umsetzungsmöglichkeiten zu Trägerhandlungen hin, das Foley e.a.
aufzeigen, umfaßt auch den CAD-Bereich (Konstruktions- und
Zeichenbüros, technische Dokumentationsbüros) und übersteigt
somit die Anforderungen einer kaufmännischen Umgebung. Zu ver-
merken ist noch, daß beim reinen Texteingeben (Dokumente,
Bücher, Zeitschriftenartikel) die lange, eingegebene Zeichen-
kette als Nominator fungiert, der man dann wegen der Länge ein
eindeutiges Surrogat, z.B. eine Dokumenten-Nr.zuordnet. Die
Methode der Surrogateinführung für Nominatoren ist in Datenbanksystemen gang und gäbe.

Von herausragender Bedeutung für Bürosysteme ist die Forderung,
das Panorama instrumentell so zu gestalten, daß alles so aus-
sieht, wie auf einem Schreibtisch (desktop Idee). Engpässe
irgendwelcher Art darf es bei Trägerhandlungen nicht geben.
Wenn es Engpässe gibt, sollten diese geistiger Art sein. Datenbanksysteme mit aktiven konzeptionellen Schemata und KI-Metho-
den könnten dann unterstützend eingreifen. Bloß, was sind Engpässe geistiger Art? Klar ist, daß sie im Bereich der symbolischen Handlung auftreten, also in unserem Bilde auf der
Ordinatenachse.
Vorausgesetzt wird, daß aber überhaupt erkannt wird, daß ein
Handlungsbedarf besteht, d.h. die Person muß wie durch Liegen-
gebliebenes auf dem Schreibtisch zur rechten Zeit erinnert
werden (reminding office vs. finding office (MA 83)). Typische
Engpässe geistiger Art sind Verknüpfungsprobleme von N- und P-
Handlungen:

a)   N-Handlung durchführbar, P-Handlung nicht durchführbar;
     z.B. es wird für einen Auftrag die Versandadresse
     gesucht. Nach langem Suchen findet man heraus, daß der

Auftrag auf einem Boot ausgeliefert werden soll, das zur
Zeit y am Anlegeplatz x festmacht. Dieses Beispiel für
eine Büroprozedur stammt von Fikes und Henderson (FI
80). Hinzu kommt noch bei diesem Beispiel, daß bei
Auslieferung in Kalifornien andere Steuersätze gelten. Aus sprachkritischer Sicht sind Probleme von diesem
Typ Prädikationsprobleme. Im Bereich der Datenbanken
spricht man vom Nullwertproblem.

b) N-Handlung nicht durchführbar, P-Handlung durchführbar;
z.B. es sollen die Kunden festgestellt werden, die eine
gewisse Zahlungsbonität erreichen. Durch "browsing",
einem wichtigen Selektionsprozess in Büros, der z.B. mit
der Technik S_1 (durchgeführt wird), könnten schnell die
Nominatoren bestimmt werden, wenn da nicht der Ostblock
wäre, der Kompensationsgeschäfte betreibt, , so daß Toma-
tenmark als Zahlungsersatz in den Kellern einer Maschi-
nenfabrik lagert, was vorgekommen ist.

c) Falsche Ausführung von N- oder P-Handlungen bzw. falsche
Zuordnung von N- zu P-Handlungen oder umgekehrt; im Rahmen der Datenbanksysteme spricht man von Verletzungen der
Integritätsbedingungen; z.B. einem Ausländer wird doch
eine Rechnung in DM ausgestellt, obwohl das untersagt
ist. Kratzer und Schreier (KR 85) haben Vorschläge unterbreitet, wie Integritätsverletzungen und das Auftauchen
von Nullwerten als Ausnahmesituationen in einer Büroumgebung zu behandeln sind.

d) Ketten von P-Handlungen. Häufig werden, um eine P-
Handlung durchführen zu können, Zwischen-P-Handlungen
verlangt, weshalb Dörner (DÖ 76) auch von Interpola-
tionsproblemen spricht; z.B.: gegeben ist Abfahrtsort und
-zeit sowie ein Ankunftsort, gesucht ist die Reiseroute.
Eine gesonderte Problemstellung ist bei Ketten von P-
Handlungen, die optimale Lösung und einen möglichst effi-
zienten Algorithmus zu finden (KI- bzw. OR-Verfahren,
rekursive Problemformulierung).

3. KATEGORIEN DES PROBLEMLÖSENS

3.1 Die Modalitäten

Ein Viehhirt, der im Grase in mediterraner Sonne paradiesisch vor sich hindämmert, ist wunschlos glücklich und problemlos. Status idealis ist erreicht. Probleme tun sich erst auf, wenn er etwas erreichen will oder erreichen soll, weil man ihm das als Gebot vorgibt. Will oder soll unser Viehhirt einen Apfel pflücken und kann er ihn so ohne weiteres nicht erreichen, d.h., er muß Mittel einsetzen, so hat er ein Problem. Daß ein problemloser Zustand, zumindest auf die Dauer, nicht paradiesisch, sondern eine mephistophelische Hölle ist, kann als eine schwierige, aber doch ziemlich grundlegende Erkenntnis angesehen werden. (Verweile doch: Du bist so schön!). Da wir nicht in der Hölle leben wollen, wollen wir etwas erreichen. Also erreichen wir etwas! Gesetzt den Fall, jemand zeigt uns, daß dieses Etwas unerreichbar ist (z.B. es gibt endlich viele Primzahlzwillinge, obwohl erreicht werden sollte, zu zeigen, daß es unendlich viele gibt), so geht die Sache ad acta und wir sind, wenn wir nichts anderes haben, wieder problemlos.

Das Büro ist ein Ort, wo a) permanent über Probleme, d.h. über Erreichbarkeiten von Sachverhalten theoretisch geredet wird und b) hoffentlich hinlänglich oft auch praktisch etwas erreicht wird. Viele behaupten, die theoretische Rede über Probleme sei eine relativ einfache Sache. Für den, der aber behauptet, ein Sachverhalt sei praktisch auch erreichbar, für den gelte leider der Spruch aller praktischen Menschen "hic Rhodos, hic salta", d.h. er kann die Wahrheit seiner Aussage nur belegen, wenn er tatsächlich erreicht, was er behauptet. Er muß schon springen. Ob theoretische Rede über Erreichbarkeit leichter ist, möge dahingestellt bleiben. Akzeptiert werden sollte, daß beide sich gegenseitig bedingen. Festzustellen bleibt, daß das theoretische Reden über Problemlösen und das praktische Lösen mit Modalitäten vollzogen wird. (Es ist notwendig, du sollst, es möglich ...). Ohne Umschweife möchte ich nun auf die Ergebnisse der Modallogik zu sprechen kommen, ohne auf die vielen Subtilitäten dieser Sprachwissenschaft einzugehen. Ich verweise auf Hughes und Cresswell (HU 72) und vor allen Dingen auf Lorenzen (LO 79).

1. Der Praktiker entscheidet über die praktischen Modalitäten, die auf die Erreichbarkeit zurückgeführt werden können. Sei A eine Aussage über den herzustellenden Sachverhalt, so schreiben wir

$$Err\ A,$$

wenn A erreichbar ist und

$$Unerr\ A =_{Def} \neg\ Err\ A$$

wenn A unerreichbar ist. ¬ ist das Negationszeichen. Err ist der praktisch modallogische Grundoperator. Err A ist wahr, wenn A tatsächlich erreicht wird, sonst ist Err A falsch. Wir sagen nun, daß A vermeidbar ist, wenn ¬ A erreichbar ist und schreiben

$$Verm\ A =_{Def} Err\ \neg\ A$$

(Wenn nicht Köln erreichbar ist, dann ist Köln vermeidbar). Die Verneinung von Vermeidbar ist Unvermeidbar. Wir schreiben:

$$Unverm\ A =_{Def} \neg\ Err\ \neg\ A$$

Unvermeidbar bedeutet, es läuft ein Gesetz ab, gegen dessen Ergebnis man trotz allen Handelns machtlos ist.

2. Der Theoretiker redet über die Erreichbarkeit, einmal, wenn die Erreichbarkeit oder ihre drei logischen Derivate (Unerr, Verm, Unverm) noch nicht nachgewiesen wurden (Fall 2a). Er redet aber auch, wenn die Erreichbarkeit und ihre Derivate schon nachgewiesen wurden (Fall 2b).

Fall 2a)

Der Theoretiker ist spekulativ tätig. Er spricht dann einmal davon, daß A <u>zwangsläufig</u> oder notwendig sei.

$$\text{Zwangsl } A$$

Das bedeutet, er kennt ein Verlaufsgesetz, z.B. ein Programm, daß den Sachverhalt A herstellt, um das er sich nicht zu kümmern braucht. Oder aber es gibt ein Verlaufsgesetz, daß auf -A zwangsläufig führt. A ist dann Unmöglich.

$$\text{Unmögl } A =_{Def} \text{Zwangsl } \neg A$$

Drittens und viertens könnten statt Verlaufsgesetze Gebote oder Verbote (also Normen) vorgegeben werden. Wir schreiben:

$$\text{Gebot } A$$

bzw.

$$\text{Verbot } A.$$

Fall 2 b)

Der Theoretiker läuft dem Praktiker hinterher. Der Theoretiker konkludiert aus der Erreichbarkeit, was naturgemäß auf "weiche" Aussagen führt. Zum Beispiel: Err A -> Mögl A, d.h. wenn A erreichbar ist, so muß A auch möglich sein. Oder Unverm A -> Nicht-Verbot A, d.h. wenn A unvermeidbar ist, so darf A auch nicht verboten sein. Aber der Schluß Err A -> Nicht-Verbot A gilt natürlich nicht, sonst dürften wir technisch alles machen und z.B. unsere Wälder total ruinieren. Ferner gilt: Was vermeidbar ist, ist nicht zwangsläufig, (Verm A -> Nicht-Zwangsl A), und was unerreichbar ist, ist nicht geboten (Unerr A -> Nicht-Gebot). Der letzte Schluß ist berühmt. Die Forderung, daß von niemandem verlangt werden kann, was er nicht vermag, ist ein alter römischer Rechtsgrundsatz: Ultra posse nemo obligatur.

Die Modalitäten des Praktikers (1) und die Modalitäten des Theoretikers spekulativ (2a) und konklusiv (2b) sind mit ihren Implikationen in der folgenden Abbildung dargestellt.

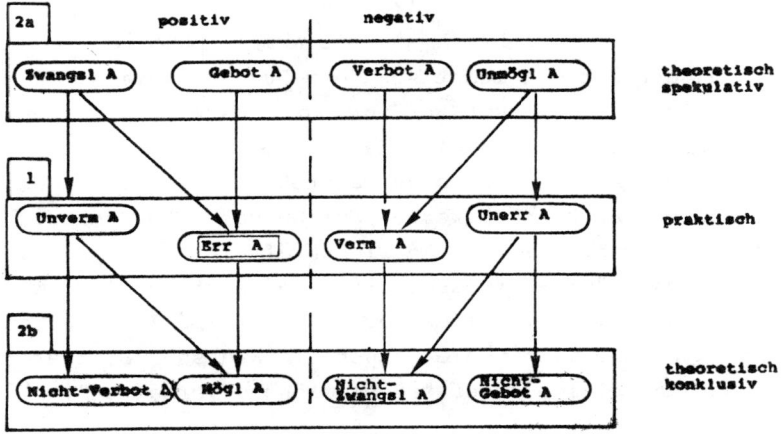

Gegeben sei ein Problem P. Bevor wir praktische Erreichbarkeiten versuchen, ist es vorteilhaft, das Problem erst einmal theoretisch-spekulativ zu betrachten (theorein = betrachten). Wird es negativ beurteilt, d.h. wir finden in gesetzlichen Normen ein Verbot oder weisen seine Unmöglichkeit bzw., was dasselbe ist, seine Unlösbarkeit nach, dann ist die Angelegenheit erledigt. Wird es hingegen positiv eingeschätzt, so gibt es zwei Fälle. Wenn der Sachverhalt sich unter Hinzuziehung eines Verlaufsgesetzes mehr oder weniger zwangsläufig einstellt, dann ist die Erreichbarkeit Routinesache. Man sagt, es läuft alles nach Plan. In diesen Zustand zu gelangen, ist u.a. das Ziel der Büroautomation. Zu beachten ist, daß "mehr oder weniger" zwangsläufig gesagt wurde. Ganz ohne unser Zutun erfolgt im Büro selten etwas. Wir befinden uns hier im Bereich des menschlichen Handelns und nicht im Bereich der Anwendung von Naturgesetzen, die z.B. die Sonne täglich aufgehen zu lassen. Das wirkliche "problem solving" setzt im Falle Gebot A ein. Hier werden jetzt spekulativ Vorgaben gemacht in der Hoffnung, daß Err A gelingen möge. Wer natürlich Unmögliches gebietet oder von sich selbst verlangt (man denke nur an die vielen Crash-Programme), der landet gemäß der Modallogik bei der Aussage <u>Unerr A</u>. Die Implikation

Gebot A - > Err A

ist das eigentlich Problematische der Büroautomation. Wie können Techniken entwickelt werden, um diesen Fall im Büro zu
unterstützen. Ich möchte dies das Kernproblem der Büroautomation nennen. Ein moralisch zu verstehender Impetus, den Kant
uns mit seinen nachdenkenswerten Worten gab, "Du kannst, denn
Du sollst", gibt uns zwar Antriebskräfte, über die Mauer zu
gelangen; das "Wie-wir-das-tun-sollen" sagt uns in der Regel
niemand. Psychologen, allen voran Dörner (DÖ 76), haben die
"Mauern" klassifiziert. Sie nennen die Klassen "Barrieretypen"
und lehren uns einiges über "Problemlösungsverhalten".

3.2 Problemklassen und ihre Barrieretypen

Probleme, an deren Lösbarkeit man sich versucht, können nach
dem Bekanntheitsgrad der Mittel und nach dem Genauigkeitsgrad
des Zielsachverhaltes in vier Klassen eingeteilt werden
(DÖ 76). Zu jeder Klasse gehören spezifische Barrieretypen.

Bekanntheitsgrad der Mittel		Genauigkeit der Kriterien für den Zielsachverhalt	
		hoch	gering
	hoch	Inter-polations-barriere	A Dialektische Barriere B
	gering	Synthese-barrieren	C Dialektische Barriere und Synthesebarriere D

A) Wenn Mittel und Ziel bekannt sind, kann es bei deren Pro-
blemlösung in dieser Klasse nur noch um das Finden der
Zwischenzustände gehen. Wir nannten für diese Klasse bereits die Probleme mit Ketten von P-Handlungen. Im Dörner-
schen Sinne wird interpoliert.

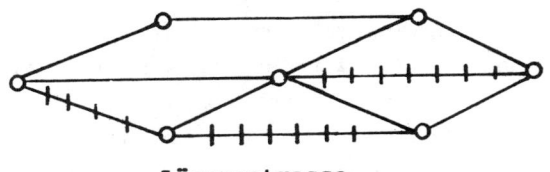

Lösungstrasse

Typischerweise bewegt man sich auf einer "Lösungstrasse" vom Anfangs- zum Zielsachverhalt. Im degenerierten Fall genügt ein Übergang. Klasse A ist ein Klassiker unter den Problemstellungen und wird von den Wissenschaften, sei es die KI - man denke an Expertensysteme - oder das Operations Research, intensiv gepflegt.

Im Bereich der Büroautomation ist diese Klasse wegen ihrer Durchsichtigkeit ebenfalls von einer paradigmatischen Bedeutung. Es wird verlangt, daß die anderen Klassen B, C, D erst in Klasse A überführt werden müssen, wenn eine Lösung im Sinne der Büroautomation gelingen sollte. Kratzer und Schreier (KR 85) führen z.B. Prozeduren ein, um den Benützer mit wichtigen Zwischeninformationen zu versorgen. Es ist einleuchtend, daß Klasse A auf jeden Fall der Einstieg und das erste "Übungsfeld" für umfangreichere, und neuartige Probleme der Büroautomatisierung ist.

B) Synthesebarrieren liegen vor, wenn nach neuen Mitteln gesucht wird, wobei Anfangs- und Zielsachverhalt bekannt sind. Alchemistenproblem mit Blei als Anfangs- und Gold als Endzustand ist eine treffende Beschreibung. Im spielerischen Bereich sind viele Denksportaufgaben aus dieser Klasse. Man muß den "Lösungsraum" erweitern, um zum Ziele zu gelangen. Aus 6 Streichhölzern 4 gleichseitige Dreiecke zu bilden, gelingt nur, wenn man in die 3. Dimension ausweicht und eine Pyramide baut. Synthese ist nur ein anderes Wort für Konstruktion. Wie kann, so lautet die Frage, ein automatisiertes Bürosystem, die Konstruktion neuer Mittel zur Lösungsfindung unterstützen. Bis heute sind in dieser Hinsicht nur spärlich Vorschläge zumindest für typisch kaufmännische Umgebungen unterbreitet worden. Anders liegen die Verhältnisse in konstruktiven Ingenieurbereichen und im Entwurf von komplexen Molekülen in der Chemie. Hier können z.B. neue Erkenntnisse in 3D-Anwendungen nur mit Hilfe des Rechners gewonnen werden. Von Wichtigkeit ist, daß man es auf eine interaktive Unterstützung und keine komplette Automatisierung abstellt. Abstraktion, Modellbildung und der erhoffte plötzliche Einfall bleiben unübertragbar. Der philosophisch interessierte Leser wird bemängeln, daß das "Rechnermodell", das wir von der Welt haben, immer hinter der "Welt" herhinkt, daß also das Neue, das Synthetische nicht gemacht, sondern bloß als Empirie, als schon da, registriert wird. Dem philosophisch interessierten Leser muß entgegengehalten werden, daß er hier ein altes philosophisches Problem aufwirft, das die Informatik so leicht auch nicht lösen kann. "Wie sind synthetische Aussagen á priori, d.h. vor dem "Sich-Ereignen -in -der Welt" möglich?, heißt es seit Kant und wir wollen es eigentlich mit dieser Bemerkung bewenden lassen. Man muß dann schon transzendieren, d.h. über das hinausgehen, was ist, und das kann die Maschine nicht!

C+D) Nach Dörner ist es für ein dialektisches Problem charakteristisch, daß die Kriterien des Zielsachverhaltes erst mit der Konstruktion der Lösung entstehen. Dialektik, das ist nicht bloß eine methodisch geführte Argumentation, sondern ein Entwicklungsprozess. Deshalb gibt es C+D-Probleme im Büro zuhauf, weniger beim operativen, mehr beim strategischen Management. In der Implikation Gebot A -> Err A ist A sehr allgemein oder sehr unscharf. Es werden keine Beschreibungstermini (z.B. Auftrag stornieren, Bonität feststellen"), sondern Beurteilungstermini "angemessen", "sozial", "wertvoll" zur Formulierung benutzt. Man fängt trotz dieses Nachteils erst einmal an und hofft, daß mit jedem Schritt ein entsprechendes Komparativkriterium "schöner als ...", "besser als ..." etc. erfüllt wird. Rapid Prototyping (WE 85) ist in diesem

Sinne eine neuere Methode zur Unterstützung von Ent-
wicklungsprozessen in der Auseinandersetzung zwischen
Systembenutzer und -entwickler.

Aus der Sicht der Modallogik ist es ein essentielles
Merkmal der dialektischen Probleme, daß Err A nicht nur
ein praktisches, sondern wegen der Manipulierbarkeit des
Zielzustandes A auch ein spekulativ-theoretisches Problem
ist. Es soll hier als eine offene Frage stehen bleiben, ob
dialektische Probleme noch ins Spektrum der Büroautomation
passen, so wie wir sie heute verstehen.

4. ENTWURF VON BÜROHANDLUNGEN

Der Zweck unserer Betrachtungen über das Problemlösen war,
darauf hinzuweisen, in welch beschränktem Rahmen Büroautomation
eigentlich eingesetzt werden kann. Wir reduzieren den Vorgang
auf Interpolationsprobleme (Klasse A), suchen aus einer möglichen Menge von Zwischenprädikatoren einen aus und hoffen so
ans Ziel zu gelangen. Damit folgen wir dem Paradigma, daß die
Probleme der Klasse B, C, D erst in die Klasse A überführt
werden müssen, wenn man von planbaren Bürohandlungen spricht.
Wir werden in diesem Abschnitt ein sehr einfaches Interpola-
tionsproblem, "das Stornieren eines Rechnungspostens" behandeln. Das Problem ist nicht rekursiv, wie bedeutende
Problemtypen dieser Klasse (z.B. Routenfindung).

Mit Bezug auf die herausgestellten sechs Interaktionstypen nach
Foley, wollen wir von einer Anordnung ausgehen, wie sie in der
folgenden Abbildung zu sehen ist:

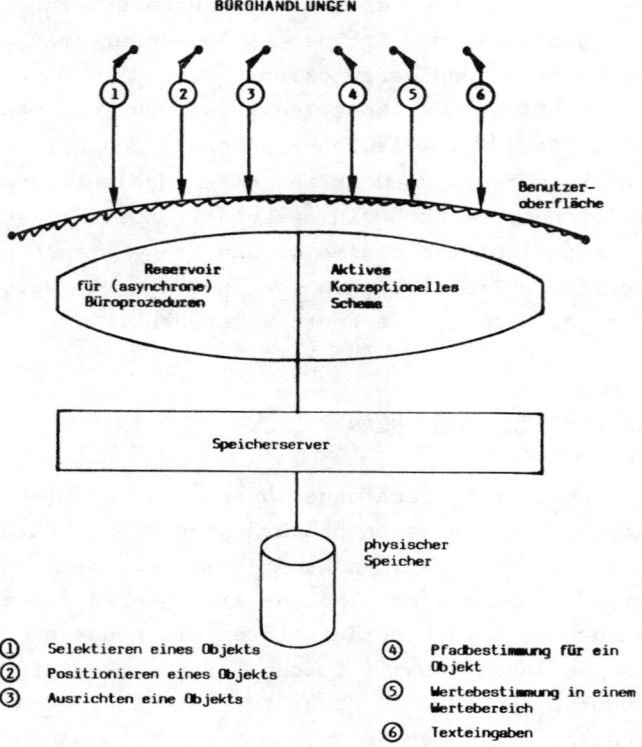

BÜROHANDLUNGEN

Benutzer-
oberfläche

Reservoir
für (asynchrone)
Büroprozeduren

Aktives
Konzeptionelles
Schema

Speicherserver

physischer
Speicher

① Selektieren eines Objekts
② Positionieren eines Objekts
③ Ausrichten eine Objekts

④ Pfadbestimmung für ein
   Objekt
⑤ Wertebestimmung in einem
   Wertebereich
⑥ Texteingaben

An der Benutzeroberfläche stehen die sechs parametrisierbaren Auswahlverfahren und ihre möglichen Trägerhandlungen zur Verfügung. Jenseits der Benutzeroberfläche stellen wir uns ein aktives konzeptionelles Schema einer Datenbank vor, mit dessen Hilfe die Datenobjekte, die über den Speicherserver bereitgestellt werden, interpretierbar werden. "Aktiv" bedeutet, daß Konsistenzbedingungen und andere wissensbasierte Regeln zur Führung des Arbeitsablaufes diesseits der Benutzeroberfläche herangezogen werden können. Ebenfalls steht ein Reservoire zur Aufnahme von Büroprozeduren zur Verfügung. Die Büroprozeduren sind Anwendungsprogramme, die vom Benutzer für die Fenster seines Bildschirms beliebig aktiviert und deaktiviert werden können. Der Benutzer hat somit wie auf seinem Schreibtisch ein

asynchrones Arbeitsfeld, was die Essenz der "desktop"-Idee
ausmacht. Die Büroprozeduren, die wegen der gleichzeitigen
Nutzung ablaufinvariant (reentrant) zu programmieren sind, sind
ein Mittel zur Ausführung der Bürohandlungen, die über die
spezifizierten, interaktiven Auswahlverfahren zu Trägerhandlungen werden. Die Trägerhandlungen lösen die Büroprozeduren aus bzw. versorgen sie mit Parametern.

Büroprozeduren zu programmieren macht nur einen Sinn, wenn die
Bürohandlungen bereits entworfen wurden. Bürohandlungen sind
als Sprachhandlungen symbolische Handlungen, die in unserem
Falle auf den interaktiven Trägerhandlungen basieren. Mein
Vorschlag, Bürohandlungen zu entwerfen, geht nun dahin,
zunächst einmal von "der Hardware" der Trägerhandlung abzusehen
und sich konventionelle figurative Handlungen auf dem Papier
vorzustellen. Gesetzt den Fall, wir beherrschen die Trägerhandlungen, wie kommen wir dann zum Aufbau der symbolischen
Handlungen? Stellen wir uns vor, wir hätten die Handlung "Stornieren eines Rechnungspostens" zu entwerfen. Ob wir bei der
Erfassung des Problems top-down (analytisch) vorgehen und eine
Zerlegung bis zu konventionellen Elementarhandlungen vornehmen,
oder ob wir von konventionellen Elementarhandlungen in bottom-
up-Manier ausgehen, hängt davon ab, wie vertraut wir mit dem
Problem sind. Erfahrene können sofort mit der synthetischen
bottom-up Vorgehensweise beginnen. Entscheidend ist, wie wir
unsere Handlungen in die Büroumgebung einführen, d.h. in welcher Folge wir sie für den allgemeinen Gebrauch bereitstellen.
Wir konstituieren eine symbolische Handlung (schlichter: wir
führen eine symbolische Handlung ein) dadurch, daß wir einer
anderen (bereits verfügbaren) Handlung h einen besonderen symbolischen Gebrauch geben (KB 80). h wird durch Vereinbarung auf
bestimmte Situationen eingeschränkt. Die folgende Abbildung
zeigt die Konstitutionshierarchie für das interpolative Problem
"Stornieren eines Rechnungspostens".

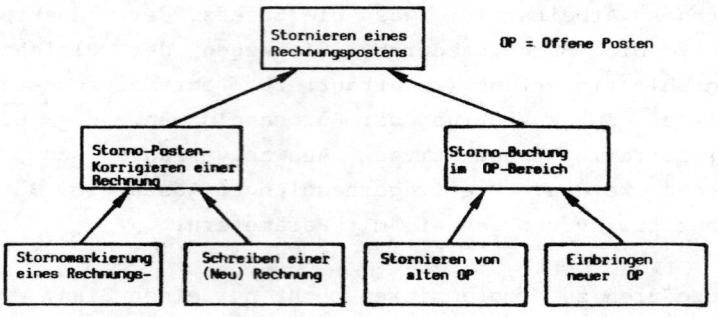

Die Konstitutionshierarchie "liest" sich wie eine Stückliste. Die Pfeile bedeuten "geht-ein-in". Wir konstituieren die symbolische Handlung "Storno-Posten-Korrigieren einer Rechnung", indem wir den verfügbaren Handlungen "Stornomarkierung" und "Schreiben einer Rechnung" einen eingeschränkten symbolischen Gebrauch geben. Über die "Montage" (Reihenfolge) der Handlungen wird nichts ausgesagt. Sofern diese Reihenfolge jedoch konstitutiv ist, (wie z.B. die Folge "Erst Stornomarkierung", dann "Neuschreiben", denn umgekehrt macht es keinen Sinn), muß sie selbstverständlich bei einer Vervollständigung der Hierarchie erwähnt werden. Das Problem der Handlungskonstitution besteht darin, daß zu stark eingeschränkt wird und wir es dann mit Myriaden von Konstitutionshierarchien zu tun bekommen. Es gilt hier die alte Empfehlung, die unter dem Schlagwort Ockham's razor (Ockamsches Rasiermesser) bekannt geworden ist: Entia non sunt multiplicanda sine necessitate.

Statt Konstitution spricht Effelsberg e.a. (EF 85) von Aggregation. Die von uns angegebenen Elementarhandlungen sind noch hochkomplexe Verbindungen von nominativen und prädikativen Handlungen. Jedoch ist es möglich, für diese Handlungen eine Folge von Trägerhandlungen aus dem "Foleyschen Panorama" zu finden. Aus diesem Grunde betrachten wir diese Handlungen als durch Trägerhandlungen konstituierbar.

Das folgende Konzeptionelle Schema mag gegeben sein:

RECHNUNG (RNR KNR,DATUM, BETRAG ...)

R-POSTEN (RNR, KNR,TNR,DATUM,ST)

ST ist ein boolscher Wertbereich für mögliche Stornierungen.

OP (RNR, KNR,DATUM, OFFENER-BERTAG, ...)

Wir beschränken uns auf eine stark verkürzte Handlungsfolge für "Stornomarkierung". Dabei gelten die eingeführten Abkürzungen für Interaktionstypen. S = Selektieren, P = Positionieren, A = Ausrichten, PA = Pfadbestimmung, W = Wertebestimmung, T = Texteingabe.

Stornomarkierung

a) W_2(x=RNR). Wähle eine Rechnungs-Nr. x aus dem Wertebereich RNR aus.

Bem.: Es wird eine Büroprozedur initialisiert, die letztendlich dem Datenbanksystem die Rechnungsnummer x mitteilt.

b) S_2 (Finde). Suche die entsprechende Rechnung.

Bem.: Die DB-Findeoperation wird in Gang gesetzt.

c) S_4. Vollziehe ein Durchsuchen des Postens (browsing bzw. scanning) und bestimme so den Posten.

Bem.: Ein freies Durchsuchen und eine Entscheidung durch den Benutzer kann folgen.

d) W_2 (ja = ST). Die Stornomarke ja wird angebracht.

Bem.: Die Markierung wird von der anschließenden symbolischen Handlung "Schreiben einer (Neu)Rechnung" als Löschung interpretiert.

Der Zweck des Beispiels war es, die Dreischichtigkeit der Handlungssynthese im Büro aufzuzeigen, wie sie im folgenden Bild dargestellt wird.

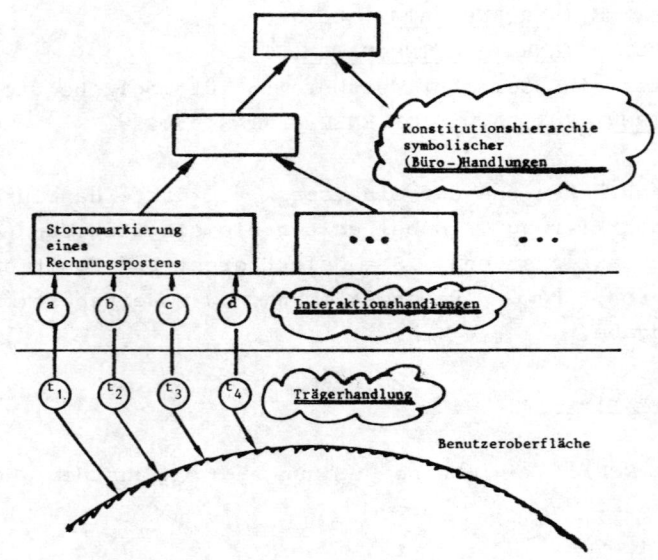

Die symbolischen Interaktionshandlungen (a) bis (d) haben
als Entsprechung die Trägerhandlungen (t_1) bis (t_4). Zu
zeigen war, daß mit der Spezifikation der Interaktionstypen der
Konstruktionsprozeß resp. Syntheseprozeß der Bürohandlung be-
ginnt. Die Interaktionshandlungen haben eine zweifache
Funktion. Einmal sind sie in Trägerhandlungen umsetzbar. Zum
anderen sind sie als symbolische Handlung die Basis der Konstitutionshierarchie. Es fällt nicht schwer, die Konstitutionshierarchie im Sinne eines Aufbaus abstrakter Maschinen aufzufassen.

Eine ergonomische Bewertung der hier in Aussicht genommenen
Trägerhandlungen soll unterbleiben.

5. SCHLUSSBEMERKUNG

Jeder Beitrag sollte einen Kern haben, den Punkt, wie die Amerikaner sagen, auf den es ankommt. Der "Punkt" dieser Arbeit sollte es sein, darauf hinzuweisen, daß Büroautomation sich als eine anthropotechnische Disziplin primär mit Bürohandlungen und deren Transformation hin zu rechnergestützten Trägerhandlungen befassen muß. Handlungsträger ist der Mensch, Träger asynchroner Prozeduren ist die Maschine. Beide sollten Symbionten und keine Parasiten sein. Die "glitzernde" Technik, die in amerikanischen Bereichen der Büroautomation so sehr bevorzugt wird, kann nur eine, und noch nicht einmal die Komponente sein. Schön ist es ein "electronic mailing", "voice and image integration", "conferencing" "mechanical decision support system", etc. etc. zu haben. Konstitutiv sind diese Techniken nicht.

LITERATUR

(AU 62) Austin, J.L.:
How to do things with words, Oxford, 1962.

(DÖ 76) Dörner, D.:
Problemlösen als Informationsverarbeitung, Kohlhammer-Verlag, Stuttgart 1976.

(EF 85) Effelsberg, W. und Lamersdorf, W.:
Strukturierung von Büroaktivitäten, (in diesem Tagungsband)

(FI 80) Fikes, R.E. und Henderson, D.A.:
On Supporting the Use of Procedures in Office Work, in: Proc. of the 1st Annual National Conference on Artificial Intelligence, Stanford 1980, S. 202 - 207.

(FO 82) Foley, J.D. und van Dam, A.:
Fundamentals of Interactive Computer Graphics, Addison-Wesely, Reading, Mass. 1982.

32

(FO 84) Foley, J.D., Wallace, v.L. und Chan, P.:
The Human Factors of Computer Graphics Interaction
Techniques, in: IEEE Journal on Computer Graphics and
Applications, Vol. 4, Nov. 11, 1984, S. 13-47.
13-47.

(HU 72) Hughes, G.E. und Cresswell:
An Introduction to Modal Logic, Methuen Inc., New York,
1972.

(KA 77) Kay, A.:
Personal Dynamic Media, in: COMPUTER, IEEE Computer
Society, Vol. 10 (1977), Heft 3, S. 31-41.

(KB 80) Kambartel, F.:
Pragmatische Grundlagen der Semantik, in: Gethmann,
C.F. (Hrsg.): Theorie des wissenschaftlichen Argumen-
tierens, Suhrkamp Verlag, Frankfurt, 1980, S. 95-
114.

(KR 85) Kratzer, K. und Schreier, U.:
Behandlung von Ausnahmesituationen mit einer
Metadatenbank, in: Blaser, A. und Pistor, P.: Daten-
banksysteme für Büro, Technik und Wissenschaft, GI-
Fachtagung, Karlsruhe, März 1985, Springer-Verlag,
Berlin-Heidelberg-New York, 1985, S. 177 - 198.

(LO 79) Lorenzen, P.:
Praktische und theoretische Modalitäten, in: Philo-
sophia Naturalis, Band 17 (1979), Heft 3, S. 261-279.

(MA 83) Malone, T.W.:
How do People organize their Desks? Implications for
the Design of Office Information Systems, in: ACM
Transactions of Office Information Systems, Vol. 1
(1983), No. 1, S. 99 - 112.

(PA 82) Papert, S.:
Kinder, Computer und Neues Lernen, Birkhäuser Verlag, Basel 1982.

(TS 85) Tsichritzis, D.:
Office Automation, Springer Verlag, Berlin-Heidelberg-New York-Tokyo, 1985.

(WE 81) Wedekind, H.:
Datenbanksysteme I, Bibliographisches Institut, Mannheim 1981.

(WE 85) Wedekind, H.:
Ein Experiment zum Rapid Prototyping, in: Angewandte Informatik 2/85, S. 58-61.

(WI 89) Wittlage, H.:
Methoden und Techniken praktischer Organisationsarbeit, Verlag NE.WB, Herne/Berlin, 1980.

Prof. Dr. Hartmut Wedekind
Universität Erlangen-Nürnberg
Informatik VI
Martensstraße 3, D-8520 Erlangen

IBM BÜROKOMMUNIKATION

Status - Konzept - Lösungen

Wolfgang Gehne

Einleitung

"Das Büro" hat viele Schattierungen, abhängig vom Typ, der Aufgabenstellung oder den Anforderungen der einzelnen Benutzer, die
"Bürotätigkeiten" ausüben. Generell lassen sich unterschiedliche Anforde-
rungsprofile aufzeigen für beispielsweise:

*   unterstützende Funktionen

*   Fachfunktionen

*   Führungskräfte.

Analysiert man die Anforderungen dieser Gruppen, so kann man feststellen,
daß drei Anwendungsbereiche, wenn auch von verschiedener Intensität,
deckungsgleich sind:

*   die Erstellung, Veränderung und Analyse von Informationen

*   die Ablage und das Wiederfinden von Informationen

* der Austausch von Informationen mit anderen Benutzern.

Die IBM hat zu Beginn dieses Jahrzehnts eine Entwicklung in der Bürokommunikation eingeschlagen, die sich durch zahlreiche Ankündigungen und Produktangebote auszeichnet, so zum Beispiel mit den Architekturen für Bürokommunikation, dem Einstieg in "Non Coded Information" (NCI) und mit einer signifikanten Ankündigung der verschiedensten Produkte für Büroanwendungen im Herbst vorigen Jahres.

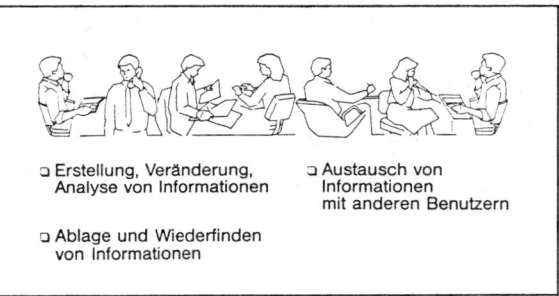

Abb. 1: Benutzeranforderungen

2   Das IBM-Konzept der Bürokommunikation

Das Konzept der IBM Bürokommunikation besteht darin, vorhandene Kommunikationsnetze mit ihren Techniken und Architekturen so auszubauen bzw. zu erweitern, daß Büroanwendungen zu einem selbstverständlichen Zusatznutzen an jedem Arbeitsplatz werden, auf dem ein IBM Gerät steht. Dies gilt für Organisationen aller Größenordnungen.

Das Kernstück dieses Konzeptes bilden die Architekturen für Bürokommunikation. Es handelt sich hierbei um klar definierte Regeln, die das Zusammenspiel von Geräten und Softwarekomponenten optimieren. Im einzelnen sind dies:

* SNA (Systems Network Architecture)

* SNADS (SNA Distributed Services)

* DIA (Document Interchange Architecture)

* DCA (Document Content Architecture).

Die Implementierung dieser Architekturen in IBM-Produkten bietet dem Benutzer Vorteile:

* Benutzer, die verschiedene Tätigkeiten ausüben, benötigen häufig dazu verschiedene Geräte. Sie können dennoch zusammenarbeiten und untereinander Informationen austauschen

* Investitionen werden gegen "Veraltern durch raschen technologischen Wandel" geschützt. Auf der Basis der Architekturen können etablierte Produkte mit neuesten koexistieren. Und das gilt auch für die Zukunft.

* Architekturen sind erweiterungsfähig und erlauben technische Fortentwicklung. Auf diese Weise kann ein Unternehmen stets die neuesten und besten Produkte einsetzen.

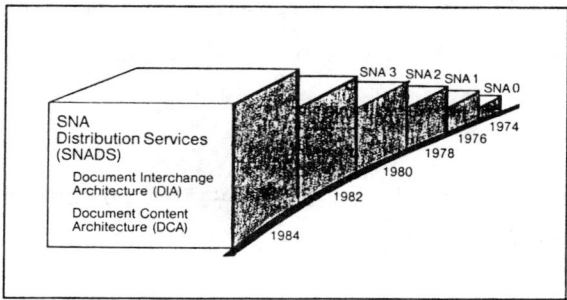

Abb. 2: Entwicklung von Architekturen
für die Kommunikation

3   Stand der Lösungsmöglichkeiten

Architekturen sind ohne entsprechende Realisierung durch Produkte wertlos. Entsprechend dem abgestuften, auf die organisatorischen Belange und Voraussetzungen des Anwenders zugeschnittenen Konzept ergeben sich unterschiedliche Lösungsmöglichkeiten.

Der einfache Lösungsansatz geht zunächst vom jeweiligen Anforderungsprofil eines einzelnen Benutzers bzw. einer weitgehend homogenen Benutzergruppe aus. Stellt man dem Anforderungsprofil dieser Benutzer Gerätefunktionen am Arbeitsplatz gegenüber, so spielen die intelligenten Datenstationen, also Personal Computer im Bürobereich, eine immer größere Rolle. Funktionsumfang, Bedienungskomfort, Spezialisierung und vorhandene Erfahrung bestimmen die Leistungsmerkmale.

Betrachten wir die Büroarbeit aus der Sicht, Abläufe zu organisieren, Vorgänge zu bearbeiten oder Projekte zu steuern, heißt es im Team zu arbeiten. Und dieses Team setzt sich in der Regel aus mehreren Mitarbeitern verschiedener Funktionsgruppen zusammen. Die Aufgabenstellung ist eine gemeinsame und die zur Verfügung stehenden Werkzeuge müssen übergreifende Funktionen ausführen können.

Lösungsmöglichkeiten auf der Ebene der zentralen Systeme bieten die Bürokommunikationsprodukte

*   PROFS (Professional Support) in der VM/CMS-Umgebung, und

*   DISOSS (Distributed Office Support System) in der MVS/VSE-Umgebung.

Ein weiterer Ansatz, Bürokommunikation als Teilbereich der Informationsverarbeitung zu implementieren, geht vom zentralen System mit seinen bestehenden Anwendungen und einer neuen Rolle des Lizenzprogrammes

*   IPDT (Integrationsprogramm für Daten und Text)

aus. Diese Lösung ist besonders interessant für jene Anwender, die auf einem zentralen System in IBM 3270-Umgebung Vorgänge unter Einbeziehung von Anwendungsprogrammen bearbeiten.

4   Ausblick

Langfristig bedeutet Bürokommunikation im Unternehmen das Zusammenführen bisher weitgehend getrennt genutzter Informations- und Kommunikationsträger, wie Daten, Texte, Graphiken, Bilder und Sprache in

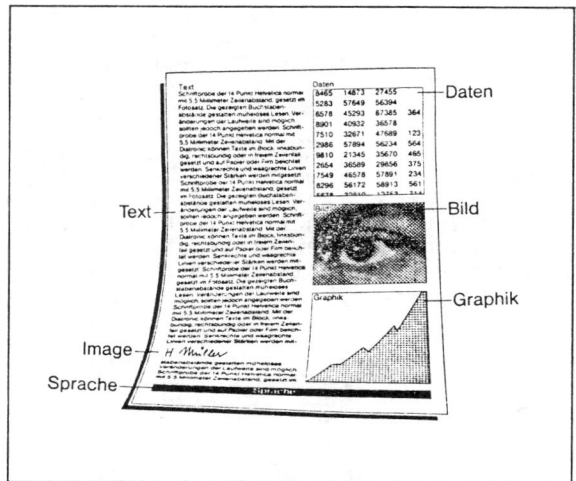

Text — Daten
Text — Bild
Graphik
Image
Sprache

Abb. 3: Verbund-Dokument

einem integrierten System. Ziel ist die vom Benutzer für seine Aufgaben am besten geeignete freie Kombinierbarkeit dieser Informationskomponenten. Das Ergebnis ist ein sogenanntes Verbunddokument, welches an die Empfänger kommuniziert bzw. zur weiteren Verwendung in einem elektronischen Archiv gespeichert wird.

Da sich die Entwicklung zu einem derartigen Gesamtsystem - nicht allein aus technischen Gründen - in Stufen vollziehen wird, ist es besonders wichtig, daß Investitionen, die heute für Verbesserungen getätigt werden, zukunftssicher sind.

Wolfgang Gehne
IBM, Bürokommunikation
Plieningerstraße 140
7000 Stuttgart 80

DOKUMENTEN ARCHITEKTUR UND AUSTAUSCHFORMATE

Matthias Blumenfeld, Nixdorf ME, Berlin

Zusammenfassung: Die "Office Document Architecture", kurz ODA, der ECMA soll den Austausch von Dokumenten zwischen unterschiedlichen Systemen standardisieren. Zunächst werden die Bestandteile von ODA anhand eines Verarbeitungsmodulls vorgestellt. Diese Dokumentenarchitektur dient dann als Referenz zur Klassifikation verschiedener Austauschformate wie DIF, DCA, Interpress, SGML u.a..

1   Einleitung

Der ODA-Standard zur "Office Document Architekture" ist vom ECMA TC29 in enger Zusammenarbeit mit den ISO TC97 SC18 WG3 und WG5 entwickelt worden. Er ist eine Weiterentwicklung des T.73-Standards der CCITT zum "Document Interchange protocol for the Telematic Services".

Zu den erklärten Zielen des ODA-Standards gehörte es,

- aufwärts kompatibel mit Teletex (T.61, Facsimile (T.6), Mixed Mode (T.73) und SFD (X.420) zu sein, zumindestens funktionell;

- einen Rahmen zu bieten, um auch weitere Subarchitekturen zu integrieren;

- eine Koexistenz von logischen und Layout-Strukturen zu ermöglichen, wie sie in "What you See Is What you Get"-Editoren nötig ist;

- die Restriktion der logischen bzw. Layout-Struktur durch Dokumentenklassen sicher zu stellen.

Den Ausgangspunkt für ODA stellt ein Verarbeitungsmodell dar.
Es dient zur

- Identifikation der Bestandteile von ODA,
- zur Erläuterung der Wirkungsweise von Attributen und
- als Referenz für die Konformitätsstufen von ODA.

Sieht man einmal von den Subarchitekturen ab, so entspricht dieses Verarbeitungsmodell funktionell der Abbildung 1.

Die eingerahmten Teile, also Editor, Formatierer und Darsteller, sind Bestandteile eines Verarbeitungssystems und die Teile ohne Rahmen sind die wesentlichen Bestandteile der Dokumentenarchitektur. Um diese zu erläutern, wollen wir die Bearbeitung eines sehr einfachen Beispiels auf dem Weg durch dieses Verarbeitungsmodell verfolgen.

Das Dokumenten-Image unseres Beispiels ist wie folgt:

Das Verarbeitungsmodell besteht aus

— Editor,
— Formatierer und
— Darsteller

und beschreibt ihr Zusammenwirken.

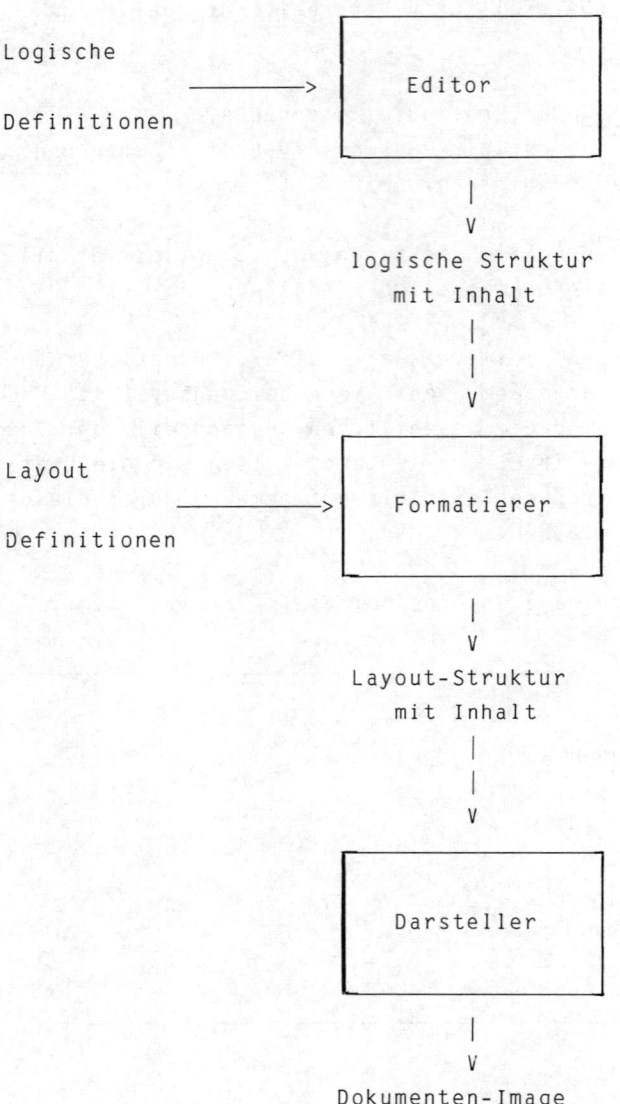

Abb1:   Das Verarbeitungsmodell (vereinfacht)

2   Die Bestandteile der Dokumentenarchitektur

Die Bestandteile der Dokumentenarchitektur sind logische Definitionen und Strukturen und Layout-Definitionen und -Strukturen.

2.1   Die logischen Definitionen

Die logischen Definitionen legen fest, welcher Dokumentenklasse das zu erstellende Dokument angehören soll. D.h. es werden insbesondere die logischen Strukturen vorgeschrieben.

Für unser kleines Beispiel brauchen wir die generischen Objekte Abschnitt, Absatz und Liste. Wir notieren in SGML:

```
< !ELEMENT
  1     Abschnitt          (Überschrift? , (Absatz | Liste)+)
  2     Liste              (Absatzt+)
        Präfix  (Bindestrich | Zahl | Buchstabe) Bindestrich
  3     Absatz             ( CDATA )
  4     Überschrift        ( CDATA )                              >
```

Diese Definitionen bedürfen noch einer Erläuterung: SGML-Klauseln werden eingeschlossen in "<" und ">". Steht am Anfang der Klausel ein "!ELEMENT" , so werden neue generische Objekte definiert. Der auf die Zahl folgende Name bezeichnet dann dieses Objekt und der geklammerte Ausdruck seine interne Struktur. Dabei werden Symbole mit den folgenden Bedeutungen verwendet:

? das voranstehende Objekt ist **optional**,

+ das voranstehende Objekt kann beliebig oft **wiederholt** werden,

* das voranstehende Objekt ist **optional** und **wiederholbar**,

, trennt **sequentiell** aufeinanderfolgende Objekte und

| trennt **alternativ** auftretende Objekte.

Die SGML-Klauseln werden also folgendermaßen interpretiert:
- ein Abschnitt besteht aus einer optionalen Überschrift gefolgt von einem oder mehr Absätzen oder Listen;

- eine Liste besteht aus einem oder mehr Absätzen und hat
  ein Attribut Präfix mit möglichen Werten Bindestrich, Zahl,
  Buchstabe und einem Defaultwert Bindestrich;
  Absatz und Überschrift bestehen aus "Character" Daten.

2.2   Die logische Struktur

Verwendet man deklaratives Markieren im Stil von SGML, so könnte als Ergebnis der Editorsitzung folgende Datei entstanden sein:

```
<Abschnitt>
<Absatz> Das Verarbeitungsmodell besteht aus
<Liste>
<Absatz> Editor,
<Absatz> Formatierer und
<Absatz> Darsteller
</Liste>
<Absatz> und beschreibt ihr Zusammenwirken.
</Abschnitt>
```

Die spezifischen Textobjekte werden also eingerahmt durch Markups, so z.B.: <Liste> gefolgt von den Absätzen der Liste </Liste>. Für die einzelnen Absätze konnte auf das Markup des Endes verzichtet werden, da implizit durch den Anfang eines neuen Absatzes der vorangehende beendet wird.
Um eine eine numerierte Liste zu erzeugen, schreiben man:
<Liste Präfix=Zahl> anstelle von <Liste>.

Scweit die logische Struktur im SGML Stil. Anders der ODA-Stil: hier bekommen die spezifischen logischen Objekte Bezeichner, die vom System vergeben wer den. Im Stil eines **Inhaltverzeichnisses** könnte das dann so aussehen:

```
Abschnitt   "5"
    Absatz "5 1" : "Das Verarbeitungsmodell besteht aus
    Liste  "5 2" :
        Absatz "5 2 1" : "Editor,"
        Absatz "5 2 2" : "Formatierer und"
        Absatz "5 2 3" : "Darsteller"
    Absatz "5 3" : "und beschreibt ihr Zusammenwirken."
```

Diese Einführung von Pfadnamen ist aber nur ein Merkmal des ODA-Stils. Wichtiger ist die konsequente Trennung von logischer Struktur und Inhalt.

Die logische Struktur sieht dann so aus:

```
Abschnitt "5"              : ("5 1", "5 2", "5 3")
   Absatz    "5 1"         : ("5 1 0")
   Liste     "5 2"         : ("5 2 1", "5 2 2", "5 2 3")
      Absatz    "5 2 1"  : ("5 2 1 0")
      Absatz    "5 2 2"  : ("5 2 2 0")
      Absatz    "5 2 3"  : ("5 2 3 0")
   Absatz    "5 3"         : ("5 3 0")
```

Die dazugehörigen Inhaltsstücke sind:

```
"5 1 0"    : "Das Verarbeitungsmodell besteht aus"
"5 2 1 0"  : "Editor,"
"5 2 2 0"  : "Formatierer und"
"5 2 3 0"  : "Darsteller"
"5 3 0"    : "und beschreibt ihr Zusammenwirken".
```

Diese etwas schwer lesbare Form eignet sich aber gut zur Kodierung durch Maschienen. In ODA wurde die X.409 Kodierung gewählt. Als Beispiel wollen wir die Abschnitt-Zeile kodieren, links die "Verpackung" und rechts die dazugehörige Byte-Kodierung:

```
Object-description (                        31  12
    Objekt-identifier "5",                  41  01  "5"
    reference-to-subordinate-objects        A0  0C
        "1",                                    02  01  "1"
        "2",                                    02  01  "2"
        "3"      )                              02  01  "3"
```

Soweit die logische Struktur unseres einfachen Beispiels.

2.3   Die Layout-Definitionen

Angenommen wir haben eine logische Struktur mit Inhalt
im SGML-Stil, also mit deklarativem Markup. Dann ist der Text
zwar logisch gegliedert, aber welche Aktionen der Formatierer
zu Beginn bzw. am Ende eines Objektes ausführen soll, sind noch
cffen, d.h. es fehlen noch die Formatiervorschriften für die logischen Objekte.

Die Aufgabe der Layout Definitionen ist es, diese Semantik bereitzustellen. Im Falle eines festen Repertoires an möglichen Objekten und Attributen, so wie bei ODA, braucht man sich
nur darauf zu beschränken, Restriktionen zu definieren, wohin
jeweils die rechteckigen Blöcke positioniert werden dürfen. In
einem offenen System, so wie bei SGML, muß dem Formatierer auch
noch mitgeteilt werden, auf welche Objekte mit welchen Attributen er reagieren muß. Eine typische Lösung dieses Problems besteht darin, für jedes generische Objekt ein Makro zu definieren mit den relevanten Attributen als Parametern. Ein Absatz-Ma-
kro sieht in TROFF z.B. folgendermaßen aus:

```
.de   ab          /" definiere Absatz-Makro
.sp  0.5          /" halbe Zeile Zwischenraum
.ti  -2           /" linken Rand um 2 nach links
/i(pr             /" vorbesetztes Präfix ausgeben
..                /" Ende der Makro-Definition
```

2.4   Die Layout-Struktur

Diese Struktur ist das Ergebnis des Formatierlaufes. Neben der logischen Struktur werden als Eingabe die Defaultwerte der Attribute aus der logischen Struktur und ihre Interpretation durch die Layout-Definitionen benötigt. Im Stil eines Inhaltsverzeichnisses könnte die Layout-Struktur folgendermaßen aussehen:

```
Rahmen (160,50)   bei (0, 0):
  Block (160,5)    bei (0, 5):"Das Verarbeitungsmodell besteht aus"
  Rahmen (160,21) bei (0,15):
    Block (5,5)     bei (0, 0): "-"
    Block (155,5)  bei (5, 0): "Editor",
    Block (5,5)     bei (0, 7): "-"
    Block (155,5)  bei (5, 7): "Formatierer und"
    Block (5,5)     bei (0,14): "-"
    Block (155,5)  bei (0,14): "Darsteller"
Block (160,5)      bei (0,38): "und beschreibt ihr Zusammenwirken."
```

Dabei findet man in eckigen Klammern die Größe des Rahmens bzw. Blocks in mm und in runden Klammers die Position seines Referenzpunktes (d.h. der linken oberen Ecke) im Koordinatensystem des übergeordneten Blocks, d.h. die Positionen der Listenabsätze beziehen sich auf den Listenrahmen.

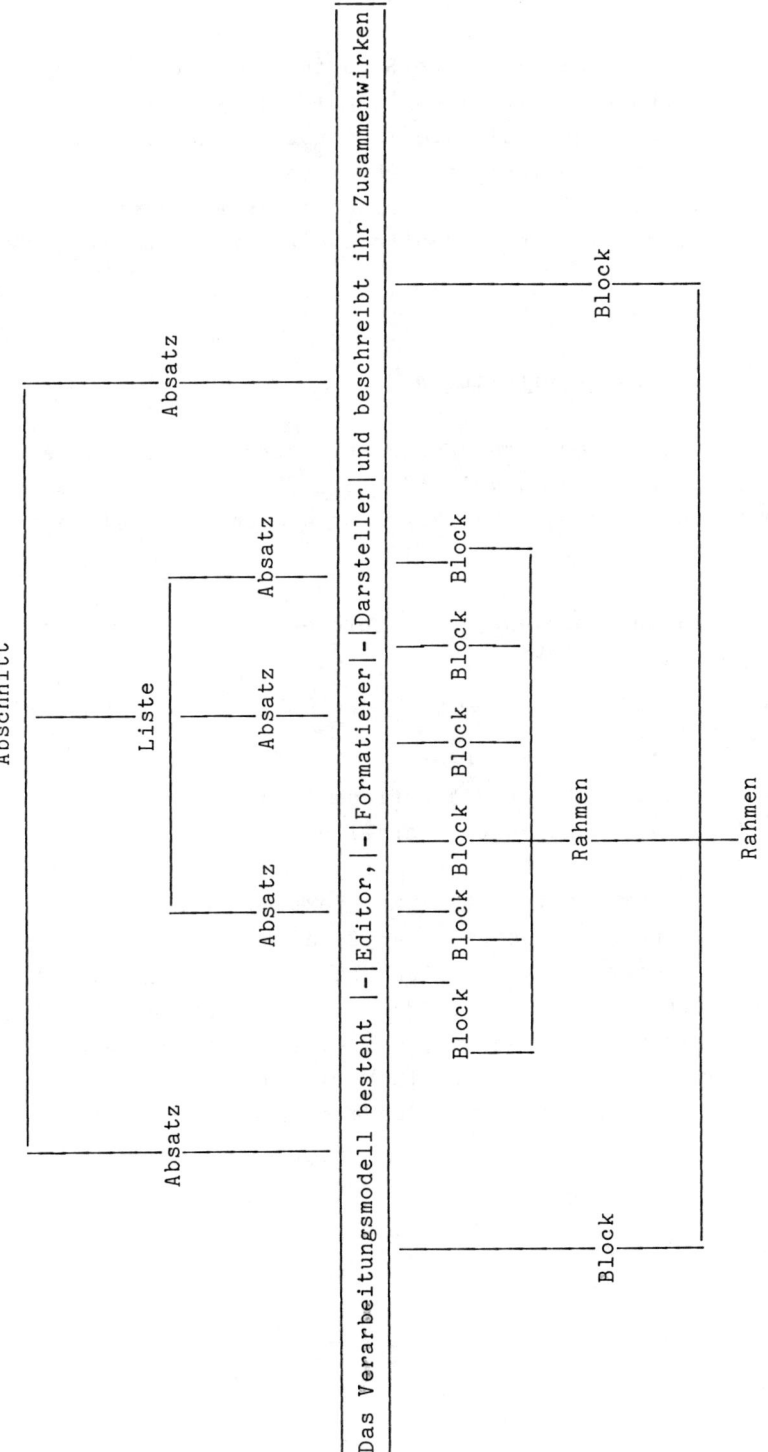

Abb2.: Das Zusammenwirken von logischer und Layout-Struktur

Sowohl die logische Struktur als auch die Layout-Struktur verweisen auf dieselben Inhaltsstücke. Visuell kann man sich diesen Sachverhalt wie in Abb.2 verdeutlichen. Die eindeutige Zuordnung von logischen Objekten zu Layout Objekten geht verloren, z.B. wenn Kapitel über mehrere Seiten verteilt sind. Auch ist die Reihenfolge häufig anders, wie z.B. bei Fußnoten.

2.5   Die Subarchitekturen

Das bisher gezeichnete Bild der ODA-Dokumentenarchitektur ist insofern unvollständig als auf die Strukturierung der Inhaltsstücke durch Subarchitekturen noch nicht eingegangen wurde.

So unterschiedet eine Zeichen-Subarchitektur z.B. folgende Objekte:

- Zeichen,
- Worte, getrennt durch Leerzeichen
- Zeilen, getrennt durch "Carriage Return Line Feed",
- Absätze, getrennt durch Leerzeilen

Attribute zum Hervorheben von Texten, wie in unserem Beispiel das Unterstreichen, gehören zur Subarchitektur. Bearbeitet werden die Inhaltsstücke der Subarchitektur mit einem entsprechenden Subeditor — in dem man dann diese Attribute setzen kann —, formatiert werden sie mit einem Subformatierer — der für Zeilenumbruch und Randausgleich zuständig ist — und dargestellt werden sie durch den Subdarsteller.

51

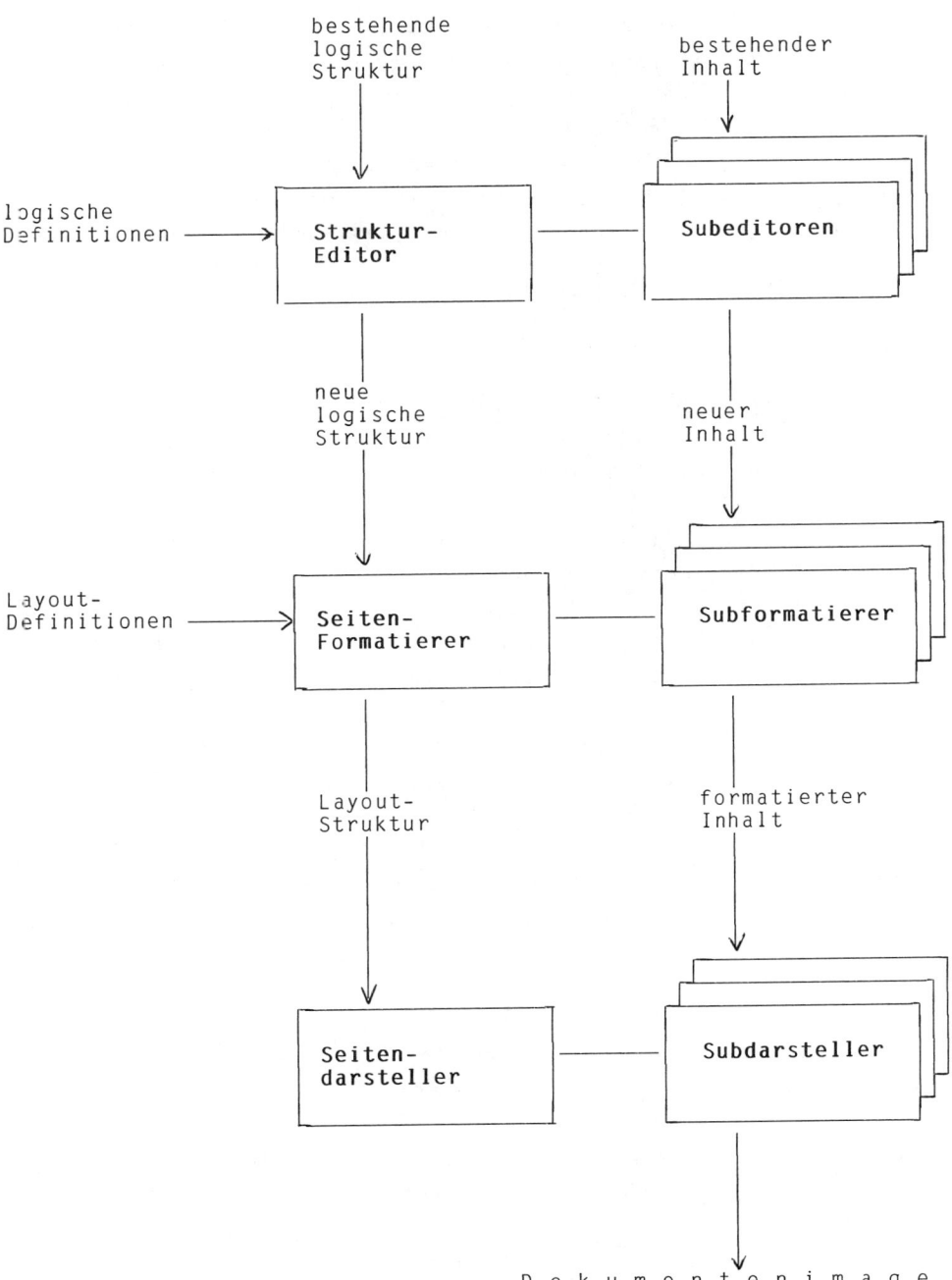

bestehende
logische
Struktur

bestehender
Inhalt

logische
Definitionen

Struktur-
Editor

Subeditoren

neue
logische
Struktur

neuer
Inhalt

Layout-
Definitionen

Seiten-
Formatierer

Subformatierer

Layout-
Struktur

formatierter
Inhalt

Seiten-
darsteller

Subdarsteller

Dokumentenimage

Abbildung 3

52

Entsprechende Subarchitekturen gibt es für Image — mit Objekten Pel oder Lauflänge und Pelzeile — und Grafik-Subarchitekturen mit Punkten, Polygonen, Zeichenketten usw. In Zukunft wird es sicher auch Subarchitekturen für mathematische Formeln geben, für Sprache, für Spreadsheet-Tabellen und anderes mehr. Für jede dieser Subarchitekturen braucht man dann einen eigenen Satz an Subeditoren, Subformatierern und Subdarstellern. Das entsprechende Verarbeitungsmodell findet man in Abb.3.

2.6   Weitere Bestandteile von ODA

Bisher wurden folgende Bestandteile von ODA beschrieben:

    1) die logischen Definitionen,
    2) die logische Struktur,
    3) die Layout-Definitionen,
    4) die Layout-Struktur und
    5) die Inhaltsstücke, die von Subarchitekturen regiert
werden.
Daneben gibt es noch
    6) das Dokumenten-Profil und
    7) den generischen Inhalt.

Das Dokument-Profil enthält — in Form von Attributen — eine Beschreibung der Eigenschaften, die das Dokument als Ganzes betreffen, wie z.B. :

- Autor,
- Datum der letzten Änderung und
- zur Darstellung benötigte Zeichensätze.

Als generischen Inhalt bezeichnet man diejenigen Inhaltstücke, die von den logischen bzw. Layout-Definitionen aus referenziert werden, die also Bestandteil der Definition der Dokumentenklassen sind, wie z.B. Logos, Copyright-Vermerke und ähnliches.

3   Klassifikation von Austauschformaten

Den Begriffsrahmen der Dokumentenarchitektur verwenden
wir in diesem Abschitt, um verschiedene Austauschformate zu
klassifizieren.

3.1   Die Kriterien

Die Kriterien zur Klassifikation von Austauschformaten
fassen wir in Fragen:

Frage 1: **Welche der Bestandteile der ODA-Architektur sind
vorhanden, bzw. welche werden übertragen?**

Auch im Rahmen von ODA müssen nicht immer alle Teile übertragen
werden. Will man beispielweise ein formatiertes Dokument übertragen, das nicht mehr verändert werden soll, so sendet man die
Layout-Struktur mit dem Inhalt. Will man ein Dokument übertragen, um es weiter zu redigieren, so genügt es, die logische
Struktur mit Inhalt zu übertragen und, wenn man die Einhaltung
der entsprechenden Dokumentenklasse sicherstellen will, auch
die logischen Definitionen.

Nur wenn man sowohl verändern als auch unverändert darstellen
will, dann muß man alles übertragen. Diese drei Übertragungsfor-
men nennt man bei ODA

- **"formatted form"**, d.h. formatierte Form,

- **"processible form"**, d.h. prozessierbare Form und

- **"formatted processible form"**, d.h. formatierte
  prozessierbare Form.

Frage 2: **Welche Subarchitekturen sind vorhanden und auf welcher Konformitäts-Stufe?**

Vorgesehen sind Subarchitekturen (content architectures) zu

- character, d.h. Zeichen,
- photographic, d.h. Image und
- graphic, d.h. Grafik.

Gerade bei den Zeichen-Subarchitekturen gibt es große Unterschiede, so z.B. zwischen dem Teletype-Zeichensatz G0 und dem Teletex-Zeichensatz.

Außerdem kann man auch bei den Subarchitekturen unterscheiden, ob Inhaltsstücke in prozessierbarer Form sind —— wenn z.B. Wörter mit möglichen Trennstellen versehen sind —— , ob sie in fertig formatierter Form vorliegen —— wenn nämlich für alle Zeichen der Zeichenumbruch durchgeführt ist —— oder ob eine formatierte prozessierbare Form vorliegt —— wenn nämlich z.B. Zeilenumbrüche durch "weiche Zeilenenden" markiert sind, die noch nicht in "harte", wie bei der formatierten Form, umgewandelt sind.

Um diese Unterschiede zu berücksichtigen, wurden bei ODA Konformitätsstufen eingeführt, die den Umfang und den Zweck (prozessierbar, formatiert bzw. formatiert prozessierbar) einer Subarchitektur wiedergeben sollen.

Frage 3: **In welcher Kodierung erfolgt die Übertragung?**

Wie wir in 2.1 gesehen haben, ist SGML eindeutig auf eine menschlich lesbare Form ausgerichtet, während die Kodierung von ODA nach X.409, selbst wenn sie noch nicht bytekodiert ist, nur von Maschinen verarbeitet werden kann.

Nun zu den verschiedenen Austauschformaten:

3.2   Faksimile

Eine Klasse für sich bildet der CCITT Standard T.6 zu
"Facsimile coding schemes and coding control functions for
group 4 facsimile apparatus". Es fehlen jegliche Dokumenten-
strukturen und nur eine Image Subarchitektur ist vorhanden; diese hat bei ODA die Bezeichnung Ph0 und die Konformitätsstufe,
die bei ODA funktionell T.6 entspricht, heißt TIF0, d.h. "Text
Image Form" Stufe 0.

3.3   Teletex

Der CCITT Standard T.61 zu "Basic Teletex Character
Sets" beschreibt eine Zeichen-Subarchitektur, aber keine Strukturen. Diese Subarchitektur kann sowohl eine prozessierbare
Form haben —— dann wird sie in ODA mit CP1 bezeichnet —— wie
eine formatierte Form, die mit CI1 bezeichnet wird.

Die entsprechenden Konformitätsstufe, die Teletex funktionell äquivalent sind, heißen bei ODA PIF1 und TPF1. In der
prozessierbaren Form TPF1 sind allerdings logische Strukturen
zugelassen, in Erweiterung zu Teletex.

Damit sind ebenso wie bei dem Vorläufer T.73 über "Mixed Mode" sowohl Teletex als auch Facsimile funktionell im ODA
integriert. Die Konformitäts-Stufe MIF1, welche die Subarchitekturen Ph0 und CI1 beinhaltet, ist gerade T.73 funktionell
äquivalent.

3.4   SFD

Der ISO Standard X.420 zu "Message Handling Systems"
enthält einen Teil über "Simple Formatted Documents" (SFD). SFD
überträgt eine prozessierbare Form und enthält neben der einfachen Zeichen-Subarchitektur auch eine logische Struktur, die
allerdings nur Absätze kennt. Die Kodierung ist X.409, d.h. für
Maschinen bestimmt.

Die entsprechende ODA Konformitätsstufe TPF0 ist deutlich schwächer als die Teletex-Stufe TPF1.

3.6   DCA

IBM's "Document Content Architecture" wurde im Juni
1983 als "Revisable Form Reference" (SC23-0757-0) und als "Final Form Reference" (SC23-0758-0) veröffentlicht.

Der erste Eindruck, daß nämlich die "text units" logischen Objekten entsprechen könnten, trügt, denn es ist ausdrücklich
festgelegt, daß diese Seiten entsprechen. D.h. DCA enthält also
nur eine einfache Form von Layout-Struktur und das "revisable"
bezieht sich auf die Ebene der Subarchitektur.

DCA enthält nur Zeichen-Subarchitekturen und funktionell entspricht die "revisable Form" ODA's CP3 und die "final form" ODA's CF3.   Die Kontrollfunktionen sind in ein oder
mehr Byte kodiert, nehmen allerdings keine Rücksicht auf internationale Normen. Die Format- und Text-Units sind in Feldern
ausgezählter Länge untergebracht, so daß die Kodierung eine Maschienenkodierung wie X.409 darstellt. Abschließend muß noch
einmal betont werden, daß DCA keine prozessierbare Form im Sinne von ODA darstellt, da der Seitenumbruch —— das Kernstück des Formatierens —— schon vorweggenommen ist.

3.7   DIF

Das "Document Interchange Format" wurde von der US Navy in Auftrag gegeben und als NAVDAC PUB 17.11 im März 1984 veröffentlich.

DIF macht den Versuch, über zusätzliche Kontrollfunktionen die notwendigen Definitionen für das Seitenlayout in das Dokument einzubringen, d.h. durch "Hochziehen" der (einzigen) Zeichensubarchitektur die Layout-Definitionen, soweit sie nötig sind, dort zu integrieren. Dabei wird die Kodierung bekannter Kontrollfunktionen, siehe ISO 6937 über "Coded character sets for text communination", übernommen und die neuen wurden gemäß den dort definierten Regeln hinzugefügt und auch für die ISO vorgeschlagen.

Von den Möglichkeiten her, scheint DIF der DCA sehr ähnlich zu sein. Allerdings hat DIF den Vorteil, soweit als möglich den internationalen Normen zu entsprechen, und von der Kodierung her sehr elegant zu sein, da alles über Kontrollfunktionen definiert ist.

Eine menschlich lesbare Kodierung für DIF scheint leicht realisierbar zu sein.

3.8   Interpress

Dieser Standard wurde von XEROX entwickelt, um für unterschiedliche Rasterdrucker geräteunabhängig formatieren zu können. Er wurde als "Interpress Electronic Printing Standard" (XSIS 048201) 1982 veröffentlicht. Interpress-Dokumente sind fertig formatiert, d.h. sie bestehen aus Layout-Struktur und Inhaltstücken. Diese Dokumente können über das Netz verschickt werden und sie werden dann von den Darstellern (d.h. Kontrollern) der einzelnen Drucker interpretiert.

Interpress enthält Subarchitekturen sowohl zu Zeichen als auch zu Graphik und Image. Die Beschreibung des Layouts in der Layout-Struktur bezieht sich nicht auf irgendwelche Drucker-aktionen, sondern beschreibt —— wie auch bei ODA vorgesehen —— die Seiten, wie sie entstehen sollen. Die Möglichkeiten, die zur Beschreibung vorgesehen sind, gehen weit über die in ODA erwähnten hinaus, z.B.:

- allgemeine Koordinatentransformationen von Layout-Objekten,

- eingestreute Prozeduren, die damit die Rolle von generischen Definitionen übernehmen,

- eine stack-orientierte Verwaltung der Layout-Objekte,

- eine reiche Auswahl an Fonts und Möglichkeiten von Präsenta-tionsattributen.

Die Kodierung von Interpress orientiert sich auch an X.409, es gibt aber Filter, die eine menschlich lesbare Form erzeugen kön-nen.

Eine weitere Sprache zur Beschreibung von Seitenlayouts ist Postscript von Adobe. Diese Sprache ähnelt Interpress sehr stark, da ihr Chefentwickler auch an der Entwicklung von Inter-press beteiligt war.

Während Interpress-Dokumente meistens als Resultat ei-nes Formatierungslaufes entstehen, kann Postscript zur graphi-schen Komposition von Seiten verwendet werden, da Postscript über eine geschickte menschlich verständliche Notation verfügt.

Weitere Sprachen derselben Kategorie, die jedoch nicht ganz die Möglichkeiten der oben erwähnten besitzen, sind Im-press von Imagen und QUIC von QMS.

3.9   Interscript

Zum Austausch prozessierbarer Dokumente wurde von XEROX ein Standard entwickelt, siehe "Introduktion to Interscript" von Joloboff und Schleich, April 1985. Ein Interscript-Dokument hat weder eine Markup-Struktur wie SGML noch eine Baumstruktur wie ODA, sondern eine eigene, die sich stark an den Möglichkeiten einer Programmiersprache orientiert.

Als "Mutter"-Sprache dient hier MESA, eine sehr fortgeschrittene objektorientierte Sprache der Algolfamilie. Diese Orientierung gibt zwar die Möglichkeit, recht komplizierte Layoutbeziehungen auszudrücken, erscheint aber von der Benutzerschnittstelle her für breite Anwenderkreise zu schwierig zu sein.

Subarchitekturen werden in der Einführung nicht angesprochen und zur Maschienenkodierung kann X.409 herangezogen werden.

3.10   SGML

Die "Standard Generalized Markup Language" geht auf Goldfarb's GML zurück, die bei IBM eingesetzt wurde. Sie wurde zunächst in der ISO/TC97/SC5/WG12 und dann in der ISO/TC97/SC18/WG8 in Rahmen von "Text Processing Languages". entwickelt.

Das Verarbeitungsmodell, das SGML zugrundeliegt, geht von einer Verschickung von markierten Dokumenten aus, d.h. in prozessierbarer Form mit logischer Struktur und Inhalt (und generischen Definitionen). Siehe etwa Sektion 2.1. Da die Kodierung menschlich lesbar ist, muß kein spezieller Editor zur Verfügung stehen, der mit der generischen Struktur vertraut ist. Eine Maschinenkodierung ist in SGML nicht vorgesehen.

Vieles, was bei ODA in der Zeichen-Subarchitektur ange-
siedelt ist, ist bei SGML in der Dokumentenarchitektur, da SGML
diese Trennung nicht kennt.

Der wesentliche Unterschied zwischen SGML und ODA besteht darin, daß SGML keinen Versuch macht, die "Layout-Semantik" der logischen Objekte zu beschreiben, da der Benutzer Objekte und Attribute relativ frei definieren kann. ODA dagegen
beschränkt sich auf einen festen Satz von Objekten und Attributen und ist daher prinzipiell in der Lage, diese Semantik anzugeben.

Leider ist auch bei ODA die Layout-Semantik nicht
immer klar und insbesondere sind die Beschreibungsmöglichkeiten sehr stark eingeengt durch das Fehlen flexibler Rahmen,
d.h. Rahmen, deren Größe sich vom Inhalt her bestimmt.

3.11 Zusammenfassung

Wir haben vier Klassen von Austauschformaten heraus-
gearbeitet :

Klasse 1: Faksimile

Hier gibt es nur eine Image-Subarchitektur.

Klasse 2: Teletex, SFD, DCA, DIF

Diese Austauchformate verfügen nur über eine Zeichen-
Subarchitektur. Eine einfache Beschreibung von Seiten-Layouts
ist möglich.

Klasse 3: Interpress, Postscript

Diese kennen Subarchitekturen sowohl zu Zeichen als auch Image und Graphik. Die Möglichkeiten zur Beschreibung von Layouts ist sehr weit entwickelt.

Klasse 4: Interscript, SGML, ODA

Diese Austauschformate zeichnen sich aus durch das Vorhandensein generischer Definitionen.

Sie haben dabei unterschiedliche Stärken:

- **SGML** ermöglicht es, schwierige logische Strukturen einfach auszudrücken,

- **Interscript** kann komplizierte Layout-Prozesse beschreiben,

- **ODA** kann —— durch die vorgegebene geschlossene Welt —— die Koexistenz von Logik, Layout und verschiedenen Subarchitekturen ermöglichen und damit bestehende Standards am besten integrieren.

Dr. Matthias Blumenfeld
Nixdorf ME, B3
Berliner Str. 66

D-1000 Berlin 27

KONZEPT EINES EDITORS BASIEREND AUF DER BÜRO-DOKUMENTENARCHITEKTUR ECMA 101

Wolfgang Horak, Günther Krönert

SIEMENS AG München

Unternehmensbereich Kommunikations- und Datentechnik

Privat- und Sonderkommunikationsnetze

1. Der ECMA Standard 101

Der ECMA Standard 101 definiert das Dokumentenarchitekturmodell ODA (*Office Document Architecture*) und das Austauschformat ODIF (*Office Document Interchange Format*). Damit steht ein Standard zur Verfügung, der es erlaubt, Dokumente in elektronischer Form auszutauschen, um sie beim Empfänger sowohl zweidimensional zu reproduzieren als auch weiter zu bearbeiten mit Hilfe eines entsprechenden Dokumenteneditors.

1.1 Das Architekturmodell

Bild 1 gibt einen Überblick über das Dokumentenarchitekturmodell. Jedes Dokument wird als ein Exemplar einer Dokumentklasse betrachtet, die in der Dokumentklassendefinition beschrieben ist. Der Inhalt eines Dokuments wird unter zwei verschiedenen Gesichtspunkten betrachtet und entsprechend strukturiert: Die logische Struktur ist unabhängig von der Darstellung des Dokuments und besteht aus Objekten, wie Kapitel, Überschrift, Abschnitt, Fußnote usw.. Die Layoutstruktur beschreibt, wie das Dokument auf Seiten aufgeteilt und der Inhalt in Blöcken darzustellen ist. Eine genauere Beschreibung des Dokumentenarchitekturmodells ist in /Blu85/ im gleichen Tagungsband und in /ECMA85, Hor84, Hor84a, Hor85, Krö84, Krö84a/ zu finden.

Um exemplarisch den Nutzen einer Dokumentklassendefinition zu zeigen, betrachten wir das folgende Beispiel für eine Definition einer logischen Objektklasse. Ein Abschnitt soll aus einer Überschrift bestehen, der ein Paragraph folgt. Danach soll eine Folge von null oder beliebig vielen Paragraphen und/oder Bildeinheiten folgen, wobei eine Bildeinheit aus einem Bild, gefolgt von einer Bildunterschrift besteht oder umgekehrt. Bild 2 zeigt diese Definition in einer lesbaren Form. Der ECMA Standard 101 legt für die Übertragung eine entsprechende Verschlüsselung fest. Neben dieser Aufbauregel (*construction expression*)

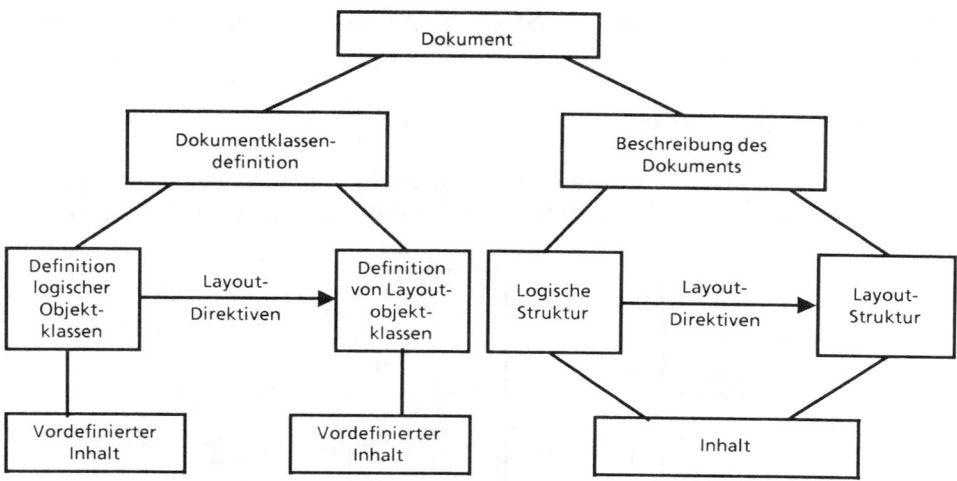

Bild 1 : Das Architekturmodell

eines Abschnitts kann die Definition noch weitere Attribute haben, wie z.B. die Angabe, daß ein Abschnitt auf einer rechten Seite beginnen muß. Dies kann durch einen Verweis auf eine entsprechende Layoutobjekt-Definition ausgedrückt werden.

Der Nutzen der Objektklassendefinition ergibt sich für den Benutzer dadurch, daß beim Erzeugen eines neuen Abschnitts der Editor bereits die minimale korrekte Struktur, in unserem Beispiel also Überschrift gefolgt von Paragraph, automatisch erzeugt und beim

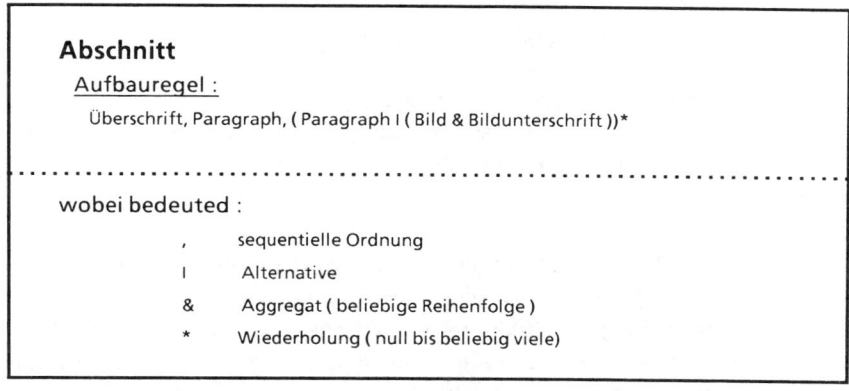

Bild 2 : Aufbauregel einer logischen Objektklassendefinition

weiteren Editieren nur Operationen zuläßt, die Dokumentklassen-konsistente Strukturen als Ergebnis liefern.

1.2 Das Bearbeitungsmodell

Das Bearbeitungsmodell (*processing model*) beschreibt, welche Komponenten bei welchen Bearbeitungsvorgängen welche Rolle spielen. Wie Bild 3 zeigt, besteht dieses Modell aus

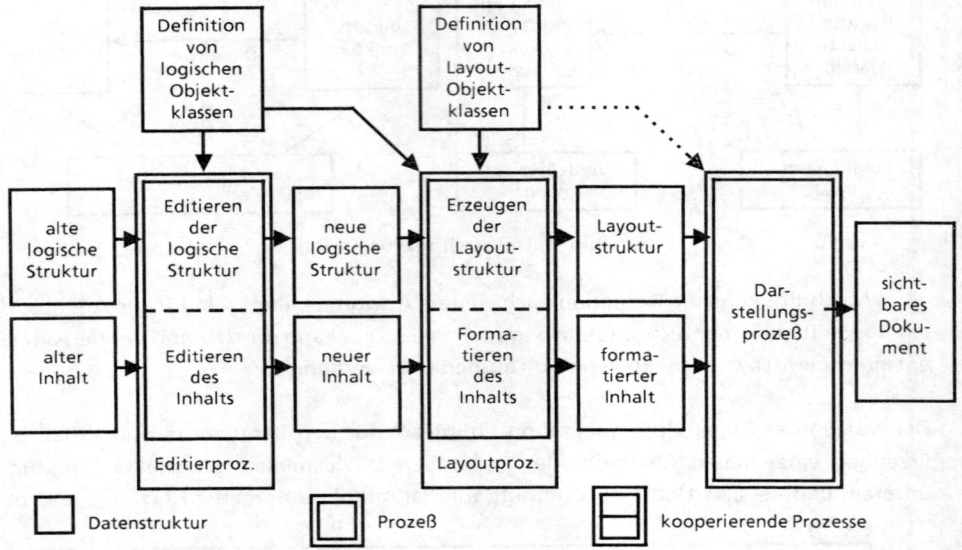

Bild 3: Das Bearbeitungsmodell

drei Prozessen, dem Editierprozeß, dem Layout-Prozeß und dem Darstellungsprozeß. Die Reihenfolge der Prozesse in dem Diagram soll jedoch nicht bedeuten, daß sie in einer Implementierung streng sequentiell ablaufen müssen, was einem Batch Processing entsprechen würde.

Beim Editierprozeß kann unterschieden werden zwischen dem Editieren des Inhalts von Basisobjekten, wodurch neuer Inhalt erzeugt wird oder bereits existierender verändert wird, und dem Editieren der logische Struktur, wodurch eine neue logische Struktur erzeugt oder eine bereits existierende verändert wird. Editiervorgänge in der logischen Struktur müssen stets konsistent mit den Aufbauregeln der entsprechenden logischen Objektklassen-Definitionen sind.

Der Layoutprozeß besteht ebenfalls aus zwei kooperierenden Vorgängen, nämlich dem Erzeugen der Layoutstruktur und dem Formatieren des Inhalts in Blöcke. Diese beiden Vorgänge wechseln sich gegenseitig ab nach der Art von Co-Routinen. Der Layoutprozeß wird gesteuert von der logischen Struktur, dem Inhalt der logischen Basisobjekte, der Definition von logischen Objektklassen und der Definition von Layout-Objektklassen. Das Grundprinzip des Layoutprozesses besteht darin, daß der logische Strukturbaum in Preorder durchlaufen wird und dabei versucht wird, den Layoutstrukturbaum ebenfalls in Preorder aufzubauen. Das Erzeugen des Layoutstrukturbaumes wird durch die folgenden Attribute gesteuert:

Das Attribut *Layout Reference* hängt an einem logischen Objekt und wurde z. B. automatisch beim Erzeugen eines Exemplars der Objektklasse besetzt. Sein Wert ist ein Verweis auf eine Definition einer Layoutobjektklasse. Dieses Attribut besagt dann, daß der gesamte logische Unterbaum dieses logischen Objekts bei der Layoutbildung abzubilden ist auf ein einziges Exemplar der angegebenen Layoutklasse und daß kein anderer Teil des Dokuments in dieses Layoutobjekt abgebildet werden darf. Dies ist also eine einfache und starre 1-1-Abbildung von logischen Unterbäumen auf Layout-Unterbäume. Daneben gibt es ein Attributpaar, das erlaubt, Regeln für eine flexiblere Zuordnung auszudrücken:

Logische Objekte können das Attribut *Required Category* besitzen, dessen Wert ein Name ist. Dadurch wird ausgedrückt, daß dieses Objekt bzw. sein Inhalt in Layoutobjekte vom Typ Rahmen zu formatieren ist, deren Definition das Attribut *Permitted Category* mit dem gleichen Namen besitzt. Dadurch ist es auch möglich, logische Objekte verschiedener Objektklassen in ein einziges Layoutobjekt zu formatieren, oder ein logisches Objekt in mehrere Layoutobjekte verschiedener Objektklassen zu formatieren. Die Zuordnung erfolgt also über zwei verschiedene Attribute mit gleichem Wert.

Der Mechanismus der 1-1-Zuordnung und der Mechanismus der Zuordnung über *Category*-Attribute wirken kumulativ, d.h. die Category-Zuordnung darf die 1-1-Zuordnung nicht durchbrechen. Treten auf einem logischen Pfad jedoch mehrer *Required Category*-Attribute auf, so wirken diese nicht kumulativ, d.h. nur das letzte Attribut ist bestimmend.

Der dritte Prozeß im Dokumentbearbeitungsmodell ist der Darstellungsprozeß. Er benützt die Layoutstruktur, um den Inhalt zweidimensional und für den Menschen erfaßbar darzustellen.

2 Der ODA-Editor

2.1 Anforderungen

Die Anforderungen an einen interaktiv formatierenden ODA-Editor lassen sich von zwei Seiten ableiten :

ODA/ODIF bestimmt die funktionale Mächtigkeit des Editors und damit die Vorgänge, die beim Bearbeiten eines Dokuments ablaufen müssen.

Die WYSIWYG-Eigenschaft ("What you see is what you get") wird heute von modernen Dokumentbearbeitungssystemen gefordert und bestimmt damit die Reihenfgolge der Abläufe.

Von ODA/ODIF lassen sich folgende Anforderungen an einen Editor ableiten :
- Zwei eigenständige Struktureditoren, einen für die logische und einen für die Layoutstruktur, die intern als attributierte Bäume repräsentiert werden.
- Formatierende Editoren für Basisobjekte gemäß deren Inhaltsarchitekturen.
- Anpaßbarkeit der Struktureditoren an Dokumentklassendefinitionen, die Bestandteil von ODIF sind.

Das WYSIWYG-Prinzip erfordert
- Interaktives Formatieren, damit nach jedem Editierschritt das Dokument in seiner formatierten Form angezeigt werden kann.
- Inkrementelles Formatieren, d.h. nur die ungültig gewordenen Teile der Layoutstruktur werden neu berechnet. Dadurch kann der Formatieraufwand erheblich vermindert werden.
- Verzögertes Formatieren, d.h. Editierschritte sind zu jedem Zeitpunkt möglich. Zum Formatieren wird immer nur die nicht fürs Editieren benötigte Zeit genützt. Dazu wird das Formatieren in viele kleine Abschnitte unterteilt und portionsweise und unter Umständen verzögert ausgeführt.

2.2 Architektur

Damit steht bereits das in Bild 4 dargestellte Architekturkonzept eines ODA-Editors fest. Der Benutzer verkehrt mit allen Komponenten über ein *Common User Interface*, das dem Benutzer alle Editoren wie ein einziges Werkzeug erscheinen läßt.

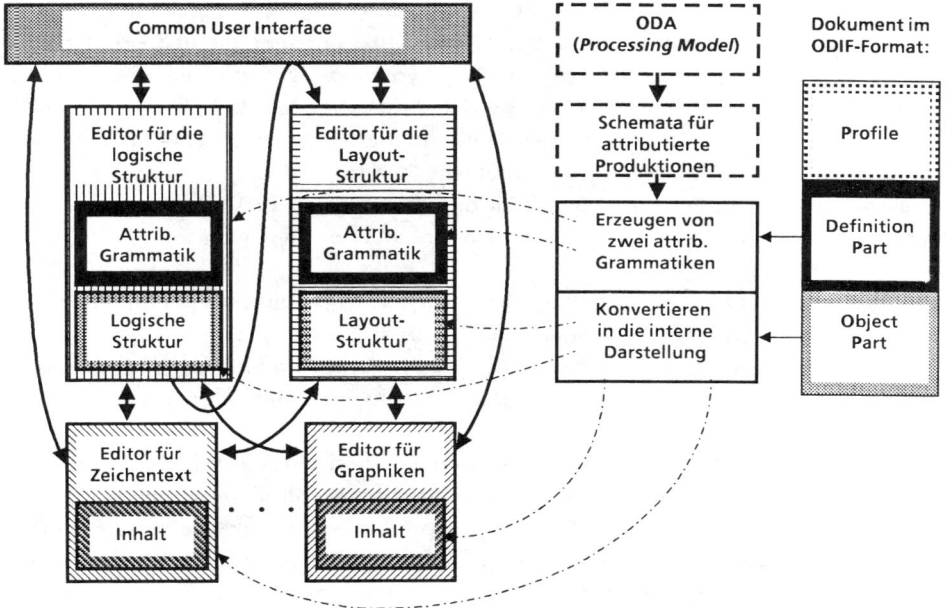

Bild 4: Architekturkonzept des ODA-Editors und Einlesen von ODIF-Dokumenten

Dem Benutzer stehen zwei Arten von Editieroperationen zur Verfügung. Er kann die logische Struktur erzeugen oder verändern, was vom Editor für die logische Struktur durchgeführt wird. Dieser wird gesteuert von einer attributierten Grammatik /Rech84, Wil79/, die von der Dokumentklassendefinition abgeleitet wird. Dadurch ist sichergestellt, daß keine zu dieser Definition widersprüchlichen Strukturen erzeugt werden. Nach einer Änderung der logischen Struktur wir der Editor für die Layoutstruktur automatisch vom logischen Struktureditor angestoßen, damit er die Layoutstruktur zunächst lokal entsprechend verändert.

Der Benutzer kann auch den Inhalt von Basisobjekten, wie z.B. Zeichentext oder Graphik, editieren. Dies wird ausgeführt von dem entsprechenden Basisobjekteditor, z. B. für Zeichentext oder für Graphik. Diese Basisobjekteditoren formatieren auch den Inhalt, d.h. sie bilden Blöcke. Verändert sich die Größe eines Blockes, oder werden neue Blöcke benötigt, so kann dadurch der Editor für die Layoutstruktur angestoßen werden, damit er diese zunächst lokal entsprechend ändert.

Die anschließende automatische inkrementelle Layoutbildung für das gesamte Dokument wird im wesentlichen durch die attributierte Grammatik bestimmt, die den Editor für die Layoutstruktur steuert. Diese inkrementelle Layoutbildung wird ausgeführt durch Kooperation des Layoutstruktur-Editors und der formatierenden Basisobjekteditoren. Im Layoutstruktur-Editor läuft dabei gemäß der attributierten Gramatik eine inkrementelle Attributauswertung ab. Dafür gibt es verschiedene Standardverfahren /Ken76, Mön84/, die allerdings noch erweitert werden müssen. Die diesen Struktureditor steuernde attributierte Grammatik wird ebenfalls aus der Dokumentklassendefinition abgeleitet.

Ist der Benutzer mit dem automatisch erzeugten Layout seines Dokuments nicht zufrieden, so kann er noch eine Layoutrevision durchführen. Dafür wird der Editor für die Layoutstruktur benützt. Charakteristisch für eine Layoutrevision ist, daß sie keine Veränderung der logischen Struktur verursacht. Dies wird vom Editor überwacht.

Liegt ein Dokument im ODIF-Format vor, so werden zunächst aus dem Definition Part die beiden attributierten Grammatiken erzeugt und in die zwei Struktureditoren eingelesen. Dadurch wird der allgemeine ODA-Editor zu einem der Dokumentklasse entsprechenden speziellen Editor, z.B. einem Berichtseditor oder Bestellformular-Editor. Die attributierten Grammatiken werden erzeugt durch Vervollständigung von Schemata für attributierte Produktionen mit Hilfe der Attribute im ODIF-Definition Part. Die Schemata enthalten praktisch die Information, die im ODA *Processing Model* enthalten ist. Sie wird ergänzt um die Information, die in der Dokumentklassendefinition steckt. Anschließend wird der Object Part des ODIF-Formats konvertiert in die Interndarstellung der Strukturen bzw. des Inhalts und die Bearbeitung des Dokuments kann begonnen werden.

3. Zukünftige Entwicklungen

Der gegenwärtige ODA/ODIF-Standard wird in den nächsten Jahren weiterentwickelt werden, um die Bearbeitung von ausgetauschten Dokumenten noch komfortabler zu ermöglichen. Die Liste dieser Erweiterungen umfaßt zum Beispiel:

- Inhaltsarchitekturen für Daten mit dem Ziel, Spread Sheet Applikationen mit graphischer Darstellung von Tabelleninhalten zu ermöglichen oder Dokumente in die DV-Umgebung einzubetten, wie z.B. durch automatischer Zugriff von Formularen auf externe Datenbestände.
- Inhaltsarchitekturen für Audio mit dem Ziel, Dokumente mit indirekter Sprachkommunikation, wie Sprachanmerkungen oder Korrekturanweisungen, zu koppeln.

- Inhaltsarchitekturen für Video mit dem Ziel, Bewegtbildszenen, wie z.B. Bedien- oder Serviceanleitungen, in Dokumente einzublenden.
- Rahmen mit variablen Größen, um komplizierteres Layout zu ermöglichen.
- Unterstützung der automatischen Verwaltung von Querverweisen.
- Automatisches Erzeugen von Objekten wie Inhaltsverzeichnissen.

Ein wesentlicher Vorteil des beschriebenen ODA-Editors ist seine Flexibilität und Ausbaufähigkeit: Eine einheitliche Schnittstelle zu den Basisobjekteditoren erlaubt den Austausch oder das Hinzufügen weiterer Basisobjekteditoren, z.B. für mathematische oder chemische Formeln, Musiknoten oder Dateninhalte. Ändert sich durch die Weiterentwicklung des ODA/ODIF-Standards das *Processing Model* und/oder die Menge der Attribute, so ändern sich in vielen Fällen lediglich die Schemata für die attributierten Produktionen und damit die attributierten Grammatiken bei unverändertem ODA-Editor. In anderen Fällen wird der Editor zu modifizieren sein, was jedoch durch das klar gegliederte Architekturkonzept erleichtert wird.

4 Literatur

/Blu85/   Blumenfeld, M.: Dokumentarchitektur und Austauschformate, in diesem Tagungsband
/ECMA85/   ECMA/TC29/85/11: Office Document Architecture, Text for submission to ECMA General Assembly in June 1985, February 1985
/Hor84/   Horak.W.; Krönert, G.: An Object-Oriented Office Document Architecture Model for Processing and Interchange of Documents. ACM Conference on Office Information Systems, Toronto, Canada, June 1984, pp. 152-160
/Hor 84a/   Horak, W.: Dokument-Architektur und Dokument-Austauschformate, Stand der internationalen Normung. Offene Multifunktionale Büroarbeitsplätze und Bildschirmtext, Berlin, Juni 1984, S. 181-202
/Hor85/   Horak, W.:Office Document Architecture and Office Document Interchange Formats - Current Status of International Standardization, eingereicht an IEEE Computer
/Ken76/   Kennedy, K.; Warren, S.K.: Automatic Generation of Efficient Evaluators for Attributed Grammars. Conf. Record 3rd ACM Symp. Principles of Programming Languages, pp. 32-49, 1976
/Krö84/   Krönert, G.: Standardisiertes Architekturmodell für Bürodokumente: Stand der Normung und Interpretation des objekt-orientierten Modells im Hinblick auf Austausch und Bearbeitung von Dokumenten.ONLINE 84, Symposion O, 14.-17. Feb. 84, Berlin
/Krö84a/   Krönert, G.: Textverarbeitung auf Basis der standardisierten Dokumentenarchitektur. Tutorium zur GI-Tagung "Offene Multifunktionale Büroarbeitsplätze und Bildschirmtext", Berlin, Juni 1984
/Mön84/   Möncke, U.; Weisgerber, B.; Wilhelm, R.: How to Implement a System for Manipulation of Attributed Trees. 8.Fachtagung "Programmiersprachen und Programmentwicklung", Informatik Fachberichte, Vol. 77, pp 112-117, Springer, 1984
/Rech84/   Rechenberg, P.: Attributierte Grammatiken als Methode der Softwaretechnik. Elektronische Rechenanlagen, 26(1984), Heft 3, S.111-119
/Wil79/   Wilhelm, R.: Attributierte Grammatiken. Informatik Spektrum 2, 1979, S. 123-130

Computergestützte Eingangspostbearbeitung
Überblick über den Stand und weitere Forschungsaufgaben

Matthias Schumann
Lehrstuhl für Betriebs- und Wirtschaftsinformatik
(Prof. Dr. P. Mertens) an der Universität Erlangen-Nürnberg

1. Problemstellung

Die gegenwärtigen Entwicklungen im Bereich der Bürokommunikation sind durch Fortschritte in der Integration von Funktionen zur Dokumenterstellung, -speicherung, zum Retrieval und zur elektronischen Versendung gekennzeichnet. Insbesondere bei der Erstellung von Dokumenten wird auf die einfache Vereinigung unterschiedlicher Informationstypen (Texte, Grafik, Daten des Hostrechners) Wert gelegt.

Die Unterstützung bei der Bearbeitung der Eingangspost ist dagegen jedoch weiterhin gering. Gerade die Eingangspostbearbeitung bietet aber eine gute Möglichkeit, Fach- und Führungskräfte von Routinetätigkeiten zu entlasten, zusätzliche Zeit für qualifiziertere Aufgaben zu schaffen und so eine Integrationsinsel zu beseitigen [8].

2. Aufgaben und Entwicklungsstand der Eingangspostbearbeitung

Aus dem Mißverhältnis zwischen der Unterstützung zur elektronischen Postversendung und der Eingangspostbearbeitung werden sich zukünftig, bei sich ausweitenden Kommunikationsnetzen, eine Reihe von Konsequenzen für den elektronisch unterstützten Verwaltungsarbeitsplatz ergeben:

- Durch die einfachen Möglichkeiten der Dokumenterstellung und
  -verteilung nimmt die Menge der zu bearbeitenden Eingangspost
  zu [6].
- Die unkontrollierte Nutzung von "Verteilerlisten" schafft zusätzliche, ungewollte Informationen [17].
- Damit steigt auch der Anteil unwichtiger Nachrichten, es muß
  eine Selektion, ein Schutz vor einer "Informationsüberflutung"
  erfolgen.
- Bei steigender Geschwindigkeit der Nachrichtenerstellung und
  -verteilung muß die Aufarbeitung beschleunigt werden, um keine
  Warteschlangen unbearbeiteter Eingangspost entstehen zu lassen.

Erste Beispiele für Ansätze derartiger Mißstände sind heute bereits in Rechnernetzen, wie z. B. dem ARPA-Netz, festzustellen.
Es müssen daher dem Empfänger Werkzeuge an die Hand gegeben
werden, die es ihm gestatten, aus den einlaufenden Informationen
die für ihn wichtigen herauszufiltern [3].

Dabei können zu einer qualifizierten Unterstützung der Postbearbeitung verschiedene, teilweise aufeinander aufbauende Funktionen unterschieden werden:

- Automatische Deskribierung aller eingehenden Post, um auf die-
  ser Grundlage eine weitere Erschließung durchführen zu können.
- Entschlüsselung der Semantik der Informationen.
- Abspeichern der Informationen in der Datenbank unter Berück-
  sichtigung von Rechercheaspekten.
- Erkennen und Selektieren redundanter Nachrichten.
- Automatische Verteilung der Post an den (die) zuständigen
  Sachbearbeiter.
- Ergänzen der Postvorlage um zugehörige Vorgänge aus der Daten-
  basis.
- Vergabe von Prioritäten für die Wichtigkeit und Dringlichkeit
  der Informationen, Unterdrücken unwichtiger Mitteilungen.
- Auslösen standardisierter, eventuell zentral oder vom Sachbe-

arbeiter bestimmbarer Prozeduren.

Dieses können z. B. sein:

- Festlegen eines Vorlagetermins für einen Themenbereich,
- Informationen an zusätzliche Adressen weiterverteilen,
- Standardantwortbrief/Nachricht versenden.

Solche Hilfen gilt es schrittweise in Bürokommunikationssysteme zu integrieren.

Heute angebotene Systeme verfügen zumeist über Postkorb-Schnittstellen, die eine einfache Übersicht über die eingegangenen Nachrichten bieten und einen mehrstufigen Zugriff auf die einzelnen Dokumente erlauben (Übersicht, Anfangszeilen, eigentlicher Text). Darüber hinaus können eine vom Absender vergebene Priorität, ein vom Empfänger bei der ersten Einsichtnahme vergebener Wiedervorlagetermin oder der Grad der Vertraulichkeit als Organisationshilfe des Eingangspostkorbes verwendet werden.

Die Angabe eines Gültigkeitsdatums für eine Information ist ebenso wie die vom Telefon bekannte Einrichtung der Informationsumleitung (abgestuft nach Prioritäten, z. B. bei Krankheit oder Urlaub) nur in Systemen mit erweitertem Funktionsvorrat realisiert. Darüber hinaus wird z. B. eine "Einschreiben-Funktion" angeboten, die dem Absender automatisch dann eine Mitteilung zukommen läßt, wenn das Dokument beim Empfänger angekommen oder von diesem eingesehen worden ist.

3. Informationsaufnahme und -aufbereitung

Zwar zeigen Untersuchungen zum betrieblichen Informationsaufkommen, daß nur ca. 20 bis 40 % der anfallenden Dokumente dem zwischenbetrieblichen Kommunikationsaustausch dienen [7], aber dennoch darf der Stellenwert zwischenbetrieblicher Kommunikation nicht zu gering erachtet werden. Gerade hier ist ja häufig der Ursprung innerbetrieblicher Informationsentstehung zu suchen. Außerdem erscheint eine hohe Kommunikations- und damit Reaktionsgeschwindigkeit für eine sichere Marktstellung unabdingbar.

Diese zwischenbetriebliche Kommunikation wird sich künftig in drei Organisationsformen abspielen:

- dem herkömmlichen Informationsaustausch über die "gelbe Briefpost",
- der elektronischen Kommunikation mit der Nutzung von Postdiensten, wie z. B. Teletex,
- dem halbstrukturierten Nachrichtenaustausch über Rechnernetze, wobei unternehmensübergreifende Dokument- und Formulardefinitionen die Kommunikation standardisieren oder eine Automatisierung erlauben.

Die drei Kommunikationsformen ergänzen sich wechselseitig und haben insbesondere unter Berücksichtigung von Klein- und Mittelbetrieben ihre wirtschaftliche Berechtigung. Für den Betrieb, der die Bürokommunikation rentabel einsetzen will, besteht aber so die Notwendigkeit, sämtliche Eingangspost, also auch die Briefpost, zu integrieren. Die Verknüpfungspunkte eines solchen Klassifikationssystems zeigt Abbildung 1.

Zum Einlesen der Briefpost werden heute überwiegend Seitenleser verwendet. Diese haben jedoch, da sie den Text zeichenweise einlesen den Nachteil, daß sie nur eine begrenzte Anzahl von Textarten (z. B. Pica oder OCR) lesen können und immer noch eine hohe Fehlerhäufigkeit besitzen. Grafische Objekte, wie z. B. Firmen-Logos, lassen sich überhaupt nicht verarbeiten. Die zukünftige Entwicklung dürfte hier zum Einsatz von Scannern führen, die aufgrund der pixelorientierten Technologie sowohl Grafiken wie auch Texte einlesen können [22]. Zur Zeit besteht noch das Problem, daß diese Verfahren große Ressourcen in Anspruch nehmen und daher noch nicht wirtschaftlich eingesetzt werden können.

4. Ansätze zur Eingangspostverteilung und -bearbeitung

Bei der teilautomatischen oder automatischen Bearbeitung be-

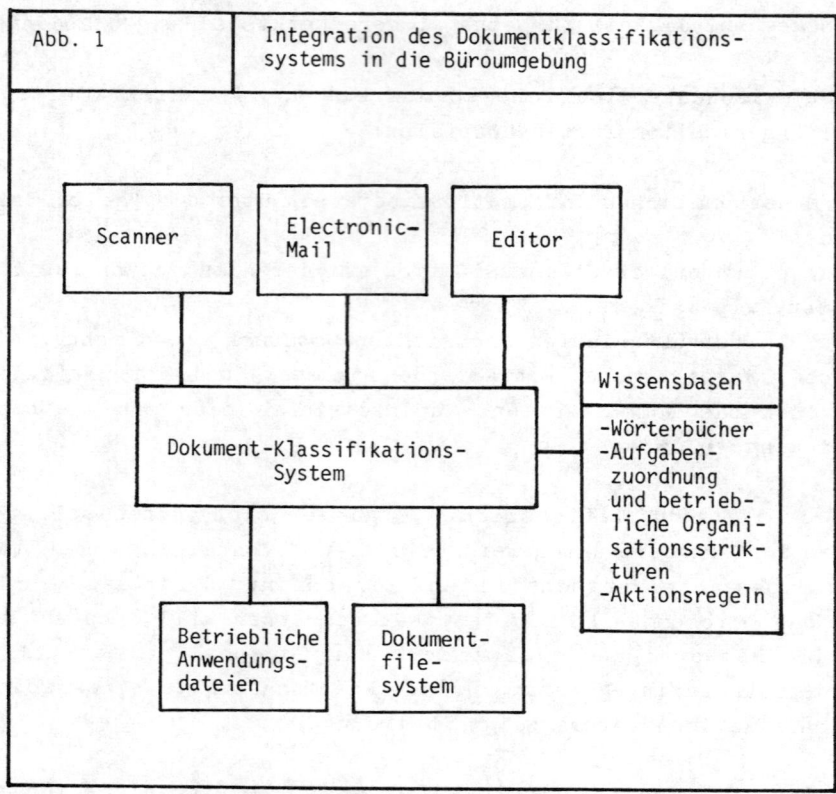

| Abb. 1 | Integration des Dokumentklassifikations-systems in die Büroumgebung |

trieblicher Eingangsdokumente können drei Vorgehensweisen unterschieden werden:

- Der Einsatz überwiegend aus dem linguistischen Bereich stammender Systeme, die ein inhaltliches Verstehen der Texte ermöglichen sollen. Ist der Inhalt des Schreibens bekannt, so kann durch die Abbildung manueller Bearbeitungsregeln eine vom System durchzuführende Aktion ausgewählt werden.
- Ein Verfahren zur Grobanalyse der Eingangspost, das auf der Untersuchung der Ausprägung formaler Kriterien des Geschäftsbriefwechsels beruht. Dabei wird insbesondere auf Informati-

onen über den bereits mit dem Absender geführten Schriftwechsel zurückgegriffen. Als Analyseobjekte stehen z. B. die Absender- und Empfängeradresse im Mittelpunkt.

- Die zwischenbetriebliche Normierung von Dokumentklassen auf der Basis sich abzeichnender Protokolle für die oberen Schichten von Netzarchitekturmodellen. Dabei bieten die Standardisierungsbestrebungen für Dokumentarchitekturen die Möglichkeit, ein überregional einheitliches Formularwesen für die unterschiedlichsten Zwecke des Büro- und Verwaltungsbereichs zu schaffen.

Die drei Ansätze repräsentieren ein Spektrum, das von einem von dem Absender fast völlig frei zu gestaltenden Schriftstück bis hin zu doch recht eng einzuhaltenden Konventionen bei der Formulargestaltung und dem Formulareinsatz reicht. Die nachfolgend beschriebenen Lösungsvorschläge könnten zum großen Teil auch zur Unterstützung der innberbetrieblichen Kommunikation eingesetzt werden.

4.1. Inhaltliche Analyse der Eingangspost

Bei Verfahren zur inhaltlichen Analyse von Texten wird heute die linguistische Datenverarbeitung stark von Methoden der künstlichen Intelligenz beeinflußt. Dennoch sind die Fortschritte hier, insbesondere bei Verfahren des Textverstehens, ähnlich wie bei Systemen zur automatischen Übersetzung, eher als bescheiden zu bezeichnen [12].

Zwar sind inzwischen Systeme für den Bürobereich entwickelt, die englischsprachige Texte auf korrekte Syntax und guten Stil untersuchen, ein inhaltlicher Verstehensprozeß findet dabei aber nicht statt [15]. Außerdem wurden Forschungsprojekte, die eine automatische Indexierung und ein natürlichsprachiges Retrieval von Bürodokumenten weiterentwickeln sollten, aufgrund enttäuschender Ergebnisse eingestellt [13]. Als Beispiel sei das Projekt CONDOR genannt [2]. Hier sind enge Beziehungspunkte zur automatischen Speicherung der Eingangspost zu sehen. Natürlichsprachliche Ein-/Ausgabeschnittstellen von Expertensystemen und Datenbanken bieten dagegen heute bereits befriedigende Ergebnisse. Der wesentliche Unterschied bei der Dokumentanalyse rein auf inhaltlicher Basis besteht jedoch darin, daß von vornherein keine Filterbegriffe bekannt sind, nach denen im Text gesucht werden kann. Dazu kommt, daß bei mehrdeutigen Interpretationsmöglichkeiten des Analysetextes das System keine Rückfragen stellen kann.

Bei dem Prozeß des Textverstehens hängt die Güte der semantischen Analyse insbesondere von dem zur Verfügung stehenden Wissen über den Diskursbereich ab [1]. Dieses stellt aber auch ein wesentliches Problem für das Angebot an Standardlösungen mit derartigen Systemen dar. Für Unternehmen mit unterschiedlichen Aufgaben sind aufwendige individuelle Lösungen zu erstellen. Befristete Projekte und Einzelaufgaben sowie sich zeitlich verändernde Tätigkeitsschwerpunkte erfordern eine aufwendige Pflege der verwendeten Wissensbasis.

Von dem textverstehenden Entwicklungssystem der IBM, EPISTLE, das zur Korrektur des Textstils und zur Abstracterstellung eingesetzt werden soll, wird berichtet, daß ca. 2 Mio. Instruktionen zur Analyse eines englischen Satzes notwendig sind [16] [5]. Dieses zeigt, daß derartige Verfahren auch enorme Rechnerressourcen in Anspruch nehmen, die jedoch in Klein- und Mittelbetrieben nicht zur Verfügung stehen und für größere Unternehmen bei einem Eingangspostaufkommen von mehreren hundert bis tausend Schreiben pro Tag zu aufwendig sind.

Daher erscheint es angezeigt, pragmatische Lösungsverfahren anzuwenden. Diese können eventuell mit den noch zu schildernden Verfahren einer Grobanalyse verbunden und zur Feinklassifizierung der Bürodokumente eingesetzt werden. Dabei ist an Methoden der Volltextdeskribierung zu denken, wobei abteilungs- und sachbearbeiterspezifische Wörterbücher eine Zuordnung der Dokumente ermöglichen. Diese Vergleichswörterbücher können automatisch oder teilautomatisch durch Erfassung an den einzelnen Arbeitsplätzen, verbunden mit Textverarbeitungssoftware, gewonnen werden. Durch periodische Aggregation ist jeweils eine Auffrischung des zentralen Zuteilungswörterbuches möglich [19]. Ebenso tragen bereits zugeordnete und bearbeitete Dokumente zu dem Deskriptorbestand bei.

Dieses ermöglicht den Versuch, eine thematische Zuordnung eingehender Schriftstücke vorzunehmen. Wörter und Phrasen des Eingangsschreibens dienen zur Abfrage des Zuteilungswörterbuches. Als Ergebnis erhält man eine Reihe von Zuordnungsalternativen. Werden dabei charakteristische Grenzen überschritten, erfolgt eine thematische Zuteilung des untersuchten Dokuments.

Verfahren zur Volltextdeskribierung sind schon lange (z. B. STAIRS) auf zentralen Systemen in Einsatz. Auch die Funktionen zur Eingangspostbearbeitung sollten einer zentral durchgeführten Serviceleistung entsprechen. Zwar werden heute auch Programmpakete zur Volltextdokumentdeskribierung und -recherche mit dezentralen Arbeitsplatzrechnern angeboten, es erscheinen jedoch weder die Speicherkapazität noch die Geschwindigkeit zur Neudokumentaufnahme ausreichend. Auch dezentrale File-Server werden vorwiegend nur für einen begrenzten Anwenderkreis eingesetzt.

4.2. Grobklassifikation der Eingangspost

Bei der Durchführung der Grobanalyse werden mehrere Annahmen getroffen. Über die Korrespondenzpartner des Unternehmens sind häufig schon Informationen vorhanden. Stellenweise kann aufgrund des bereits geführten oder stattfindenden Schriftwechsels auf den Empfänger oder das Thema des Eingangsschreibens geschlossen werden. Dabei wird auch ein logischer oder organisatorischer Zusammenhang der Eingangsschreiben zu anderen Informationen gesucht. Dieser kann z. B. durch eine Bezugszeichen- oder Betreffzeile hergestellt werden. Dazu ist es notwendig, die in der letzten Zeit angefallenen Schriftstücke mit Informationen über ihre Bearbeitung, mit den Verknüpfungen zu Absender und Empfänger sowie mit sonstigen Kontextinformationen in einer Dokumentdatenbank zu speichern. Die entstehenden Nutzeffekte können auch zur Verbesserung des Information-Retrieval im Rahmen des Bürosystems dienen.

Darüber hinaus erfüllen die Geschäftsbriefe zumeist ein Mindest-
maß an formalen Kriterien. So lassen sich der Absender und
genaue Empfänger bei Electronic-Mail-Übertragung direkt anhand
des Protokolls ermitteln oder sie können aufgrund der Struktur
des Briefes, der Trennung in Sinn- oder Inhaltsblöcke wie Absender, Empfänger, Anrede usw., festgestellt werden. Erste Ansätze
zu derartigen Verfahren, die auf PROLOG-Programmen zur Untersuchung der Sinneinheiten der Eingangsbriefe basieren, sind bekannt [21]. Solche Anwendungen können aber auch in herkömmlichen
Produktionsumgebungen, z. B. in Verbindung mit betrieblichen
Datenbanken, realisiert werden. Abbildung 2 beschreibt den gro-
ben Aufbau des Systems.

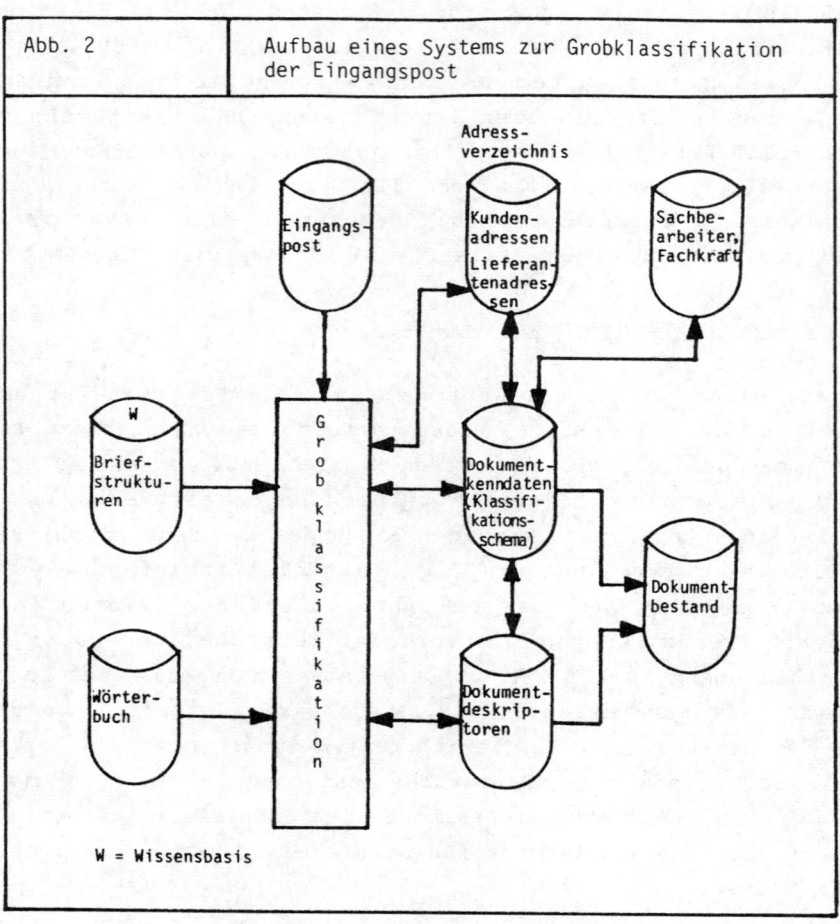

Abb. 2 — Aufbau eines Systems zur Grobklassifikation der Eingangspost

Es wird vorgeschlagen, für die Eingangsschreiben ein Klassifika-
tionsschema bereitzustellen, das den einzelnen Dokumenten quasi
als "Deckblatt" beigefügt wird. Abbildung 3 zeigt ein Beispiel
für ein solches Schema. Unternehmensindividuelle Ergänzungen,
wie z. B. Felder für Vertragsnummern bei Versicherungen oder
Bausparkassen, wären aufgrund ihrer Identifikationsgüte sinnvoll.

Abb. 3	Klassifikationsschema für die Eingangspost

ABSENDERANGABEN:

- Firma
- Abteilung
- Bearbeiter
- Straße/Postfach
- PLZ/Ort
- Telefon
- Bearbeitungszeichen/Absender

EMPFÄNGERANGABEN:

- Werk
- Abteilung
- Bearbeiter
- Bearbeitungszeichen/Empfänger

ALLGEMEINE ANGABEN:

- Erstellungsdatum
- Bezugsnachricht
- Betreff

UNTERNEHMENSINDIVIDUELLE ZUSÄTZE:

- z. B. Nummernschlüssel

Der Brief kann nun unter Zuhilfenahme eines Regelwerkes über die
Konventionen des formalen Briefaufbaus nach den Ausprägungen des
Klassifikationsschemas durchsucht werden. Das Regelwerk bestimmt

das Vorgehen zur Suche nach einzelnen Sinneinheiten und innerhalb dieser die Zerlegung eines Informationsblocks in seine
Bestandteile. Dabei wird beispielsweise ausgenutzt, daß sich die
Absenderadresse im oberen Drittel der Briefseite befindet und
nur die überwiegend linke Hälfte der Textbreite einnimmt. Beispiele für derartige Regeln sind in Abbildung 4 aufgeführt.
Durch Vergleich des Inhalts unterschiedlicher Textblöcke können
einzelne Annahmen gestärkt werden. So findet sich die Empfängeradresse häufig sowohl im Adressatenblock wie auch in der Anrede.

Abb. 4	Beispielhafte Regeln zur Grobklassifikation

Regeln zur Identifikation eines Informationsblocks:

wenn Informationsblock $\geqslant$ 3 Zeilen und $\leqslant$ 6 Zeilen
und Informationsblock in der oberen 1/3 Seite
und Blockspaltenende $\leqslant$ 1/2 Zeilenbreite
und Absenderblock bereits gefunden,
dann Empfängerblock gefunden.

Regeln zum Erkennen eines Klassifikationsschemaeintrags:

wenn Absenderblock
und Textzeile (1) = Unternehmensangaben,
dann Absenderfirma gefunden.

Die Empfänger- und Absenderadresse lassen sich durch Zugriff auf
die Unternehmensdatenbank überprüfen. Ist der Empfänger bekannt,
so kann versucht werden, über die Bezugszeichen- oder Betreffzeile die thematische Zuordnung vorzunehmen. Über entsprechende
Datenbankverknüpfungen lassen sich die angesprochenen Vorgänge
selektieren. Sollte dieses nicht möglich sein, kann, wenn vorhanden, die bereits zwischen dem Adressaten und Absender geführte Korrespondenz zu einer detaillierten Beurteilung beitragen. Auch die sonst vom Empfänger zu bearbeitenden Informationen
können zu dieser Analyse herangezogen werden.

Verknüpfungen zwischen den schon bearbeiteten Dokumenten und ihren Absendern erlauben es, alle Schriftstücke eines Absenders zu selektieren. Wenn beispielsweise der Empfänger aus der Grobklassifikation nicht eindeutig hervorgeht, kann durch einen Vergleich des Eingangsbriefes mit den Deskriptormustern der vorliegenden Schreiben des Absenders möglicherweise eine Sachbearbeiter- oder Aufgabenzuteilung erfolgen. Verfahren der Feinanalyse, die im Abschnitt 4.1. geschildert wurden, können hier eingesetzt werden. Nicht verschwiegen werden soll, daß auch dieses Verfahren einige Mängel aufweist, die insbesondere bei der Anknüpfung neuer Geschäftsbeziehungen zutage treten.

4.3. Standardisierte Schichten höherer Netzarchitekturmodelle

Für den zwischenbetrieblichen Dokumentaustausch werden heute von den unterschiedlichsten Gremien Standards entwickelt. Am stärksten konkretisiert sind Normvorstellungen für die Anwendungsschichten der Architekturmodelle bei herstellereigenen Protokollen, z. B. der DIA und DCA der IBM [10]. Mittlerweile wurde aber auch von der CCITT ein Protokoll zum Nachrichtenaustausch mit dem X.400ff-Standard vorgelegt.

Diese Protokolle zum Nachrichtenaustausch bilden quasi einen erweiterten Briefumschlag für die einzelnen Dokumente ab. Neben der Informationsverteilung steuern sie Funktionen zur Bearbeitung von Dokumentdatenbanken.

Hier interessieren insbesondere die Protokolle zum Dokumentinhalt. Zu unterscheiden sind eine endgültige und eine veränderbare Dokumentform. Während bei endgültiger Form ein Schutz vor Veränderung besteht und damit die Dokumentechtheit sichergestellt ist, ermöglichen bearbeitbare Dokumentformate die Modifikation eines Schriftstückes an unterschiedlichen Arbeitsplätzen. Die Eigenschaften der einzelnen Informationseinheiten, z.B. von Absätzen, Schlüsselfeldern oder Bildern, werden in strukturierter Form dem Dokument als Beschreibung hinzugefügt [9]. Bürowerkzeuge lassen sich nun automatisch der Objektklasse des zu bearbeitenden Dokuments, die durch Interpretation der zusammen-

gefügten Informationseinheiten definiert wird, anpassen. Damit
können Formulare erkannt, Formularausprägungen überprüft und auf
Basis der gewonnenen Ergebnisse automatisch Handlungen im Sinne
einer aktionsorientierten Datenverarbeitung angestoßen werden.

Die Definition einer Dokumentklasse zur Rechnernetzkommunikation
ist mit dem Entwurf von herkömmlichen Formularen und Richtlinien
zu vergleichen, der in Unternehmen heute zumeist von Organisa-
tionsabteilungen wahrgenommen wird. Bei überbetrieblichen Stan-
dardisierungen müssen dagegen nationale und internationale Nor-
mungsgremien wie DIN-Ausschüsse, CCITT oder auch ISO verantwort-
lich zeichnen.

Ein erster derartiger Ansatz wäre z. B. die Kennzeichnung elektronischer Werbedokumente. Die Objektklasse Werbung könnte dann
z. B. nachrangige Bearbeitungspriorität erhalten. Eine solche
Offenlegung entspräche der üblichen Kennzeichnungspflicht in
Presseartikeln.

Für den Ein- und Verkaufsbereich wurden solche Datenelement-
Definitionen bereits durch das ANSI X.12-Committee mit dem EDI-
Standard vorgenommen [11]. Die definierten Geschäftsdokumente
können eingesetzt werden zur:

- Nachfrage und Angabe von Preisen und Lieferbedingungen,
- Auftragserteilung,
- Nachfrage des Produktions- und Versandstatus,
- Versandmeldung und
- Fakturierung.

Eine zumindest teilautomatische Kommunikation ist möglich. Pro-
tokollergänzungen zur Übertragung detaillierterer Angebote oder
Produktinformationen sind denkbar [4]. Im Bereich des Rechnungs-
wesens kann eine ähnliche Kommunikation, z. B. zwischen Unternehmen und Wirtschaftsprüfungsgesellschaften oder Steuerbe-
ratern, angedacht werden. Auch hier könnten benötigte Informationen, z. B. Kontensalden oder Bilanzwerte, mit festgelegten
Datenelementen ausgetauscht werden, da durch gesetzliche Vor-

schriften ein Maximalschema zur Definition der Elemente fest-
stellbar erscheint.

Entsprechend wären Einladungsschreiben für Produktpräsentationen
oder Besichtigungen normierbar. Die Individualität kann dabei
durch allgemeine Textblöcke erhalten bleiben. Wird eine automatische Formularzuordnung vorgenommen, kann sich der interessierte Empfänger weiterhin von der Originalität der Einladung durch
manuelle Kenntnisnahme überzeugen.

Im Bereich der Terminabsprachen ist an unterschiedlichste Formu-
larnormierungen zu denken. Beispiele sind:

- Terminvorschläge,
- Termingegenvorschläge,
- Terminbestätigungen,
- Terminstornierungen,
- Terminablehnungen

oder darauf aufbauend Anmeldeschreiben für Tagungen oder Kongresse. Auch hier muß die Definition Raum für individuelle Ein-
tragungen, z. B. den Grund einer Terminstornierung, freihalten.

4.4. Aktionsorientierte Eingangspostbearbeitung

Sollen nicht nur die Verteilung und Deskribierung der Eingangspost, sondern auch Ansätze einer Bearbeitung erfolgen, so sind
zwei Vorgehensweisen zu unterscheiden. Zum einen müssen zentral
spezifizierte, sachbearbeiterunabhängige Prozeduren zur Ausführ-
rung gebracht werden können. Der für den Einzelfall zuständige
Sachbearbeiter nimmt dann nur noch eine Kontrollfunktion war.
Zum anderen muß der Sachbearbeiter am einzelnen Arbeitsplatz
unterstützt werden.

Als Einsatzbereich eines zentralen Systems sind z. B. Bausparkassen oder Versicherungen vorstellbar. In Bausparkassen sind
beispielsweise regelmäßig Kundenanfragen zu beantworten, die den
Zeitpunkt der Zuteilung oder noch zu leistende Einzahlungen für

Bausparverträge zum Inhalt haben. Wird nun zentral über eine Grobklassifikation (z. B. mit Hilfe der Vertragsnummer) erkannt, daß es sich bei dem Eingangsschreiben um eine derartige Anfrage handelt, könnte folgender Ablauf stattfinden:

- Über die Vertragsnummer erfolgt der Zugriff auf die kundenindividuellen Daten, z. B. über eine Datenbankabfrage.
- Das System berechnet unter Zuhilfenahme vorgegebener Algorithmen und Konditionenregeln die benötigten Werte.
- Die bei der Bearbeitung des Eingangsdokumentes zu erstellenden individuellen Textteile werden aus einer Textbank selektiert, über das Regelwerk werden die Textbausteine aufgrund der ermittelten Werte aufgefüllt.
- Die Ausgangs- und Eingangsschreiben werden in die Aktionsdatei des Sachbearbeiters eingestellt. Dieser Überprüfungsvorgang dient dem zusätzlichen Schutz vor fehlerhaftem oder falschem Schriftwechsel.

Solche Antwortschreiben können sehr individuell die jeweilige Problemstellung beschreiben. Dazu müssen Regeln gespeichert sein, die aufgrund des abzubildenden Themas einzelne Texte auswählen. Diese Texte enthalten Variablen, die einerseits im Sinne einer computergestützten Textverarbeitung mit Mandantendaten besetzt werden können, andererseits aber auch die Auswahl und das Einfügen situationsabhängiger Textbausteine erlauben. Dazu sind ebenfalls Regeln vorhanden. Mit derartigen Expertensystemansätzen wurden im Bereich der teilautomatischen Erstellung von Wirtschaftsprüfungsberichten von uns bereits erste erfolgversprechende Ergebnisse erzielt [20].

Bei sachbearbeiter- oder abteilungsindividuellen Tätigkeiten erscheint eine zentral angebotene Lösung nicht ratsam, es muß vielmehr ein Werkzeug zur Verfügung gestellt werden, das es auch dem EDV-Laien erlaubt, einfache Bürovorgänge zu gestalten. Außerdem können die unterstützten Aufgaben (z. B. Projekte) eventuell auch eine zeitliche Befristung besitzen.

Für folgende Tätigkeiten sind dabei "Hilfswerkzeuge" anzudenken:

- die Verknüpfung der zentral bereitgestellten Themenbereiche
  mit den sachbearbeiterspezifischen Aktionen,
- die Angabe von Vorlageterminen für Themenbereiche,
- die Angabe von Standard-Antworttexten oder Textbausteinen,
- die Angabe von Verteilerlisten für einzelne Nachrichtenarten
  oder die automatische Berücksichtigung von Verteilern bei Antwortschreiben [14].

Für die Benutzerschnittstelle würde sich bei derartigen Systemen
eine Menü- oder Window-Unterstützung anbieten. Sogenannte End-
nutzersprachen für Bürokommunikationssysteme sind heute bereits
vorhanden. Erfahrungen, die wir bei der Unterstützung einer for-
mulargestützten Produktplanung mit einem Bürokommunikations-
system gewonnen haben, zeigen aber, daß diese Sprachen in dem
hier angesprochenen Bereich nur bedingt eingesetzt werden können
[18]. Gut lassen sich solche Sprachen dagegen bei der Gestaltung, Auswertung und Zusammenfassung von Dokumenten anwenden.
Die Abbildung komplexer Formularvorgänge wird damit möglich. Bei
der kompletten Vorgangsgestaltung bestehen jedoch bei automatischer Einbeziehung von logischen Postkörben und insbesondere der
Anwendung von Triggerfunktionen noch Probleme. Die Möglichkeiten
zur Gestaltung automatischer Büroprozeduren sind daher noch
recht bescheiden. Außerdem zeigte es sich, daß umfangreiche
Problemlösungen auch mit diesen Sprachen nur nach intensiver
Einarbeitung erstellt werden konnten.

5. Zukünftige Entwicklung

Bürokommunikationssysteme der Zukunft werden nicht nur große
Datenmassen bewältigen, sie werden auch über strukturiertes Wissen verfügen, das es erlaubt, Zusammenhänge und Aufgabenberei-
che, Kommunikationsprozesse und -probleme zu erkennen sowie
abzubilden. Damit wird es möglich, Problemlösungen für Bereiche
wie die Eingangspostbearbeitung bereitzustellen. Schrittweise
kann dann eine Unterstützung von der Bearbeitung genormter Dokumente bis hin zu schließlich völlig individuellen Schriftstücken
angeboten werden.

Literaturverzeichnis:

[1] Bates, M. und Bobrow, R., Natural Language Interfaces:
What's here, what's comming and who needs it, in: Reitman,
W. (Hrsg.), Artifical Intelligence Applications for Business, Proceedings of the NYU Symposium Norwood, New Jer-
sey, May 1983, S. 180 ff., insb. S. 183.

[2] Das Projekt CONDOR wird beschrieben in: Büttel, I., Fol-
tas, H., Leppert, M., Panyr, J., Stork, B. und Struß, P.,
Beschreibung des Modells CONDOR in: Fischer, H. G.
(Hrsg.), Information Retrieval und natürliche Sprache,
Integrierte Verarbeitung von Daten und Texten im Modell
CONDOR, München 1982, S. 9 ff.

[3] Conrads, D., Funktionalität und Bewertung von Message-
Systemen, in: Heger, D., Krüger, G., Spaniol, O. und Zorn,
W. (Hrsg.), Kommunikation in verteilten Systemen I, Anwen-
dungen, Betrieb, Grundlagen, GI-NTG-Fachtagung, Karlsruhe
März 1985, S. 285 ff., insb. S. 292.

[4] Weitere Überlegungen zu Einsatzmöglichkeiten von Proto-
kollstandards finden sich bei: Frankl, D., Entwicklungs-
stand der höheren Schichten von Architekturmodellen und
deren Anwendungsmöglichkeiten im Bereich zwischenbetrieblicher Integration, Diplomarbeit, Erlangen 1984.

[5] EPISTLE wird beschrieben in: Heidorn, G. E., Jensen, K.,
Miller, L. A., Byrd, R. J. und Chodrow M. S., The EPISTLE
text-critiquing system, IBM Systems Journal 21 (1982) 3,
S. 305 ff.

[6] Zum Postaufkommen vgl. Höring, K. und Spengler-Rast, Chr.,
Elektronische Bürokommunikation im praktischen Einsatz,
Baden-Baden 1983, S. 30 f.

[7] Höring, K. und Spengler-Rast, Chr., a.a.O., S. 33 ff.

[8] Honschka, P., Lehren aus der Praxis: Neue Forderungen an
Bürokommunikationssysteme, in: Witte, E. (Hrsg.), Büro-
kommunikation, Ein Beitrag zur Produktivitätssteigerung,
Berlin-Heidelberg-New York-Tokyo 1984, S. 268 f.

[9] Horak, W., Concepts of the Document Interchange Protocol
for the Telematic Services – CCITT Draft Recommendation
S.a, Computer Networks 8 (1984), S. 175 ff.

[10] Im Überblick: IBM, Information Interchange Architecture
Concepts, No. GC23-0765, IBM 1983.

[11] Jones, T., Paving the way for universal document interchange, Data Communications 11 (1982) 7, S. 123 ff.

[12] Krallmann, D., Linguistische Datenverarbeitung – Gestern,
Heute und Morgen, in: Batori, I., Krause, J. und Lutz, H.
D. (Hrsg.), Linguistische Datenverarbeitung, Tübingen
1982, S. 8.

[13] Zur Praxisrelevanz solcher Systeme vgl. Krause, J., Pra-
xisorientierte natürlichsprachliche Frage-Antwort-Systeme,
zur Entwicklung vor allem in der Bundesrepublik Deutschland, Nachrichten für Dokumentation 34 (1983) 4/5, S. 188
ff.

[14] Kreifelts, Th. und Wißkirchen, P., Informationstechnik im
Büro, in: Wißkirchen, P., Kreifelts, Th., Krückeberg, F.,
Richter, R. und Wurch G. (Hrsg.), Informationstechnik und
Bürosysteme, Stuttgart 1983, S. 84.

[15] Ein solches System wird beschrieben in: MAC Donald, N. H.,
Lawrence, T. F., Frase, P. S. und Stacey, A. K., The Wri-
ter's Workbench: Computer Aids for Text Analysis, Transactions on Communications 30 (1982) 1, S. 105 ff.

[16] O.V., Six Top Information Systems Issues, EDP Analyser 23
(1985) 1, S. 9.

[17] Rohlfs, S., Office Communication: Promises, Problems and
Pitfalls, in: Schneider, H. J. (Hrsg.), Proceedings of the
International Computing Symposium 1983 on Application Sys-
tems Development, Stuttgart 1983, S. 250 f.

[18] Scheuch, N., Einsatz des Bürokommunikationssystems EMS
5800 zur Unterstützung der Produktplanung bei einem Mar-
kenartikelhersteller, Diplomarbeit, Nürnberg 1984.

[19] Überlegungen auf derart einfacher Basis findet man bei:
Schneider, R., Analyse formaler und inhaltlicher Kriterien
von Eingangspoststichproben zur Beurteilung der Möglichkeiten automatischer Postbearbeitung, Diplomarbeit, Nürnberg 1984, S. 57 ff.

[20] Wittmann, St., Konzeption und Programmierung eines Exper-
tensystems zur computerunterstützten Erstellung von WP-
Berichten, Diplomarbeit, Nürnberg 1984.

[21] Ein solches System wird vorgestellt in: Wöhl, K., Automatic Classification of Office Documents by Coupling Relational Data Bases and Prolog Expert Systems, in: Proceedings 2nd Conference on very large Data Bases, Singapore
1984, S. 529 ff. Ergänzungen finden sich bei: Balzert, H.
und Fritsch, K., Integrierte Bürosysteme - Stand und Ent-
wicklungstendenzen, in: Bullinger, H. J. (Hrsg.), Integrierte Bürosysteme - Zukunftsichere Strategien und erfolgreiche Anwendungen, 3. IAO-Arbeitstagung, 28.-
28.11.1984, Stuttgart-Berlin-Heidelberg-New York-Tokyo
1984, S. 27 ff., insbes. S. 37 ff.

[22] Einen Überblick geben: Wong, K. Y., Casey, R. G. und Wahl,
F. M., Document Analysis System, in: IBM Journal of Research and Develop 26 (1982) 6, S. 647 ff.

Matthias Schumann
Lehrstuhl für Betriebs- und Wirtschaftsinformatik
(Prof. Dr. P. Mertens)
Lange Gasse 20, D-8500 Nürnberg

Modellierung von Büroprozeduren mit Pr/T-Netzen und Prolog

S. Niehuis, F. Victor

Kurzfassung

Zur Beschreibung von Büroprozeduren stellen Prädikat/Transitionsnetze
(Pr/T-Netze) ein geeignetes Hilfsmittel dar. Vorteile dieser Modellierung
sind die übersichtliche Darstellung und die Möglichkeiten zur Verifikation
von Systemeigenschaften und zur Verwendung mathematischer Sätze der
Netztheorie. Will man die Modellierung und Simulation von Bürogeschehen
technisch unterstützen, so müssen Papier und Bleistift oder ein graphischer
Petrinetzeditor [12] (also reine Instrumente zum "Entwerfen und Zeichnen" von
Netzen) durch rechnergestützte Analyseverfahren ergänzt werden. Hierzu dient
der im folgenden beschriebene, in der Programmiersprache Prolog realisierte
Bürosimulator. Ein derartiger Simulator sollte zunächst in der Lage sein,
beliebige Schaltvorgänge in einem Büroabläufe beschreibenden Pr/T-Netz
durchzuführen. Darüber hinaus sind an einen derartigen Simulator
Qualitätsanforderungen zu stellen, etwa an die Natürlichkeit einer
Netzrepräsentation in der benutzten Programmiersprache, den Leistungsumfang,
die Flexibilität, die Modularität der Einzelkomponenten, die Kompaktheit des
Programmsystems oder die Geschwindigkeit.

Das Grundkonzept des von uns entwickelten Simulators wird in [14] ausführlich
beschrieben. Wir stellen daher dieses Konzept hier nur gekürzt dar, gehen
aber auf die Verwendung von mathematischen Netzeigenschaften ein, um eine
Optimierung des Suchprozesses zu erreichen. Weiter sollen Untersuchungen über
Nebenläufigkeit und Konflikte in Systemabläufen und über die Verifikation von
Systemeigenschaften angestellt werden.

1. Grundlagen

Arbeit im Büro ist immer in einem organisatorischen Zusammenhang zu sehen. Normalerweise wird eine Aufgabe in einer Büroorganisation nicht durch eine Einzelaktion an einem Arbeitsplatz gelöst, sondern erst durch mehrere solcher Einzelaktionen, die durch ein Netzwerk von Auftrags- und Lieferbeziehungen untereinander verknüpft sind.

Prädikat/Transitionsnetze wurden von Genrich und Lautenbach als spezielle Klasse der Petri-Netze eingeführt (zur Definition siehe [3]). Beispielhafte Darstellungen der mit diesen Netzen möglichen Modellierung, insbesondere im Bürobereich, wurden u.a. in [8,9] ausgearbeitet. Den Modellen liegt, verkürzt ausgedrückt, die Vorstellung zugrunde, daß sich Büroprozesse durch Verarbeitungsabläufe von Formularen beschreiben lassen, wobei der Charakter dieser arbeitsteiligen Prozesse beliebig ist. Dabei sollen alternative und nebenläufige Verarbeitungsfolgen sowie kausale Zusammenhänge zwischen diesen darstellbar sein. Mit Petri-Netzen können diese Zusammenhänge zwischen den Ereignissen - auch in graphisch anschaulicher Weise - dargestellt werden. Auf eine ausführliche Darstellung und Definition wird an dieser Stelle verzichtet. Zur Einführung in die Theorie der Petri-Netze sei auf [7,10] verwiesen.

Bemerkt sei:
- Pr/T-Netze stellen höhere Petrinetze mit individuellen Marken (Objekte) dar;
- die Markierung einer Stelle ist eine sogenannte Multimenge, die einzelne Elemente mehrfach enthalten kann;
- die in Pr/T-Netzen verwendeten Transitionen sind mit Zusammenhang zwischen den beim Schalten verbrauchten und erzeugten Objekten herstellen (Schaltregel);
- Das "Markenspiel" (Verbrauchen und Generieren von Objekten) verläuft gemäß der Schaltregel analog zu den üblichen Petri-Netzen.

In unseren Beispielen stellen die verwendeten Objekte für das Büro relevante Informationsobjekte (Formulare, Briefe, Nachrichten) dar, die Inschriften bürotypische Bearbeitungsschritte (Einträge, Kopierprozesse, Auswertungen, Kontrollen).

Die Programmiersprache Prolog wird hauptsächlich im Bereich der Künstlichen Intelligenz verwendet [1,11]. Durch ihre zentrale Rolle im japanischen Entwicklungsprogramm für die Computer der 5. Generation hat sie stark an internationaler Beachtung gewonnen [2].

Prolog verfügt
- über Möglichkeiten zur Repräsentation von Fakten, die Relationen bei relationalen Datenbanksystemen verwandt sind, und Regeln,
- über einen eingebauten Problemlösungsmechanismus ("backtracking"), sowie
- eine mit letzterem gekoppelte, flexible Abfragemöglichkeit.

2. Netzdarstellung in Prolog

2.1 Transitionen

Wir gehen von der in Abb.1 dargestellten "Umgebung" einer Transition aus. (Beachte: Großbuchstaben stehen für Variablen, Kleinbuchstaben für Konstanten wie bei dem von uns verwendeten Prolog [5] üblich.)

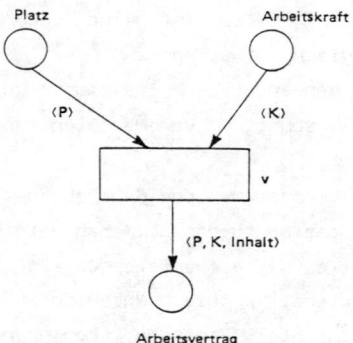

Abb.1: Umgebung einer Transition

Die Transition steht für ein vereinfachtes Modell eines Vertragsabschlusses v, bei dem aus platz über eine Arbeitsplatzbeschreibung P und aus arbeitskraft über die Daten eines Bewerbers K verfügt wird, um einen Arbeitsvertrag zu erstellen und in arbeitsvertrag abzulegen. Die für Pr/T-Netze übliche grafische Notation besagt: Aus platz wird beim Schaltvorgang ein Objekt P entnommen, aus arbeitskraft wird ein Objekt K entnommen, in arbeitsvertrag wird ein Objekt [P,K,INHALT] (3-Tupel) abgelegt. Den oben dargestellten Zusammenhang modellieren wir in Prolog folgendermaßen als "fact":

trans(v,[[platz,P],[arbeitskraft,K]],[[arbeitsvertrag,P,K,INHALT]]).

Die Symbole [und] bezeichnen den Beginn und das Ende einer Liste.

Eine Transition wird also durch eine Struktur trans mit drei Argumenten, dem Namen der Transition, einer Liste für die Eingangsobjekte und einer Liste für die Ausgangsobjekte beschrieben.

2.2 Netzmarkierungen

Die einem Pr/T-Netz zugeordnete Markierung (d.h. die Beschreibung der aktuellen Objekte) wird durch eine Liste repräsentiert. Jedes Element der Liste hat die Form [S|I], wobei S für eine Stelle und I für die zugehörige Stellenbelegung steht.

Beispiel:
MARKIERUNG = [[platz,bote],[platz,buchhalter],[arbeitskraft,müller],
[arbeitsvertrag,projektleiter,müller, av(6500,'1.1.84',text)],...]

Das Beispiel zeigt, daß Objekte und deren Komponenten strukturiert sein können (Prolog-Strukturen). Weiter unten werden wir auch Variablen in Markierungen zulassen, um symbolische Schaltvorgänge zu simulieren.

2.3 Inschriften

Wie bereits erwähnt, sind Transitionen mit Inschriften versehen. Diese
stellen prädikatenlogische Ausdrücke dar. Die Darstellung der Inschriften
erfolgt in natürlicher Weise durch eine Prolog-Regel, etwa beim vorigen
Beispiel durch:

```
in(v,[[platz,P],[arbeitskraft,K]],[[arbeitsvertrag,P,K,INHALT]]):-
    ...,P=projektleiter,INHALT=av(6500,_,_),...
```

d.h. die Regel stellt einen Zusammenhang zwischen den Ein- und
Ausgangsobjekten her. Hier wird P in der Ein- und der Ausgangsliste gleich
projektleiter gesetzt und der Inhalt des Arbeitsvertrages soweit fixiert, als
das erste Argument (Gehalt) auf 6500 festgelegt wird. Das Symbol "_" steht
für einen beliebigen Wert, d.h. es wird hier keine Festlegung vorgenommen.

2.4 Kapazitäten

Die Kapazität einer Stelle ist eine Bedingung (Prolog-fact), die vorgibt,
wieviele Objekte gleich welcher Art maximal in einer Stelle liegen dürfen.
Dies wird dargestellt durch ein Fact der Form

$$kap(S,N).$$

Das Fact kap(s1,20) gibt z.B. an, daß in s1 maximal 20 Objekte liegen dürfen.

3. Leistungen des Simulators

Wir wollen uns im folgenden darum bemühen, durch Angabe von Beispielen auch dem nicht mit Prolog vertrauten Leser ein Gefühl für die Struktur des Simulators zu vermitteln.

3.1 Schalten einer Transition

Ein Schaltvorgang (Feuern einer Transition) besteht aus den Schritten: Auswahl zu verbrauchender Objekte der Eingangsstellen gemäß Kantenbeschriftung, Wahl von Objekten für die Ausgangsstellen gemäß Kantenbeschriftung, Test der Kapazitätsbedingungen der Ausgangsstellen, Test der Transitionsformel (Inschrift) auf Erfülltheit für die gewählten Individuen. Bei Erfülltsein aller genannten Bedingungen werden die Objekte auf den Eingangsstellen aus der Netzmarkierung gelöscht und die Objekte für die Ausgangsstellen der Markierung hinzugefügt. So einfach das sogenannte "Markenspiel" bei kleineren Beispielen von Hand durchzuführen ist, so kompliziert ist es unter Verwendung konventioneller Programmiersprachen zu programmieren: Um wie bei unserem Bürosimulator alle Schaltmöglichkeiten zu berücksichtigen, müssen u.a. alle verschiedenen Kombinationen von Objekten aus einem kartesischen Produkt von Multimengen gewählt und auf "Schaltfähigkeit" überprüft werden. Das Überprüfen aller Möglichkeiten auf Schaltfähigkeit leistet die Programmiersprache Prolog automatisch mit ihrem eingebauten Problemlösungsmechanismus, der die Schaltaufgabe als einen Zielerreichungsprozeß ansieht, der alle verschiedenen Geschehnisse als erfüllte "goals" liefert und unsinnige oder bereits betrachtete Objektkombinationen verwirft. Nur so ist es verständlich, daß die gesamte Schaltregel in wenigen Programmstatements abgehandelt werden kann.

3.2 Erreichbarkeit

Die wesentliche Funktion des Simulators bezieht sich auf
Erreichbarkeitsfragen in Pr/T-Netzen. Hierbei handelt es sich um die
Realisierung einer Prolog-Regel der Form:

r(ANFANGSMARKIERUNG,ENDMARKIERUNG,SCHALTFOLGE).

Bei vielen in Prolog realisierten Regeln bestehen (teils automatisch, teils
durch kleinere Ergänzungen realisierbar) gewisse Freiheiten hinsichtlich der
Vorgabe (Instantiierung) der Werte der Parameterliste. Für die
Erreichbarkeitsregel heißt dies in unserem Falle:

- Ist die Anfangsmarkierung vorgegeben, so baut r nacheinander
Schaltfolgen mit zugehörigen Zielmarkierungen auf.

- Ist die Zielmarkierung vorgegeben, so schaltet r "rückwärts", d.h. es
werden die Regel erfüllende Anfangsbelegungen mit zugehörigen
Schaltfolgen gesucht.

- Sind alle Werte vorgegeben, so wird die Gültigkeit einer Schaltfolge
(mit "yes" or "no" als Ausgabe) überprüft (s. 4).

Es sei an dieser Stelle auf eine wichtige Eigenschaft von Prolog hingewiesen,
die sich in unserem Falle als sehr nützlich erweist. Sind in der Prolog-Regel
P = Q zwei Variablen P und Q nicht instantiiert, so werden diese beiden
Variablen miteinander identifiziert. Treten bei einer Abfrage an den
Simulator durch Benutzereingabe der Regel r die Variablen P und Q in der
Parameterliste auf, so wird die erfolgte Identifizierung (bzw. eine
Identifizierung von P und Q, die über eine Folge von Regeln
P = P1, P1 = P2,...., Pn = Q erfolgte) mit ausgegeben. Dieser
Identifizierungsmechanismus von Variablen bedeutet für die
Erreichbarkeitsregel r folgendes: Da r über SCHALTFOLGE die "Vergangenheit"
ANFANGSMARKIERUNG mit der "Zukunft" ENDMARKIERUNG in Beziehung setzt, geben
Identifizierungen von Bestandteilen aus der Anfangsmarkierung mit solchen aus
der Endmarkierung Aufschlüsse über den Schaltprozeß SCHALTFOLGE überdauernde
Invarianzen im Sinne von Zusammenhängen zwischen generierten und verbrauchten
Objekten. Zusammenhänge zwischen Variablen sind dabei in der Regel als
Identifizierungen unabhängig von einer konkreten Wertebelegung zu deuten und
damit Resultat einer symbolischen Informationsverarbeitung (symbolisches
Schalten). Das symbolische Schalten kann für die Verifikation von
Büroprozeduren benutzt werden und wird in 4. an Beispielen erläutert.

3.3 Verwendung mathematischer Netzeigenschaften

Da Büroabläufe sehr komplex werden können, werden die zugehörigen Netze entsprechend groß und unübersichtlich. Das Erreichbarkeitsproblem ist von exponentieller Komplexität in Abhängigkeit von der Netzgröße. Deshalb ist es sinnvoll, dem bisher "blind" suchenden Algorithmus <u>Zusatzwissen</u> mitzugeben. Dadurch soll erreicht werden, daß der Suchbaum, der zu durchlaufen ist, verkleinert wird. Bei der Verwendung von Zusatzwissen ist darauf zu achten, daß der Nutzen nicht durch die Kosten für die Auswertung der zusätzlichen Informationen neutralisiert oder sogar dominiert wird.

Eine Form von Zusatzwissen sind in diesem Zusammenhang <u>S-Invarianten</u>, d. h. Stellenvektoren, die Stellenmengen bezeichnen, deren Markensummen unter fortschaltenden Markierungen konstant (invariant) sind. Sie werden mit Methoden der linearen Algebra als Lösung des homogenen linearen Gleichungssystems $G^+ \cdot x = 0$ berechnet, wobei G die <u>Inzidenzmatrix</u> des zugehörigen Netzes und x die Invariante bezeichnet.

S-Invarianten besitzen folgende Eigenschaft (vgl. [7]):
Sei i eine S-Invariante eines Netzes, M_0 und M Markierungen des Netzes, dann gilt:

$$M_0 \cdot i^+ \neq M \cdot i^+ \implies M \text{ ist nicht Folgemarkierung von } M_0.$$

Wir gehen davon aus, daß eine Anzahl von S-Invarianten für das betrachtete Pr/T-Netz bereits berechnet und mit den anderen Daten des Netzes abgespeichert worden ist. Deshalb kann vor dem Aufbau des Suchbaumes für ein Erreichbarkeitsproblem mit gegebener Anfangsmarkierung A und Zielmarkierung Z die Gleichung

$$A \cdot i^+ = Z \cdot i^+$$

für alle Invarianten i überprüft werden. Wenn diese Gleichung für eine Invariante nicht gilt, wird kein Suchbaum aufgebaut und die Antwort <u>no</u> ausgegeben. Dieses Verfahren wurde als Ergänzung des Erreichbarkeitsprogramms in Prolog implementiert und wird an folgendem Beispiel erläutert.

Beispiel:

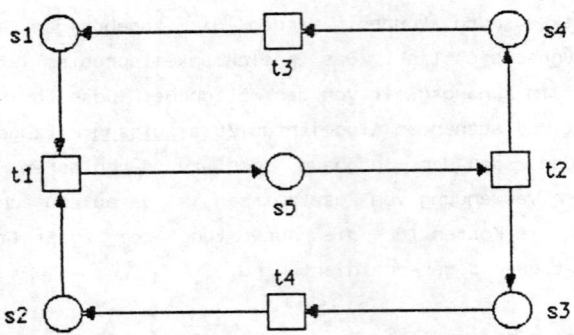

Zwei S-Invarianten dieses Netzes sind:

$I_1 = (0,1,1,0,1)$

$I_2 = (1,0,0,1,1)$

Beispielmarkierungen des Netzes sind:

$M_1 = (x,x,0,x,0)$

$M_2 = (x,x,0,0,0)$

$M_3 = (0,0,0,0,x)$

Erreichbarkeitsfragen werden mit <u>err</u> gestellt, falls S-Invarianten vor Aufbau des Suchbaumes überprüft werden sollen.

Bei der Erreichbarkeitsfrage

?- err([[s1,x],[s2,x],[s4,x]],[[s1,x],[s2,x]],L).

wird direkt nach Überprüfung der S-Invarianten die Antwort <u>no</u> ausgegeben, ohne überhaupt Schaltfolgen zu testen, da gilt:

$M_1 \cdot i_1^+ = 1 = M_2 \cdot i_1^+$ (Diese Invarianzgleichung ist noch korrekt)

$M_1 \cdot i_2^+ = 2 \neq 1 = M_2 \cdot i_2^+$

M_2 ist also nicht Folgemarkierung von M_1. Die Überprüfung aller Schaltfolgen wäre wegen der Zyklen im Netz mit großem Aufwand verbunden gewesen.

Bei der Erreichbarkeitsfrage

?- err([[s1,x],[s2,x]],[[s5,x]],L).

wird nach der Überprüfung der Invarianzgleichungen mit der normalen r-Regel begonnen, und es werden Schaltfolgen getestet, da gilt:

$M_2 \cdot i_1^+ = 1 = M_3 \cdot i_1^+$

$M_2 \cdot i_2^+ = 1 = M_3 \cdot i_2^+$

Beide Invarianzgleichungen sind erfüllt. Die r-Regel wird erfolgreich durchlaufen und es wird die Antwort L = [t1] ausgegeben. Aufgrund der Zyklen im Netz gibt es unendlich viele weitere Schaltfolgen.

Auch wenn die Invarianzgleichungen korrekt sind, kann die Erreichbarkeitsfrage noch scheitern. Das kann darin begründet sein, daß nicht alle S-Invarianten überprüft wurden oder daß eine Schaltfolge aufgrund der Beschaffenheit der Token oder Transitionsinschriften, die ja beide in den S-Invarianten nicht berücksichtigt werden, nicht möglich ist. Jedoch wird durch die Überprüfung der S-Invarianten bei einer großen Klasse von Erreichbarkeitsfragen der lange Weg durch den Suchbaum vermieden.

3.4 Nebenläufigkeit und Konflikte in Büroprozeduren

Die im Bürobereich auftretenden Abläufe, die nebenläufig ausgeführt werden können, finden in der Netzdarstellung ihre Entsprechung in Transitionen, die ebenfalls nebenläufig schalten können.

Zwei Transitionen können nebenläufig schalten, wenn jede für sich aktiviert ist und beide in einem Schritt schalten können. Diese Definition kann direkt in Prolog-Regeln übertragen werden, wobei schon vorhandene Regeln des Erreichbarkeitsprogrammes ausgenutzt werden. Das Erkennen von Nebenläufigkeit in Büroprozeduren kann dazu dienen, den Ablauf mehrerer Tätigkeiten zu parallelisieren. Konflikte treten im Bürobereich auf, wenn z.B. für die Ausführung zweier Aktionen dasselbe Objekt benötigt wird. Die beiden Aktionen stehen also in Konkurrenz.

Dieser Sachverhalt entspricht nach der Umsetzung der Büroprozedur in ein Netz zwei Transitionen, die zwar beide aktiviert sind, jedoch nicht in einem Schritt schalten können, weil sie beispielsweise dasselbe Eingangsobjekt benötigen. Es besteht ein Konflikt zwischen ihnen. Auch die Konflikterkennung in Netzen kann ausgehend von ihrer formalen Definition direkt in Prolog-Regeln implementiert werden.

4. Ein Beispiel

4.1 Netzdarstellung

Als Beispiel wählen wir das von Richter modellierte
Arbeitsmarkt-Registrierbüro [9].

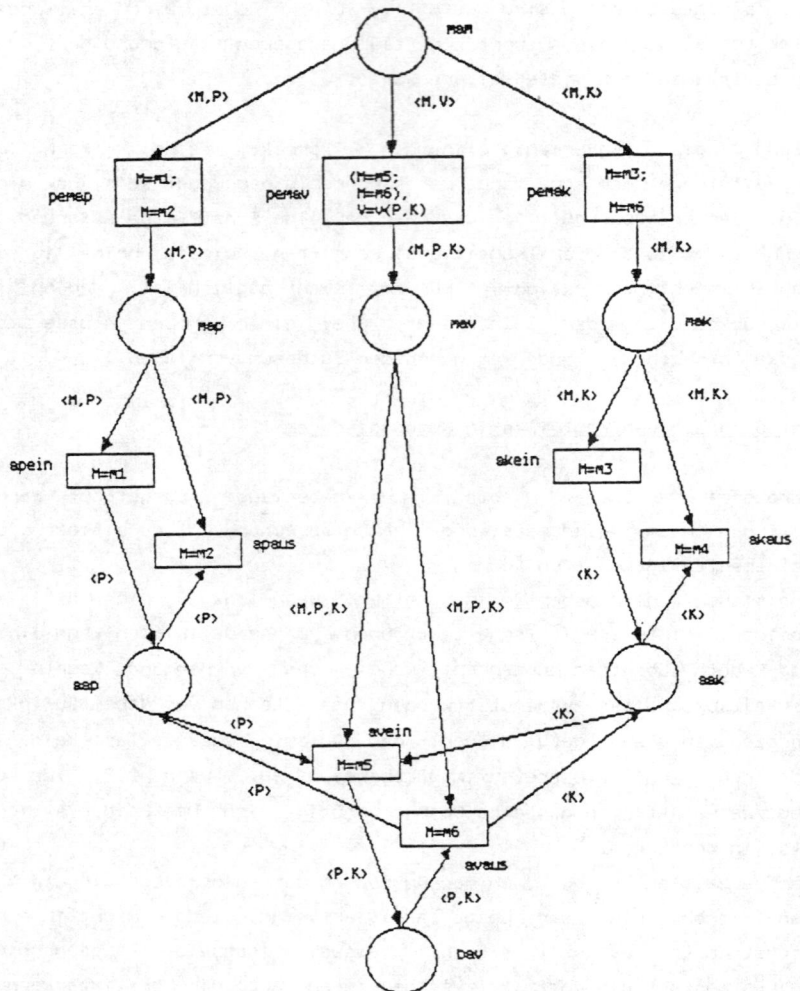

Abb.2: Arbeitsmarkt-Registrierbüro

Die folgende Zusammenfassung soll dem Leser ein Gefühl für den Aufbau des Pr/T-Netzes geben:

- In das Büro gehen Meldungen über Veränderungen am Arbeitsmarkt ein (oben, bei mam); dabei handelt es sich um sechs verschiedene Arten von Meldungen (M1 bis M6).
- M1: Eine Einrichtung teilt mit, daß sie einen Arbeitsplatz P anbietet.
- M2: Eine Einrichtung teilt mit, daß sie einen Arbeitsplatz P nicht mehr anbietet.
- M3: Eine Person teilt mit, daß sie ihre Arbeitskraft K anbietet, d.h. einen Arbeitsplatz sucht.
- M4: Eine Person teilt mit, daß sie ihre Arbeitskraft K nicht mehr anbietet, d.h. nicht mehr an einem Arbeitsplatz interessiert ist.
- M5: Eine Einrichtung teilt mit, daß ihr angebotener Arbeitsplatz P mit der angebotenen Arbeitskraft K besetzt wurde, d.h. ein Arbeitsverhältnis V (mit den Komponenten P,K) eingegangen wurde.
- M6: Eine Einrichtung teilt mit, daß das Arbeitsverhältnis V aufgelöst wurde (P und K sollen dann automatisch wieder angeboten werden).

Die Stellen werden wie folgt interpretiert:
- mam: Meldungen über Arbeitsmarktveränderung
- map: Meldungen über Arbeitsplatz
- mak: Meldungen über Arbeitskraft
- mav: Meldungen über Arbeitsverhältnis
- aap: Eintragung über angebotenen Arbeitsplatz
- aak: Eintragung über angebotene Arbeitskraft
- bav: Arbeitsverhältnis zwischen Arbeitsplatz P und Arbeitskraft K.

Im Anhang ist die Prolog-Repräsentation des Netzes aufgeführt. Sie zeigt, daß die Übertragung eines Pr/T-Netzes recht trivial durchzuführen ist.

4.2 Erreichbarkeitsanalysen

Bei den folgenden Beispielen gehen wir immer von einer Anfangsmarkierung aus, bei der nur in mam, also in Abb.2 oben, Objekte liegen. Die Kapazität für mam sei drei, alle anderen Kapazitäten gleich eins. Die Schaltfolge BEARBEITUNG ist in den folgenden drei Beispielen nicht instantiiert, so daß der Simulator diese selbständig aufbauen muß.
Als Endmarkierung verlangen wir die Registrierung eines Arbeitsverhältnisses in bav (d.h. im unteren Teil von Abb.2).

Frage 1:
Reicht ein Arbeitsplatzangebot PLATZ und ein Arbeitskraftangebot KRAFT, um ein Arbeitsverhältnis [bav,A,B] zu registrieren?
?- r([[mam,m3,KRAFT],[mam,m1,PLATZ]], [[bav,A,B]],BEARBEITUNG).

Prolog-Antwort:
no

Erläuterung:
Es gibt keine Möglichkeit zur Registrierung eines Arbeitsverhältnisses, weil auf mam keine Meldung m5 liegt und deshalb pemav nicht schalten kann. Dadurch gelangt auch kein Objekt auf die Stelle mav, was Voraussetzung für ein Schalten von avein wäre. Da KRAFT und PLATZ, A und B sowie BEARBEITUNG Variablen sind, ist es gleichgültig, wer sich bewirbt und welcher Arbeitsplatz angeboten wird oder welche Bearbeitungsreihenfolge in der Organisation stattfindet.
Das Erreichbarkeitsprogramm braucht zur Lösung dieser Frage keinen Erreichbarkeitsbaum aufzubauen, wenn man als Zusatzwissen das S-Invarianten-Kriterium aus 3.3 verwendet. Das hier verwendete Pr/T-Netz muß dazu jedoch um eine Stelle s ergänzt werden, weil es sonst keine S-Invarianten enthält. Die neue Stelle s wird Ausgangsstelle für die Transitionen apaus, avaus und akaus. Jede der drei Transitionen legt ein konstantes Objekt '¢' auf die Stelle s. Die neue Stelle kann also als Zähler interpretiert werden, dessen Anzahl von Objekten angibt, wieviele Meldungen über eingegangene Arbeitsverhältnisse, freie Arbeitsplätze und Arbeitskräfte wieder zurückgenommen wurden.

Das modifizierte Netz enthält dann u.a. die S-Invariante:

I = [[mam,1],[map,1],[mav,1],[mak,1],[aap,1],[aak,1],[bav,3],[s,2]]

Sei A die Anfangsmarkierung und Z die Zielmarkierung von Frage 1. Dann gilt

$$A \cdot i^+ = 2 \text{ und } Z \cdot i^+ = 3, \text{ also } A \cdot i^+ \neq Z \cdot i^+.$$

Nach dem S-Invarianten-Kriterium kann Z niemals Folgemarkierung von A sein, der Suchbaum wird nicht aufgebaut, und die Antwort no wird ausgegeben.

Frage 2:

Herr Meyer hat sich gemeldet, ein Kellner-Arbeitsplatz wird angeboten, eine dritte (noch unbekannte) Meldung I liegt in mam vor:

?- r([[mam,m3,meyer],[mam,m1,kellner],[mam|I]],[[bav,A,B]],BEARBEITUNG).

Prolog-Antwort:

I = [m5,v(kellner,meyer)], A = kellner, B = meyer,
BEARBEITUNG = [pemap,pemav,pemak,apein,akein,avein]

Erläuterung:

Ein Bearbeitungsergebnis in der oben angegebenen Reihenfolge BEARBEITUNG=[pemap,...] führte dazu, ein Arbeitsverhältnis mit A=kellner und B=meyer zu registrieren. Dies konnte im Falle der Zusatzmeldung [m5,v(kellner,meyer)] erfolgen (d.h. wenn ein Arbeitgeber diese Meldung geschickt hat, kann registriert werden).

Frage 3:

Vergessen wir die durch "Lesen" der Zeichnung gewonnene Identifizierung, die uns (und dies nur für eine Bearbeitungsreihenfolge) die Einsicht brachte, daß es sich "vorher" und "nachher" um dieselbe Person Meyer und denselben Kellner-Arbeitsplatz handelte, und versuchen wir eine allgemeinere Eigenschaft zu beweisen. Wir fragen:

?- r([[mam,m3,KRAFT],[mam,m1,PLATZ],[mam|I]], [[bav,A,B]],BEARBEITUNG),
(PLATZ\==A;KRAFT\==B).

Prolog-Antwort:

no

Erläuterung:

Das built-in-Prädikat == überprüft eine Identifizierung von Variablen, \==
ist dessen Verneinung, ";" bedeutet "oder". Die Aneinanderreihung der
Teilfragen lieferte, daß alle gelungenen Erreichbarkeitsversuche an der
nächsten Teilfrage scheiterten, d.h. bei Erfolg immer die vorher in
Einzelfällen beobachtete Identifizierung von KRAFT mit A und PLATZ mit B
lieferten. Es kann also kein Arbeitsverhältnis mit einem Arbeitsplatz und
einer Arbeitskraft, die nicht auf mam angeboten wurden, auf bav abgelegt
werden.

Frage 4:

Welche Transitionen können unter welcher Markierung nebenläufig
(concurrently) schalten ? Wegen der großen Anzahl von Antwortmöglichkeiten
sind hier nur zwei Antworten angegeben.
?- conc(T1,T2,M).

Prolog-Antworten:

T1 = pemap
T2 = pemav
M = [[mam,m1,X],[mam,m5,v(Y,Z)]];

T1 = akein
T2 = apein
M = [[mak,m3,X],[map,m1,Y]]

Frage 5:

Welche Transitionen stehen bei welcher Markierung miteinander in Konflikt
(conflict) ?
?- confl(T1,T2,M).

Prolog-Antworten:

T1 = apein
T2 = avaus
M = [[bav,X,Y],[mav,m6,X,Y],[map,m1,Z]];

T1 = avaus
T2 = akein
M = [[bav,X,Y],[mak,m3,Z],[mav,m6,X,Y]]

Diese beiden Markierungen sind die einfachsten Markierungen für das Netz, bei denen ein Konflikt auftritt. Konflikte können nur bei den obigen Transitionen entstehen.

5. Ausbaupläne, Forschungsaufgaben

Über eine Umorganisation von Datenbeständen unter Einsatz von Datenbanksystemen oder durch die Einführung neuer Kommunikationstechniken wird eine Reduzierung manueller Tätigkeiten und eine schnellere Bearbeitung von Büroabläufen angestrebt (häufig mit der Vorgabe von Invarianzen an den Systemrändern, die etwa die konstant vorgegebene Aufgabenerfüllung der Organisation in ihrer Schnittstelle zur Außenwelt beschreiben). Für eine Analyse derart umgebauter Systeme erscheint uns der hier vorgestellte Simulator mit seinen Fähigkeiten der symbolischen Informationsverarbeitung sehr geeignet.

Dem Forschungsbereich zuzuordnen sind folgende Problemstellungen:

- Automatisches Umformen eines Netzes aufgrund vorgegebener Regeln durch den Bürosimulator, der dadurch zu einem "Büroexperten" würde.
- Regelgesteuerte Netzsynthese, insbesondere Konstruktion von Netzen aufgrund unvollständiger Spezifikation.
- Zusammenführung von Forschungsresultaten aus dem AI-Teilgebiet knowledge representation mit dem hier modellierten "Netzwissen".
- Als sinnvoll erscheint auch die Frage, inwieweit unabhängig von Petri-Netzen Suche in Graphen, ein klassisches AI-Problem, durch Mathematik (Invariantentheorie etc.) unterstützt werden kann.

Wünschenswert wäre auch eine Integration des Bürosimulators mit einem graphischen Netzeditor. Hierzu wäre eine bessere Einbindung von Prolog in entsprechende Programmierumgebungen (mit Graphiksystemen, Rasterbildschirmen, Fenstersystemen) eine Voraussetzung. Da Softwaretechnologen im In- und Ausland hieran arbeiten, hoffen wir, in absehbarer Zeit deren Entwicklungen nutzen zu können.

Anhang

Prolog-Repräsentation des Beispiel-Netzes

```
trans(pemap,[[mam,M,P]],[[map,M,P]]).
    (M = m1; M = m2).
trans(pemav,[[mam,M,V]],[[mav,M,P,K]]).
in(pemav,[[mam,M,V]],[[mav,M,P,K]]):-
    (M = m5; M = m6),
    V = v(P,K).
trans(pemak,[[mam,M,K]],[[mak,M,K]]).
in(pemak,[[mam,M,K]],[[mak,M,K]]):-
    (M = m3; M = m4).
trans(apein,[[map,M,P]],[[aap,P]]).
in(apein,[[map,M,P]],[[aap,P]]):-
    M = m1.
trans(apaus,[[map,M,P],[aap,P]],[]).
in(apaus,[[map,M,P],[aap,P]],[]):-
    M = m2.
trans(avein,[[mav,M,P,K],[aap,P],[aak,K]],[[bav,P,K]]).
in(avein,[[mav,M,P,K],[aap,P],[aak,K]],[[bav,P,K]]):-
    M = m5.
trans(avaus,[[mav,M,P,K],[bav,P,K]],[[aap,P],[aak,K]]).
in(avaus,[[mav,M,P,K],[bav,P,K]],[[aap,P],[aak,K]]):-
    M = m6.
trans(akein,[[mak,M,K]],[[aak,K]]).
in(akein,[[mak,M,K]],[[aak,K]]):-
    M = m3.
trans(akaus,[[mak,M,K],[aak,K]],[]).
in(akaus,[[mak,M,K],[aak,K]],[]):-
    M = m4.
kap(mam,3).
kap(map,1).
kap(mav,1).
kap(mak,1).
kap(aap,1).
kap(aak,1).
kap(bav,1).
```

Das Simulationsprogramm

```
r(A,Z,[]):-
    A=Z,
    valid(A).
r(A,Z,[]):-
    not(A=Z),
    equal(A,Z),
    valid(A).
r(A,Z,[Trans|L]):-
    nonvar(A),
    valid(A),
    fire(A,M,Trans),
    r(M,Z,L).
r(A,Z,[Trans|L]):-
    var(A),
    valid(Z),
    fireback(M,Z,Trans),
    r(A,M,L).

fire(M1,M2,Trans):-
    trans(Trans,E,A),
    remove(E,M1,M),
    append(A,M,M2),
    valid(M2),
    in(Trans,E,A).
fireback(M1,M2,Trans):-
    trans(Trans,E,A),
    remove(A,M2,M),
    append(E,M,M1),
    valid(M1),
    in(Trans,E,A).

remove([],M,M).
remove([X|S],M,R):-
    remove(S,M,RS),
    efface(X,RS,R).
```

```
efface(X,[X|L],L).
efface(X,[Y|L],[Y|K]):-
    efface(X,L,K).

equal([],[]).
equal([X|M],N):-
    efface(X,N,NS),
    equal(M,NS).

valid([]).
valid(M):-
    findall(K,kap(S,K),L),
    sum(L,KS),for(J,KS),
    list(M,J),prove(M).

prove([]).
prove([[S|_]|R]):-
    prove(R),kap(S,K),
    number(S,R,KA),
    KA < K.

number(S,[],0).
number(S,[[S|_]|R],K):-
    !,number(S,R,K1),
    K is K1+1.
number(S,[X|R],K):-
    number(S,R,K),!.

sum([],0).
sum([X|R],K):-
    sum(R,KR),
    K is KR + X.

list([T],1):-!.
list([_|A],M):-
  N is M-1,
  list(A,N),!.
```

Literatur

[1]   W.F.Clocksin, C.S.Mellish "Programming in Prolog", Springer, Berlin, 1981.

[2]   K.Fuchi "The direction the FGCS Project will take", New Generation Computing, 1, 1983, S. 3–9.

[3]   H.Genrich, K.Lautenbach "System modelling with high–level Petri nets", Theoretical Computer Science 13, 1981, S.109–136.

[4]   Th.Kreifelts "DOMINO: Ein System zur Abwicklung arbeitsteiliger Vorgänge im Büro", Angewandte Informatik 4/1984

[5]   U.Leibrandt et al. "IF/Prolog User's Manual", InterFace Computer GmbH, München, 1983.

[6]   J.Nilsson "Principles of Artifical Intelligence", Springer, Berlin, 1982.

[7]   W.Reisig "Petrinetze", Springer, Berlin, 1982.

[8]   G.Richter "Realitätsgetreues Modellieren und modellgetreues Realisieren von Bürogeschehen", in [13], S.145–214.

[9]   G.Richter "Netzmodelle für die Bürokommunikation", Teil 2, Informatik Spektrum, Bd. 7, Heft1, 1984, S. 28–40.

[10] B.Rosenstengel, U.Wienand "Petri–Netze", Vieweg, Braunschweig, 1982.

[11] P.Schnupp "Das aktuelle Schlagwort: Prolog", Informatik Spektrum 6,4 (1983) S.222.

[12] R.M.Shapiro, H.J.Genrich "A diagram editor for line drawings with inscriptions", ISF–Report 82/02, GMD, St. Augustin, 1982.

[13] P.Wißkirchen et al. "Informationstechnik und Bürosysteme", Leitfäden der angewandten Informatik, Teubner, Stuttgart, 1983.

[14] P.Wißkirchen, S.Niehuis, F.Victor "Ein rechnergestützter Bürosimulator auf der Basis von Pr/T-Netzen und Prolog", Angewandte Informatik 5/1984.

S. Niehuis, F. Victor
Gesellschaft für Mathematik und Datenverarbeitung
Institut für Angewandte Informationstechnik
Schloß Birlinghoven
Postfach 1240
5205 St.Augustin 1

An Office Specification Language Based on Path Expressions

S. Ronzani(**), F.Tisato(*) and R.Zicari(*)(***)

(*) Politecnico di Milano,Milano,Italy
(**) Syntax,Milano,Italy
(***)University of California,Berkeley,USA

ABSTRACT

The goal of building office information systems requires a representation of office work and its relevant objects. The concern of this paper is that of describing the flow of information between active agents in an office environment within the framework of a language based on Path Expressions. A model is developed which is composed of three levels of abstractions. Each level corresponds to a different abstract view of the work in an office environment. The model has been used to implement a prototype application on our distributed system (Xcode system).

1. Introduction

A central concern of current office research and system design is the representation, specification and automation of office procedures.

Our view of an office system is essentially procedural /1//2//3/, we characterize an office environment with a set of office workers executing a prescribe sequence of operations and with a structure determined by the adequacy of procedure specifications and by the existence of employees hired to carry them out.

In this paper, we have used a specification language based on Path Expressions /4/ to express such an office environment. However,the purpose is not to provide a methodology for the conceptual design of an Office Information System.

The paper is organized as follows: In sect.2 and 3 we give the description of the model. In sect.4 we define its semantics. In sect. 5 and 6. we illustrate the model's implementation concepts and in sect.7 we show how the model has been used for a real application

This research was supported by Italian Research Council, Cnet project

2. Basic Assumptions and Elements of an Office

We have characterized a simplified version of an office system by the following elements:

- a set of passive entities Dj, called **dossiers.** A dossier is a collection of objects with a name associated.
- a set of activities Ai, called **operations.** These are the operations permitted on the dossiers. Each operation has a unique identifier in the system.
- a set of **order relations** Rk. They express the precedence rules for execution of the operations on the dossiers.
- a set of active agents Cl, called **clerks.** A clerk is a single office worker. The set of local objects owned by a clerk (e.g. local files, tools, etc..) defines his **domain** d(C). Each clerk is able to execute some of the operations on the dossiers. An agent cannot have access to a domain that is not his own.
- a centralized **repository.** A repository is a container of dossiers.

Our idea of how an office works, is essentially based on the assumption that the information (i.e. the dossiers) flow between active entities (i.e. the agents) who perform operations according to some order relations.

In this view of an office environment, two basic issues are pointed out:

- the communication between active agents;
- the operations on passive entities.

An important assumption that we have made, is that when a dossier is in a clerk's domain becomes one of his **private** local objects. No other clerks can have access to the dossier, until the "owner" has carried out all the operations on it. (*) In particular, this means that in our system, multiple copies of a dossier and parallel accesses to a single dossier are not permitted.

In this simplified scheme, a dossier can be in one of the following states:

- stored in the repository ;
- as part of a clerk's domain .

Moreover, we do not deal here with the important problems of objects' internal representation and development of user's interface. Several solutions to these problems have been proposed in the literature /5//6//7//8//9//10/, and the integration with our model will be a study of a future research.

(*) When a dossier belongs to a clerk's domain, it is no more stored in the repository.

3. The Model Structure and its Specification Language

The model is described by stepwise refinements. In particular, we have defined three levels of abstractions by using a descriptive language based on Path Expressions (PEs) /4/. Each level corresponds to a different abstract view of an office environment.

a) **Functional level.** At this level, we describe the totality of the operations which can be executed in the office. A path expression, called **Global Path Expression** (GPE), allows us to express synchronization of operations on the dossiers (i.e. the data objects). The abstract view of the office ,that we define here, deals with all the possible operations which can be performed on passive entities and their precedence relations.

b) **Organizational level.** At this level, we introduce the notion of active agents and the specification of roles. In particular , we group together equivalent agents (i.e. agents performing the same kind of operations) into **classes.** Each class is described by a set of **Partial Path Expressions** (PPEs) which are easily derived by the GPE specified at functional level. The view of the office here, reflects the logical organization of the office, in terms of active agents and the distribution of functionalities (i.e. classes).

c) **Communication level.** This level deals with the aspect of communication in the office. We define here how the communication between active agents takes place, in term of dossiers exchanging. The PPEs defined at organizational level are modified in order to express these communications.

3.1. Functional Level

At this level, we define the operation that can be executed in the office and their relations of precedence. Each operation has associated a unique identifier in the system.

The description is given by using a Global Path Expression that names the operation defined for the office and expresses their synchronization.
The precedence relations are expressed with the usual syntax of the PEs:

;   represents a **sequence.** A sequence of operations permits each one to occur in the order specified.

+   represents a **selection.** A selection from a set of operations permits only one to occur.

*   represents **repetition.** A repetition permits an operation once completed to be repeated.

{   represents **parallel execution.** A parallel execution permits the operation enclosed in brackets to be executed in parallel.

We have introduced the restriction that simultaneous executions cannot be embedded in the PE, but can only occur at the outmost level of the PE. That is, only one operation at time can occur on a dossier. More operations in parallel can be executed on different dossiers.

Example

Let us consider a simplified version of an office, where five operations are defined. WE denote them as a,b,c,d,e,f and consider the following order relations R:

r1: execution of b can take place only after execution of a;

r2: execution of c can take place only after execution of b;

r3: execution of d can take place only after execution of c;

r4: execution of e can take place only after execution of c;

r5: the operation d and e are mutually exclusive;

r6: execution of f can take place only after execution of e or d.

The functional description is defined by the following GPE:

GPE: {a;b;c;(d+e);f}

3.2. Organizational Level

The GPE does not give any information relating to who can perform the operations and how the distribution of tasks is done in the office.

For this purpose, we introduce the concept of **agents** and **classes.** An agent is an active entity able to execute some operations. Agents are grouping together into classes. A class is characterized by a set of operations that the agents belonging to the class can execute. Classes are disjoint, that is an operation cannot be present in more that one class. An agent belongs at least to one class and can belong to more classes at the same time.

The synchronization of the operations of a class is expressed by a set of Partial Path Expressions (PPEs). A PPE is a subsequence of the GPE and names only the operations of the class. The derivation of the PPEs from the GPE is straightforward and is carried out by a **translator** as follows.
Let us name Aui the set of operations associated to the class Ui. In order to derive a set of PPEs for the class Ui, the translator performs the following operations:

1. It parses the GPE until an operation ai that belongs to Aui, is encountered;

2. It defines a subsequence of the GPE starting with ai and ending with the first operation aj that does not belong to Aui, followed either by an ';' or by a '{

}' operator;

3. It builds a PPE by using the subsequence defined at point 2., adding at the outmost level the '{ }' operator and substituting each operation aj that does not belong to Aui, with a new operation called "notify_aj".
This operation has the following syntax:

notify_operation-name

The keyword "notify" is an operator constructor. The semantics of the notify is that there exists a class Vj, different from Ui, such that aj belongs to Vj. Informally, this means that the operation has to be done by an agent belonging to a different class.

4. It iterates rules 1.,2.,and 3. until the scanning of the GPE is completed.

The result is that the translator substitutes the GPE with a set of PPEs. The same transformation is performed for every class in the system.

The synchronization of the different PPEs is guaranteed by the notify operations as will be shown in sect. 6.

Example

Let consider the GPE defined in the previuos example and suppose we have defined four classes:

u1: Au1 = (a)

u2: Au2 = (b,c)

u3: Au3 = (d,e)

u4: Au4 = (f)

The organizational description is given by the following PPEs:

u1: PPE1 = { a ; notify_b}

u2: PPE2 = { b; c; (notify_d + notify_e)}

u3: PPE3 = { (d + e) ; notify_f}

u4: PPE4 = {f}

The introduction of the class concept, models the flow of information as a "pipeline" elaboration, where the operation notify is a sort of unidirectional pipe between different classes:

PPE1--(notify_b)-->PPE2--(notify_d+notify_e)-->PPE3--(notify_f)-->PPE4

Note that, the choice of which agent in the class, specified by a notify ,has to be selected is implementation dependent.

3.3. Communication Level

At this level, we want to describe the modality of communication between agents, in term of dossiers exchanging.

In particular, a dossier can be sent from one clerk to another by using two dinstint modalities:

- **direct** communication
- **indirect** communication.

Direct Communication. A clerk can send a dossier of his domain directly into the domain of another clerk. This is modeled with the introduction , in the PPEs, of a new operation called **transfer.** The semantics of the transfer is that the dossier is deleted from the domain of the clerk executing the operation, and inserted in the domain of the receiver clerk. The operation is always followed by a notify operation to identify the class of the receiver agent and to allow the receiver agent to proceed his execution.

The PPEs of the organizational level are modified substituting each operation notify_ ai with the pair (transfer;notify_ ai).

Indirect Communication. In this kind of communication, a dossier is not sent directly from one clerk to another, but it is first stored in the repository. That is, given two classes Ui and Vj, and two clerks, ci belonging to Ui and cj belonging to Vj, a clerk ci who wants to send a dossier to cj, first places it into the repository and then notify to cj the completion of the store operation. Only at this point the clerk cj can pick it up from the repository and insert it in his domain.

This is modelled with the introduction in the PPEs of the organizational level, of two new operations, called **store** and **retrieve_op** , wher 'op' is a name of an operation.

The semantics of the store is that a dossier is deleted from the domain of the clerk executing the operation and is inserted in the repository. A store operation can be followed by a notify operation to identify the class of the receiver agent. In this case, the first operation in the PPE of the class of the receiver agent, must be a retrieve_ op. The keyword retrieve is an operation constructor and the operation name must be equal to that specified in the notify performed by the sender.

The semantics of the retrieve is that the dossier is fetched from the repository and inserted in the domain of the agent . The agent, at this point, can execute the operation in the PPE.

The PPEs for indirect communication are easily derived from the PPEs of the organizational level, as follows:

Let us consider two classes, Ui and Vj and two agents, si belonging to Ui and rj belonging to Vj, called respectively "sender" and "receiver".

1) In the PPE of the "sender", each operation notify_aj is substituted by the pair (store;notify_retrieve_aj)

2) In the PPE of the "receiver" agent, the first operation aj is substituted by the pair (retrieve_aj ; aj).

Example. Let us consider the PPEs defined in the previuos example and suppose that we have defined the following modalities of communication:
The classes u1,u2,u3 exchange dossiers via a direct communication. The classes u3,u4, instead, use the indirect communication.

The communication level is defined by the following PPEs:

u1: PPE1 = {a; transfer; notify_b}

u2: PPE2 = {b; c; (transfer; notify_d) + (transfer; notify_e)}

u3: PPE3 = { (d+e) ; store; notify_retrieve_f}

u4: PPE4 = { retrieve_f ; f}

The communication scheme, can be sketched as follows:

   PPE1--(dir.)-->PPE2--(dirs.)-->PPE3--(indir.)-->Repository-->PPE4.

4. Semantics of the Model

We will now define the semantics of the model as it is used in the context of an office environment.
We will first introduce some concepts, which will be used later.

4.1. Basic Definitions

Each Path Expression can be defined as an abstract synchronizer. The synchronization mechanism can be obtained by introducing the concept of **abstract events.** For each operation ai of a PPE, we associate three abstract events.

1. an **input event** , denoted by the pair <In, ai>, that is generated when execution of the operation ai is required;

2. a **start event,** denoted by the pair <Sr,ai>, that is generated when execution of the operation ai occurs;

3. a **termination event,** denoted by the pair <Ex, ai>, that is generated when execution of the operation ai is terminated.

Definition 4.1 A sequence of abstract events is *well formed,* whether the events follow the $<$In,op$>$ $<$Sr,op$>$ $<$Ex,op$>$ ordering in time. That is, each start event is preceeded by an input event and each termination event is preceeded by a start event.

In order to describe how the synchronization defined in a PE is achieved, we introduce the concept of **state** of a PE.

Definition 4.2 *State* of a PE is a set of pair of integer counters (act,term), one for each operation and operator of the PE.

A PE can be represented by a binary tree (fig.1). Each terminal node of the tree represents an operation and each non-terminal node represents an operator. The pair (act,term) associated to each node of the tree has the following meaning:
act: number of activation of the node;
term: number of termination of the node.

$$PE = \{ \ a; \ b\}$$

```
    n' = { }
     +
     +
     n" = ;
    + +
    +   +
   +     +
n'" = a      n"" = b
```

fig.1 Tree representation of a PE

Definition 4.3 An *initial state* of a PE is defined by the following values of the counters:

for the root: (act=1, term=0)

for the other nodes: (act=0, term=0)

The evolution of the state of a PE is expressed by a set of **rules.** Each rule is given in terms of a precondition that ,whether satisfied, implies an increment of one of the counters.
Given a state s of a PE, the application of a rule may lead to a state s' different

from s in the value of one of the counters associated to a node.

4.2. Rules

We define now the rules for the state transformation of a PE. We will refer to a generic subtree as depicted in fig.2, where ns indicates a generic leftnode and nd a generic rightnode respect to a node n.

$$
\begin{array}{cc}
\multicolumn{2}{c}{\text{n}} \\
+ & + \\
+ & + \\
\text{ns} & \text{nd}
\end{array}
$$

fig. 2

The following are the rules for the start of an operation:

Rule 4.1 (Sequence) when n = ';'
a) $\mathrm{act(ns)} < \mathrm{act(n)} \Longrightarrow \mathrm{act'(ns)} = \mathrm{act(ns)} + 1$
b) $\mathrm{act(nd)} < \mathrm{term(ns)} \Longrightarrow \mathrm{act'(nd)} = \mathrm{act(nd)} + 1$
c) $\mathrm{term(n)} < \mathrm{term(nd)} \Longrightarrow \mathrm{term'(n)} = \mathrm{term(n)} + 1$

Rule 4.2 (Alternative) when n = '+'
a) $[\mathrm{act(ns)} + \mathrm{act(nd)}] < \mathrm{act(n)} \Longrightarrow \mathrm{act'(ns)} = \mathrm{act(ns)} + 1$
b) $[\mathrm{act(ns)} + \mathrm{act(nd)}] < \mathrm{act(n)} \Longrightarrow \mathrm{act'(nd)} = \mathrm{act(nd)} + 1$
c) $\mathrm{term(n)} < [\mathrm{term(ns)} + \mathrm{term(nd)}] \Longrightarrow \mathrm{term'(n)} = \mathrm{term(n)} + 1$

Rule 4.3 (Repetition) when n='*'
a) $[\mathrm{act(ns)\text{-}term(ns)}] < [\mathrm{act(n)\text{-}term(n)}] \Longrightarrow \mathrm{act'(ns)} = \mathrm{act(ns)} + 1$
b) $[\mathrm{act(ns)}\ \text{-}\mathrm{term(ns)}] < [\mathrm{act(n)\text{-}term(n)} \Longrightarrow \mathrm{term'(n)} = \mathrm{term(n)} + 1$

Rule 4.4 (Parallel execution) when n='{ }'
a) $\mathrm{term(n)} < \mathrm{act(n)} \Longrightarrow \mathrm{act'(ns)} = \mathrm{act(ns)} + 1$

The following is the general rule for termination:
Rule 4.5 (Termination) when n ='any'
a) $\mathrm{act(n)} > \mathrm{term(n)} \Longrightarrow \mathrm{term'(n)} = \mathrm{term(n)} + 1$

Note that rules 4.2 and 4.3 imply a non deterministic choice between alternatives a) and b).

Definition 4.4 A sequence of events is *validated* for a given PE ,whether it is well formed and permits through the application of the rules , to change state of the PE.

5. Implementation of the Model

In this section, we first introduce some other definitions in order to better adapt the model to the case of an office environment. We will give the definition of the implementation of the model in the second part of the section.

5.1. Concrete Representation

In an office system, the decision of which operation has to be carried out on a given dossier is dependent on some information contained in the dossier itself (e.g. state of the processing).

Definition 5.1 A dossier Di is composed of two parts:
- an *interface* DIi, visible to all the system and containing the *name* of the dossier and a set of *attributes* DIi(S), i.e. information related to the state of the dossier.
- a *body* DBi, which is generally constituted by complex objects, e.g. a set of forms, and not directly relevant to our discussion. (Modelling of internal objects representation can be defined, for example as in /5/).

Definition 5.2 Given a PE, each operation ai belonging to PE has associated a set of *input attributes* Ii and a set of *output attributes* Oi.

Definition 5.3 An operation ai is *applicable* on a dossier Di, if and only if DIi(S) $\subseteq$ Ii, that is the set of attributes of the dossier are included in the input attributes of the operation.

Execution of an applicable operation ai on a dossier, can in general modify the set of attributes of the dossier interface.

Definition 5.4 An operation ai is *correctly applicable* on a dossier Di, if and only if, the operation is applicable and after termination of the execution DIi(S) $\subseteq$ Oi.

The definition of abstract events does not imply any relation with the object to which the operation are referred. We introduce now a set of definitions which keep into consideration the objects and their attributes.

Definition 5.5 A *concrete event* is a triple (name,DI(S),ev), where 'name' is the identifier of a dossier, DI(S) is the set of the dossier's attributes and ev is an abstract event.

Definition 5.6 A sequence of concrete events E is *correct* , if each sequence of abstract events E' (for the same dossier) derived by E, is well formed.

Definition 5.7 A *concrete state* of a PE is a triple (act,term,I) defined for each node of the tree. Act and term are the counters of Definition 4.2, while I is a set of attributes.

The determination of the set I, for each node, is a constructive process. We will describe how to build the set I considering the case of terminal and non-terminal nodes separately.

Non terminal nodes. A non terminal node represents an operator.The construction of the attributes I is based on the value of the attributes assigned to the terminal nodes. Let us consider a generic subtree as defined in fig.3. The set of attributes I for a generic node n, named I(n) is a pair (In,On) which is derived by the value of the attributes of its left and right node (Ins,Ons), (Ind,Ond), in the following way:

when n=';' => In=Ins , Ons = Ind , On = Ond
when n='+' => In = Ins $\cup$ Ind , On = Ons $\cup$ Ond , Ins $\cap$ Ind ={0}
when n='*' or '{ }' => In = Ins, On $\subseteq$ Ons (the node nd is non existent)

```
                    n   I(n)= In,On
                     + +
                    +   +
                   +     +
                  +       +
                 ns        nd
            I(ns)=Ins,Ons     I(nd) =Ind,Ond
```

Fig.3

Terminal nodes. A terminal node of the tree corresponds to an operation ai. In this case, the set I corresponds to the pair of input and output attributes of ai. We recall that the input and output attributes of an operation are a list of dossier attributes, and that execution of an operation on a dossier can take place only when the operation is correctly applicable (Def.5.4)

The attributes of an operation are statically defined in such a way that, the rules for building the attributes of the non-terminal nodes are satisfied.

For the special operations notify, retrieve, transfer and store, the attributes are those of the next operation in the PE. Note that, for the notify operation, the next operation is always in a different PPE.

5.2. Concrete rules

The introduction of the attributes of a dossier, allows us to eliminate the non-determinism in the rules 4.2 and 4.3 for the '+' and '*' operators. In fact, the rules 4.2 and 4.3 are thus modified (the other rules remain unchanged):

Concrete rule 4.2 (Alternative) when n='+'

a) $\{[act(ns)+act(nd)]<act(n)\}$ and $DI(S) \subseteq Ins$
    $=> act'(ns) = act(ns)+1$

b) $\{act(ns)+act(nd)]<act(n)\}$ and $DI(S) \subseteq Ind$
    $=> act'(nd) =act(nd)+1$

c) $term(n)<[term(ns)+term(nd)] => term'(n) = term(n)+1$

Concrete rule 4.3 (Repetition) when n='*'

a) $\{[act(ns) - term(ns)]<[act(n)-term(n)]\}$ and $DI(S) \subseteq In =>$
    $act'(n) = act(ns)+1$

b) $\{[act(ns) - term(ns)] < [act(n)-term(n)]\}$ and $DI(S) \subseteq In =>$
    $term(n) = term(n) + 1$

6. Transaction Handler

We define the specification of the synchronization mechanism to control the execution of the PPEs.

The implementation we have adopted associates a controller ,called *Transaction Handler (TH)*, to each agent. Each agent belongs to one or more classes and has a set of PPEs associated that synchronize the operations he can perform.

The data structure of a TH is the following:

-   a queue Q of concrete input events;

-   a set of PPEs.

The action that a TH performs are the following:

1. it selects an input event in Q;

2   from the input event selected ,$<$name,DI(S),$<$In,ai$>>$, it identifies a PPEi for which ai $\in$ PPEi;

3   it visits the tree of PPEi and verifies whether ai is correctly applicable and whether the application of one of the rules can change the state to the PPEi;

4.   when possible, it generates a starting event for ai;

5.   it performs the operation ai on the dossier;

6.   when the operation is completed, it generates a termination event;

7.   it applies the termination rule;

8.   it verifies the rules for generating an input event(that is, if the next operation can be performed by the same agent);

9.   when possible, it inserts the new input event in Q;

10   it performs some scheduling on Q;

11   it loops to point 1.

The various THs are synchronized with each other by means of the notify operations. In fact,the execution of a notify operation, generates an input event for the TH of the agent to which the notify is directed (fig.4).

```
(notify_ ai)  =    <name,DI(A)<,In,ai> >
TH1------------------------------------>TH2
                        PPE1= {....}

                        PPEi= { ai;..}

                        PPEn= {.....}
```

fig. 4

7. Specification of an Application

In this section, we give the description of an application which has been developed using this model and has been implemented on the Xcode distributed system /11//12/18/.

7.1. Basic Elements

The application is the management of the students' study lists, recording the exams that a student has to enroll for the Electronic Engineering and Computer Science Degree at Politecnico of Milano.

A study list (SL) is modeled as a dossier. The office we want to describe is composed by a secretary, several intermediate committee one for each type of SL, and a general committee.

Informally the management of a SL is as follows:

- it is first received by the secretary who performs a first formal check (e.g. the student's name is missing,etc...);

- the secretary then compares it with a standard SL approved by the university;

- after the comparison, the SL is either accepted (equal to the standard SL) or sent to an intermediate committee;

- the intermediate committee verifies the SL and can either approve it or call the student for a discussion;

- after the discussion , the committee can decide either to approve the SL or send it to the general committee for an extra discussion;

- the general committee, is responsible for the final decision and can either accept it or definitely reject it (in this case the student has to modify his SL and submit it for a new verification).

To simplified the presentation , we will only considered to committe associated to two different type of SL, namely E1 (Computer Science) and E2 (Electronics). In the real application, there exist ten different types of SL and relative committee. We now specify this office environment in a more formal way, with the definition of the three levels .

7.2. Functional level

The operations defined in the office are the following:

a1 = IN ; { the SL is received by the secretary and formally verified}

a2 = COMPARE ; {the SL is compared with a standard SL}

a3 = PRINTNOTOK ; {a letter to the student is sent, informing that his/her SL is formally incorrect and that must be correct}

a4 = PRINTOK ; { a letter is sent to the student informing that the SL is accepted}

a5 = PRINTREJECTED ; { a letter is sent to the student to inform him/her that the SL has been rejected }

a6 = CHECK1 ; { the non standard SL of type E1 is verified by committee1}

a7 = CHECK2 ; { the non standard SL of type E2 is verified by committee2 }

a8 = DATE ; {the secretary sends a letter to the student to fix an appointment for an oral discussion with a committee}

a9 = DISCUSSION1; {discussion with the student for SL of type E1}

a10 = DISCUSSION2 ; { discussion with the student for SL of type E2}
a11 = LASTCHANCE ; { the SL is examined by the general committee}

The GPE of the functional level is the following:
 {a1;a2;(a3+
   (a4+((a6;
    (a4+(a8;a9;
     (a4+(a11;
      (a4+a5))))))+(a11;
  (a4+(a8;a10;
   (a4+(a11;
     (a4+a5)))))))))}

The SL is composed of two parts:
SL Interface :
Name = " student name"

Attributes:
t0 := initial
t1 := SL type E1
t2 := SL type E2
t3 := SL accepted
t4 := SL to be verified by committee1
t5 := SL to be verified by committe2
t6 := SL to be discussed with committe1 and student
t7 := SL to be discussed with committee2 and student
t8 := SL to be verified by general committee
t9 := SL rejected
t10 := SL printed

SL Body:
The body of the SL is composed of a set of forms containing all the data related
to the student and the course chosen(e.g. list of exams etc...)

7.3. Organizational level
   At this level four classes have been defined. The classe together with the
attributes of the operations are showed below:

CLASS   OPERATION   ATTRIBUTES (I input; O output)
----
u1:

123

secretary   IN   I= t0; O= t1,t2

              COMPARE   I= t1,t2; O= t3,t4,t5,t9

              PRINTOK   I= t3; O= t10

              DATE   I= t6,t7; O= t6,t7

              PRINTREJECTED   I= t9; O= t10

              PRINTNOTOK I= t9; O= t10

---

u2:
Committee1   CHECK1   I= t4; O= t3,t6

               DISCUSSION1   I= t6; O= t3,t8

---

u3:
Committee2   CHECK2   I= t5; O= t3,t7

               DISCUSSION2   I= t7; O= t3,t8

---

u4:
General
Committee LASTCHANCE I= t8; O= t3,t9

For each classes, the PPE are as follows:

u1: PPE11 = {(a1;a2;(a3+
         (a4+(notify_a6+
         notify_a7))))}

   PPE12 = {a4+a5}

   PPE13 = {a8;(notify_a9+
         notify_a10)}

124

u2: PPE21 = {a6;(notify_a4+
        notify_a8)}

  PPE22 = {a9;(notify_a4+
        notify_a11)}

u3: PPE31 = {a7;(notify_a4+
        notify_a8)}

  PPE32 = {a10;(notify_a4+
        notify_a11)}

u4: PPE41 = {a11;(notify_a4+
        notify_a5)}

7.4. Communication level

We have used the direct communication modality . The modified PPEs take
into account this issue.
Note that a dossier that has to be stored in the repository for archiving purpouse
(e.g. for an accepted SL), and has not to be received by any clerk is simply
modeled by a Store operation (see PPE11 and PPE12).

u1: PPE11 = {(a1;a2;(a3+
        (a4;store)+((transfer;notify_a6)+
                (transfer;notify_a7))}

  PPE12 = {(a4;store)+a5)}

  PPE13 = {a8;(notify_a9+;notify_a10)}

u2: PPE21 = {a6;((transfer;notify_a4)+
        notify_a8)}

  PPE22 = {a9;((transfer;notify_a4)+
        (transfer;notify_a11)}

u3: PPE31 = {a7;((transfer;notify_a4)+

notify_a8)}

PPE32 = {a10;((transfer;notify_a4)+
(transfer;notify_a11)}

u4: PPE41 = {a11;((transfer;notify_a4)+
(transfer;notify_a5)}

8. Conclusions

We have presented a model based on Path Expressions for describing an office environment and its flow of information. The model distinguish between active and passive entities and is constituted by three levels of abstractions.

The description at Functional level provides a definitions of all the operations that can be performed on the office ,together with their functional precedences. This level identifies the basic function of an office as a whole.

The Organizational level takes into account the composition of an office, in terms of clerks and distribution of roles.

The Communication level defines the modality of communication between clerks, referred to the ability of exchanging dossiers.

The definition of an office ,structured in layers ,is particular flexible in case of partial reorganization of some of the characteristics of the office itself. Only the level corresponding to the feature to be modified ,need to be changed.

The model we have proposed is especially suited for the kind of offices where the flow of information is mainly "pipe-line" oriented.

As a future research activity ,we are planning to introduce in the model the management of multiple dossier's copies, multiple access to a single dossier and an asiynchronous dossiers' flow control.

The study list application described in the previous section has been developed and implemented on the Xcode distributed system /11//12//18/. The Xcode distributed system is a prototype system developed at Politecnico of Milano, within the Cnet project.

The Cnet project /17/ is a five years project started in 1981 and sponsored by CNR -the Italian Research Council- which involved several universities, research institutions and industries . The goal of the project was to provide tools and methodologies for programming a distributed system composed of heterogeneous small computers connected by a local area network. Two prototype systems , focusing on different aspects of the project, have been implemented, one at Politecnico of Milano and one at Pisa University .

9. Acknowlegments

We want to acknowlege T. Gallo (Syntax) and C. Borelli for their valuable contribution to the definition and implementation of the model .

10. References

/1/ Ahlsen M, et al. "A survey of office information systems,"SYSLAB, Working paper,n.44, Stockholm,1983

/2/ Bracchi,G. and Pernici,B.,"The design requjremnts of office systems",ACM TOIS,vol.2,no.2,April 1984.

/3/ Ellis,C. and Nutt,G."Office information systems and computer science",ACM Comp.Surveys,12,1,March 1980.

/4/ Campell,R.H. and Habermann,A.N.,"The specification of process synchronization by Path Expressions", Lectures notes in Computer Science,vol.16,Springer Verlag,1974.

/5/ Gibbs,S.,Tsichritzis,D,"A data modeling approach for office information systems",ACM TOIS,vol.1,no.4,October 1983.

/6/ Gould,J.D.,Boeis S.,"Human factors challenges in creating a print support office system,The speech fileing system approach",ACM TOIS,vol.1,no.4,October 1983.

/7/ Zloof,M.,"Office-by-Example: A business language that unifies data processing and electronic mail",IBM Syst.J.,21,3,1982.

/8/ Tsichritzis,D.,"Form management",Comm.ACM,25,7,1982.

/9/ Gibbs,S.,"Office information models and the representation of office objects",Proc. ACM SIGOA Conf.,1982.

/10/Ellis,C.,and Bernal,M.,"OFFICETALK-D: An experimental office information system,"Proc. ACM SIGOA Conf.,June 1982.

/11/Tisato,F. and Zicari,R.,"The XCode Machine",Proc. Third Symposium Microcomputer and Microprocessor Applications,Budapest,Hungary,1983, and ACM Sigsmall Newsletters,vol.10,no.1,1984.

/12/Tisato F.,and Zicari,R.,"Mechanisms for dynamic configuration of a locally distributed system", Proc. IEEE 10th Conf. on Local Computer Networks,7-9 October,1985,Minneapolis.

/13/Lijtmaer,N.,"The first one hundred Cnet abstracts",Cnet Report,no.101,1984.

/14/Lsjtmaer,N.,"Cnet: stato della ricerca e proposta 1982",Cnet Report,no.73.,1982.

/15/Powell,M,and Miller,B,"Process migration in DEMOS/DP",Report no.83/132/,University of California,Berkeley.

/16/Borelli,C,Gallo   T.,Ronzani,S.,Tisato,F.,Zicari,R.,"Un   modello   d'ufficio orientato a Cnet",Cnet Report,1984.

/17/Svobodova,L,"Workshop summary-operating systems in computer networks", Operating System Review,vol.19,no.2,April 1985.

/18/Zicari,R.,"Reliability   and   Dynamic   Configuration   of   a   Distributed System,June 1985,submitted for pubblication.

WHY DO COMPUTERS STOP AND WHAT CAN BE DONE ABOUT IT?

Jim Gray, Tandem

Summary: An analysis of the failure statistics of a commercially available fault-tolerant system shows that administration and software are the major contributors to failure. Various approachs to software fault-tolerance are then discussed -- notably process pairs, transactions and reliable storage. It is pointed out that software errors are soft and that a transaction mechanism combined with persistent process pairs provides fault-tolerant execution -- the key to software fault-tolerance.

Disclaimer: This paper is not an "official" statement from Tandem on fault-tolerance. Rather, it expresses my views on the topic. Much of the paper is speculative and controversial, it must be viewed with skepticism.

Table of Contents

1. Introduction

Computer system outages were a real inconvenience in the days of batch processing and timesharing -- but we learned to live with them. When the system was down, there were other things to keep us occupied. Now that computers are being used for time-critical applications such as patient monitoring, process control, online transaction processing, and electronic mail, our tolerance for system outages is much reduced.

The anatomy of a typical outage is interesting: Assuming, as is usually the case, that an operations error or software error caused the outage, Figure 1 shows a time line of the outage. It takes a few minutes for someone to realize that there is a problem and that a restart is the only obvious solution. It takes the operator about 5 minutes to snapshot the system state for later analysis. Then the restart can begin. For a large system, the operating system takes a few minutes to get started. Then the database and data communications systems begin their restart. The database restart completes within a few minutes but it may take an hour to restart a 5000 terminal network. Once the network is up, the users take a while to refocus on the tasks they had been performing. After restart, much work has been saved for the system to perform -- so the transient load presented at restart is the peak load. This affects system sizing.

```
 Minutes

  +   0      Problem occurs
  |   3      Operator decides problem needs dump/resart
  +   8      Operator completes dump
  |  12      OS restart complete, start DB/DC restart
  +  17      DB restart complete (assume no tape handling)
  |
  +  30      Network restart continuing
  |
  +  40      Network restart continuing
  |
  +  50      Network restart continuing
  |
  +  60      Network restart continuing
  |
  +  70      DC restart complete, begin user restart
  |
  +  80
  |
  +  90      User restart complete

 Figure 1. A time line showing how a simple failure mushrooms into a 90 minute
 system outage.
```

Conventional well-managed transaction processing systems fail about once a week. This 90 minute outage translates to 99.2% availability for such systems. You might think 99.2% availability "sounds" wonderful, but the hospital patients, steel mills, and electronic mail users do not share your view -- the system fails once a week at the peak hour. That is out of the question for these applications.

Having a 90 minute outage on a daily or weekly basis is unacceptable for online transaction processing. The solution is to build systems which virtually never fail -- parts of the system may fail but the rest of the system tolerates these failures and continues delivering service. This paper reports on one such system -- the Tandem NonStop system. It has MTBF measured in decades -- more than two orders of magnitude better than conventional designs. The form and success of such systems are the topics of this paper.

2. Hardware Availability by Modular Redundancy

Reliability and availability are different: Availability is doing the right thing within the specified response time. Reliability is not doing the wrong thing.

Expected reliability is proportional to the Mean Time Between Failures (MTBF). A failed component has some Mean Time To Repair (MTTR). Availability can be expressed as a probability that the system will be available:

$$\text{Availability} = \frac{\text{MTBF}}{\text{MTBF} + \text{MTTR}}$$

This classic definition ignores the fact that, if MTTR is tiny compared to the required response time, then the system is still available. In addition, it does not capture the use of redundancy which allows one module of the system to fail without affecting the correctness of the system as a whole. These two points are the keys to providing continuous service even if some components fail.

Von Neumann was the first to analytically study the use of redundancy to construct available (highly reliable) systems from unreliable components [von Neumann]. In his model, a redundancy factor of 20,000 was needed to get a system MTBF of 100 years. Certainly, his components were less reliable than transistors, he was thinking of human neurons or vacuum tubes. Still, it is hard to understand why von Neumann's machines required a redundancy factor of 20,000 while current electronic systems use a factor of 2 to achieve very high availability. The key difference is that von Neumann's model was flat, a failure in any bundle of wires anywhere, implied a total systems failure. In contrast, modern computer systems are constructed in a modular fashion

-- a failure within a module only affects that module. In addition each module is constructed to be fail-stop -- the module either functions properly or stops and raises an error signal [Schlichting].

To give an example, modern discs are rated for an MTBF above 10,000 hours -- a problem once a year. Now consider duplexing a pair of such discs, storing the same information on both of them, and using independent paths and controllers for the discs. In addition, imagine a very leisurely MTTR of 24 hours. Assuming independent failure modes, the MTBF of this pair (the mean time to a double failure within a 24 hour window), is over 1000 years. In practice, failures are not quite independent, but the MTTR is less than 24 hours and so one observes such high availability.

Generalizing this discussion, fault-tolerant hardware is constructed as follows:

* Hierarchically decompose the system into modules.

* Design the modules to have MTBF in excess of 10,000 hours.

* Make each module fail-stop -- either it does the right thing or it raises an error flag and stops.

* Configure extra modules which can pick up the load in case of failure. Takeover time should be seconds. This gives an apparent module MTBF measured in millennia.

The resulting systems have hardware MTBF measured in decades or centuries.

This gives fault-tolerant hardware. Unfortunately, it says nothing about making the other sources of error, software and operations fault-tolerant. Later we show how these same ideas can be applied to gain software fault-tolerance.

3.   An Analysis of Failures of a Fault-Tolerant System

There have been many studies of why computer systems fail. To my knowledge, nore have focused on a commercial fault-tolerant system. The statistics for fault-tolerant systems are quite a bit different from those for conventional mainframes. Briefly, the MTBF of hardware, software and operations is more than 500 times higher than those reported for conventional computing systems. Fault-tolerance works.

On the other hand, the ratios among the sources of failure are about the same as those for conventional systems. Administration and software dominate, hardware and environment are minor contributors to system outages.

Tandem Computers Inc. manufactures and sells a line of fault-tolerant systems [Borr 81, 84]. I analyzed the causes of system failures reported to Tandem over a seven month period. The sample set covered more than 2000 systems and so represents over 10,000,000 system hours or over 1300 system years. over seven months. I believe these reports cover about 50% of all system failures -- an outage perceived by the end user. There is under-reporting of failures caused by customer errors. Almost all failures caused by the vendor are reported.

Some customers run Tandem systems in a non-fault-tolerant way to save money. They bought the systems for the relational database, modular growth and networking but are less concerned about high availability. These systems, about 5% of the customers, are not included in the sample set because a single failure can cause an outage.

During the measured period, 166 failures were reported including one fire and one flood. Overall, this gives a system MTBF of 7.8 years -- well above the 1 week MTBF typical of conventional designs.

About one third of the failures were "infant mortality" errors -- a product having a recurring problem. All these fault clusters related to a new software or hardware product still having the bugs shaken out. If one subtracts out "infant" failures, then the remaining failures, 107 in all, make an interesting analysis (see table 1).

First, the system MTBF rises from 7 years to over 11 years.

System administration, which includes operator actions, system configuration, and system maintenance was the main source of failures -- 42%. Software and hardware maintenance was the largest category. High availability systems allow users to add software and hardware and to do preventative maintenance while the system is operating. Continuous operation requires this. By and large, online maintenance works VERY well. It extends system availability by two orders of magnitude. But occasionally, once every 52 years by my figures, something goes wrong. This number is somewhat speculative -- if a system failed while it was undergoing online maintenance or while hardware or software was being added, I automatically ascribed the failure to maintenance. Sometimes it was clear that the maintenance person typed the wrong command or unplugged the wrong module, thereby introducing a double failure. Usually, the evidence was circumstantial. The notion that mere humans make a single mistake in 52 years amazed me -- clearly these people are very careful.

System Failure Mode	Probability	MTBF in years
Administration	42%	31 years
Maintenance:	25%	
Operations	9% (?)	
Configuration	8%	
Software	25%	50 years
Application	4% (?)	
Vendor	21%	
Hardware	18%	73 years
Central	1%	
Disc	7%	
Tape	2%	
Comm Controllers	6%	
Power supply	2%	
Environment	14%	87 years
Power	9% (?)	
Communications	3%	
Facilities	2%	
Unknown	3%	
Total	103%	11 years

Table 1. Contributors to Tandem System outages reported to the vendor. As explained in the text, infant failures (30%) are eliminated from this sample set. Items marked by "?" are probably under-reported because the customer does not generally complain to the vendor about them. Power outages below 4 hours are tolerated by the NonStop system and hence are under-reported. We estimate 50% total under-reporting.

System operators were a second source of errors. We suspect under-reporting of these errors. If a system fails because of the operator, he is less likely to tell us about it. Even so, operators reported several errors. System configuration, getting the right collection of software, microcode, and hardware, is a third major headache for reliable system administration.

Software bugs were a major source of system outages -- 25% in all. Tandem supplies about 4 million lines of code to the customer. Despite careful efforts, bugs are present in this software. In addition, customers write quite a bit of software. Bugs in applic-ation software are probably under-reported here. One guess is that only 30% are reported. If that is true, application programs contribute 12% to outages and software rises to 30% of the total.

Next come environmental errors. Total communications failures (losing all lines to the local exchange) happened three times, in addition, there was a fire and a flood. The systems have minimal cooling requirements. No outages caused by cooling or air conditioning were reported. Power outages were a major source of failures. Power outages are certainly under-reported. Tandem systems tolerate over 2 hours of lost power without losing any data or communications state (the MTTR is almost zero), so customers do not generally report minor power outages (less than 1 hour) to us. In addition, many customers have invested in emergency power supplies.

Given that power outages are under-reported, the smallest contributor to system outages was hardware, mostly discs and communications controllers. The measured set included over 20,000 discs -- this was over 100,000,000 disc hours. We saw 19 duplexed disc failures, but if one subtracts out the infant mortality errors then there were only 7 duplexed disc failures. In either case, one gets an MTBF between 5 million and 10 million hours for the duplexed pair and their controllers. This approximates the 1000 year MTBF calculated in the earlier section.

4. Implications of the Analysis of MTBF

The implications of these statistics are clear: the key to fault- tolerance is tolerating operations and software errors.

Commercial fault-tolerant systems are measured to have a 74 year hardware MTBF (table 1). Calculating from device MTBF, there were about three component failures per hour in the sample set. Less than one in 1.8 million resulted in a double failure or an interruption of service. Hardware fault-tolerance works! In the future, hardware will be even more reliable due to better design, increased levels of integration, and reduced numbers of connectors.

By contrast, the trend for system administration is not positive. Systems are getting more complex. In this study, administrators reported 41 critical mistakes in over 1300 years of operation. This gives an operations MTBF of 31 years! Operators certainly made many more mistakes, but most were not fatal. These administrators are clearly very careful and use good practices.

The top priority for improving system availability is to reduce administrative errors by making self-configured systems with minimal maintenance and minimal operator interaction. Interfaces that ask the operator for information or ask him to perform some function must be simple, consistent and operator fault-tolerant. To give a concrete example, Tandem's newest discs have no scheduled maintenance.

A secondary implication of the statistics is actually a contradiction:

* New and changing systems have higher failure rates. Look at the product infant mortality statistics, one third of all outages, and the maintenance statistics, one third of the remaining outages. One way to improve availability is to install the system and leave it alone. As the adage says, "If it's not broken, don't fix it".

* On the other hand, one study found that a high percentage of the outages were caused by "known" bugs, which had fixes available, but were not yet installed in the failing system. This suggests that one should install software and hardware fixes as soon as possible.

There is a contradiction here: never change it and change it ASAP! By consensus, the risk of change is too great. Most installations are slow to install changes, they rely on fault-tolerance to protect them until the next major release. After all, it worked yesterday, so it will probably work tomorrow.

Here one must separate software and hardware maintenance. One cannot forego hardware preventative maintenance -- our studies show that it may be good in the short term but it is disasterous in the long term. One must install hardware fixes in a timely fashion. If possible schedule preventative maintenance at a time to minimize the impact of a possible mistake. On the other hand, software seems to be different. One should only install a software bug-fix if that bug is hurting you. Otherwise, wait for the next major software release, carefully test it for your environment, and then cut over to it.

If availability is a major goal, then avoid products which are immature and still suffering infant mortality. It is fine to be on the leading edge of technology, but avoid the bleeding edge of technology.

The last implication of the statistics is that software fault-tolerance is important.

5. Fault-tolerant Execution

Based on the analysis above, software accounts for over 25% of system outages. This is quite good -- a MTBF of 50 years! The volume of Tandem's software is 4 million lines and growing at about 20% per year. Work continues on improving coding practices and code testing but there is little hope of getting ALL the bugs out of all the software. Conservatively, I guess one bug per thousand lines of code remains after a program goes through design reviews, quality assurance, and beta testing. That suggests the system has several thousand bugs. But somehow, these bugs cause very few system failures because the system tolerates software faults.

The keys to this software fault-tolerance are:

* Software modularity through processes and messages.

* Fault containment through fail-stop software modules.

* Process pairs to tolerate hardware and transient software errors.

* Transaction mechanism to provide data and message integrity.

* Transaction mechanism combined with process pairs to ease error handling and tolerate software faults.

This section expands on each of these points.

5.1 Software modularity through processes and messages

As with hardware, the key to software fault-tolerance is to break large systems into modules, each module being a unit of service and a unit of failure. A failure of a module does not propagate beyond the module.

There is considerable controversy about how to modularize code. Starting with Burroughs' Esbol and continuing through languages like Ada and Mesa, compiler writers have contended that they can provide good fault isolation through compile-time type checking. In contrast, operating systems designers have advocated the process as the unit of protection and failure. Although compiler checking and exception handling provided by programming languages is a real asset, history seems to have favored the process approach to fault containment. It has the virtue of simplicity -- if a process misbehaves, destroy it.

5.2 Fault containment through fail-stop software modules

The process approach to fault isolation advocates that the process software module be fail-stop, it should either function correctly or it should detect the failure and stop operating.

Processes are made fail-stop by defensive programming. They check all their inputs, outputs and data structures as a matter of course. If any error is detected, they stop.

The process achieves fault containment by sharing no state with other processes; rather, its only contact with other processes is via messages carried by a kernel message system.

5.3. Software faults are soft -- the Bohrbug/Heisenbug theory

Before developing the next step in fault-tolerance, process pairs, we need to have a software failure model. It is well known that most hardware faults are soft -- that is, most hardware faults are transient. Error correcting codes on memory and checksums on communication along with retransmission are the standard ways of dealing with transient hardware errors. These techniques are variously estimated to boost hardware MTBF by a factor of 5 to 100.

I assert that there is a similar phenomenon in software -- most production software errors are soft. If you consider an industrial software system which has gone through structured design, design reviews, quality assurance, alpha test, beta test, and months or years of production, then most of the hard software bugs are gone. The residual bugs are rare cases, typically related to strange hardware conditions (rare or transient device error), limit conditions (out of storage, counter overflow, lost interrupt, etc,), or race conditions (forgetting to set a semaphore).

In these cases, resetting the program to a quiescent state and reexecuting it will quite likely work, because now the environment is slightly different. After all, it worked a minute ago!

The assertion that most production software bugs are soft -- Heisenbugs that go away when you look at them -- is well known to systems programmers. Bohrbugs, like the Bohr atom, are solid, easily detected by standard techniques, and hence boring. But Heisenbugs may elude a bugcatcher for years of execution. Indeed, the bugcatcher may perturb the situation just enough to make the Heisenbug disappear, hence the name. This is analogous to the Heisenberg Uncertainty Principal in Physics.

I have tried to quantify the chances of tolerating a Heisenbug by reexecution. This is difficult. A poll yields nothing quantitative. The one experiment I did went as follows: The spooler error log of several dozen systems was examined. The spooler is constructed as a collection of fail-stop processes. When one of the processes detects a fault, it stops and lets its brother continue the operation. The brother does a software retry. If the brother also fails, then the bug is a Bohrbug rather than a Heisenbug. In the measured period, one out of 132 software faults was a Bohrbug, the remainder were Heisenbugs.

It would be nice if someone had the time and money to quantify this phenomenon further. As it is, systems designers know from experience that they can exploit the Heisenbug theory to build fault-tolerant software.

5.4. Process pairs for fault-tolerant execution

One might think that fail-stop modules would produce a reliable but unavailable system since modules are stopping all the time. But, as with fault-tolerant hardware, configuring extra software modules gives a MTTR of milliseconds in case a process fails due to hardware failure or a software Heisenbug. If modules have a MTBF of a year, then dual processes give very acceptable MTBF for the pair. Process triples do not improve MTBF because other parts of the system (e.g., operators) have orders of magnitude worse MTBF. Hence, fault-tolerant processes are generically called process pairs. There are several approaches to designing process pairs:

Lockstep: In this design, the primary and backup processes execute the same instruction stream on independent processors [Kim]. If one of the processors fails, the other simply continues the computation. This approach gives good tolerance to hardware failures but gives no tolerance of Heisenbugs. Both streams will execute any programming bug in lockstep and will fail in exactly the same way.

Manual Checkpointing: In this scheme, communication sessions are used to connect a requestor to a process pair. The primary process in a pair does the computation and sends state changes and reply messages to its backup prior each major event. If the primary process stops, the session switches to the backup process which continues the conversation with the requestor. Message sequence numbers are used to do duplicate detection, and to resend the reply if a duplicate request arrives [Bartlett]. Experience shows that checkpointing process pairs give excellent fault-tolerance (see table 1), but that programming checkpoints is difficult. The trend is away from this approach and towards the Delta or Persistent approaches described below.

Automatic Checkpointing: This scheme is much like manual check-points except that the kernel automatically manages the check-pointing, relieving the programmer of this chore. As described in [Borg], all messages to and from a process are saved by the message kernel for the backup process. At takeover, these messages are replayed to the backup to roll it forward to the primary process' state. When substantial computation or storage is required in the backup, the primary state is copied to the backup so that the message log and replay can be discarded. This scheme has much more overhead than the manual checkpointing scheme.

Delta Checkpointing: This is an evolution of manual checkpointing. Logical rather than physical updates are sent to the backup [Borr 84]. Adoption of this scheme by Tandem cut message traffic in half and message bytes by a factor of 3 overall [Enright]. Deltas have the virtue of performance as well as making the coupling between the primary and backup state logical rather than physical. This means that a bug in the primary process is less likely to corrupt the backup's state.

Persistence: In persistent process pairs, if the primary process fails, the backup wakes up in the null state with amnesia about what was happening at the time of the crash. Only the opening and closing of sessions is checkpointed to the backup. These are called stable processes by [Lampson]. Persistent processes are the simplest to program. The only problem with persistent processes is that they do not hide failures. If the primary process fails, the database or devices it manages are left in a mess and the requestor notices that the backup process has amnesia. There needs to be some simple way to resynchronize these processes so they have a common state. As explained below, transactions provide such a resynchronization mechanism.

Summarizing the pros and cons of these approaches:

* Lockstep processes don't tolerate Heisenbugs.

* Manual checkpoints give fault-tolerance but are hard to program.

* Automatic checkpoints seem to be inefficient.

* Delta checkpoints have good performance but are hard to program.

* Persistent processes lose state in case of failure.

We argue next that transactions combined with persistent processes are simple to program and give excellent fault-tolerance.

5.5. Transactions for data integrity

A transaction is a group of operations, be they database updates, messages, or external actions of the computer, which form a consistent transformation of the state.

Transactions should have the ACID property [Haeder]:
  Atomicity: Either all or none of the actions of the transaction should "happen". Either it commits or aborts.
  Consistency: Each transaction should see a correct picture of the state, even if concurrent transactions are updating the state.
  Integrity: The transaction should be a correct state transformation
  Durability: Once a transaction commits, all its effects must be preserved, even if there is a failure.

The programmer's interface to transactions is quite simple: he starts a transaction by asserting the BeginTransaction verb, and ends it by asserting the EndTransaction or AbortTransaction verb. The system does the rest.

The classical implementation of transactions uses locks to guarantee consistency and a log or audit trail to insure atomicity and durability. Borr shows how this concept generalizes to a fault-tolerant system [Borr 81, 84].

Transactions relieve the application programmer of handling many error conditions. If things get too complicated, the programmer (or the system) calls AbortTransaction which cleans up the state by resetting everything back to the beginning of the transaction.

5.6. Transactions for simple fault-tolerant execution

Transactions provide reliable execution and data availability. They do not directly provide high system availability. If hardware fails or if there is a software fault, most transaction processing systems stop and go through a system restart -- the 90 minute outage described in the introduction.

It is possible to combine process pairs and transactions to get fault-tolerant execution and hence avoid most such outages.

As argued above, process pairs tolerate hardware faults and software Heisenbugs. But most kinds of process pairs are difficult to implement. The "easy" process pairs, persistent process pairs, have amnesia when the primary fails and the backup takes over. Persistent process pairs leave the network and the database in an unknown state when the backup takes over.

The key observation is that the transaction mechanism knows how to UNDO all the changes of incomplete transactions. So we can simply abort all transactions associated with a failed persistent process. This cleans up the database and system states, resetting them to the point at which the transaction began.

So, persistent process pairs plus transactions give a simple execution model which continues execution even if there are hardware faults or Heisenbugs. This is the key to the Encompass data management system's fault-tolerance [Borr 81]. The programmer writes fail-stop modules in conventional languages (Cobol, Pascal, Fortran) and the transaction mechanism plus persistent process pairs makes his program resilient to faults.

Unfortunately, people implementing the operating system kernel, the transaction mechanism itself and some device drivers still have to write "conventional" process pairs, but application programmers do not. One reason Tandem has integrated the transaction mechanism with the operating system is to make the transaction mechanism available to as much software as possible [Borr 81].

6. Fault-tolerant Communication

Fault-tolerant communication at the hardware level is obtained by having multiple data paths with independent failure modes.

Pragmatically, communications lines are the most unreliable part of a computer system. Partly because they are so numerous an partly because they have poor MTBF. The operations aspects of managing them, diagnosing errors and tracking the repair process are a real headache [Gray].

At the software level, the concept of session is introduced. A session has simple semantics: a sequence of messages is sent via the session. If the communication path fails, an alternate path is tried. Timeout and message sequence numbers are used to detect lost or duplicate messages. All this is transparent above the session layer. If all paths are lost, the session users are told of the error.

Recall that sessions and their sequence numbers are the mechanism to redirect requests to the backup process when the primary failed.

Transactions interact with sessions as follows: if a transaction aborts, the session sequence number is logically reset to the sequence number at the beginning of the transaction and all intervening messages are canceled. If a transaction commits, the messages on the session will be reliably delivered EXACTLY once [Spector].

7. Fault-tolerant Storage

Transactions provide the basic form of fault-tolerant storage. They provide the ACID property -- Atomicity, Consistency, Integrity and Durability [Haeder]. The transaction journal plus an archive copy of the data provide a replica of the data on media with independent failure modes. If the primary copy fails, a new copy can be reconstructed from the archive copy by applying all updates committed since the archive copy was made. This is Durability of data.

In addition, transactions coordinate a set of updates to the data, assuring that all or none of them apply. This allows one to correctly update complex data structures without concern for failures. The transaction mechanism will undo the changes if something goes wrong. This is Atomicity.

The basic form of fault-tolerant storage is replication of a file on two media with independent failure characteristics -- for example two different disc spindles or, better yet, a disc and a tape. If one copy has an MTBF of a year then two copies will have a millennia MTBF and three copies will have about the same MTBF (other factors will dominate at that point).

Remote replication is an exception to this argument. If one can afford it, storing a replica in a remote location gives good improvements to availability. Remote replicas will have different administrators, different hardware, and different environment. Only the software will be the same. Based on the analysis in Table 1, this will protect against 75% of the failures (all the non-software failures). Since it also gives excellent protection against Heisenbugs, so remote replication also guards against most software errors.

There are many ways to replicate data, one can have exact replicas, can have the updates to the replica done as soon as possible or even have periodic updates. [Gray 85] describes representative systems which took different approaches to long-haul replication.

A third technique for fault-tolerant storage is partitioning the data among discs or nodes and hence limiting the scope of a failure. If the data is geographically partitioned, local users can access local data even if the communication net or remote nodes are down. Again, [Gray 85] gives examples of systems which partition data for better availability.

3. Summary

Computer systems fail for a variety of reasons. Large computer systems of conventional design fail once every few weeks due to software, operations errors, or hardware. Large fault-tolerant systems are measured to have an MTBF at least two orders of magnitude higher -- ten year MTBF rather than one week (.02 year) MTBF.

The techniques for fault-tolerant hardware are well documented. They are quite successful. Even in a high availability system, hardware is a minor contributor to system outages.

By applying the concepts of fault-tolerant hardware to software construction, software MTBF can be raised by several orders of magnitude. These concepts include: modularity, fault containment, and tolerating soft errors -- Heisenbugs.

Transactions plus persistent process pairs give fault-tolerant execution. Transactions plus communications sessions give fault-tolerant communications. Transactions plus replication give fault-tolerant storage. In addition, transaction atomicity coordinates the changes of the database, comminications net, and executing processes. This allows easy construction of high availability software.

Dealing with system configuration, operations, and maintenance remains an unsolved problem. People are doing a much better job than we have reason to expect. We can't hope for better people. The only hope is to simplify and reduce human intervention in these aspects of the system.

9. Acknowledgments

The following people helped in the analysis of the Tandem system failure statistics: Robert Bradley, Jim Enright, Cathy Fitzgerald, Sheryl Hamlin, Pat Helland, Dean Judd, Steve Logsdon, Franco Putzolu, Carl Niehaus, Harald Sammer, and Duane Wolfe. In presenting the analysis, I had to make several outrageous assumptions and "integrate" contradictory stories from different observers of the same events. For that, I must take full responsibility. Robert Bradley, Gary Gilbert, Bob Horst, Dave Kinkade, Carl Niehaus, Carol Minor, Franco Putzolu, and Bob White made several comments that clarified the presentation.

10. References

[Bartlett] Bartlett, J.,"A NonStop Kernel," Proceedings of the Eighth Symposium on Operating System Principles, pp. 22-29, December 1981.

[Borg] Borg, A., Baumbach, J., Glazer, S., "A Message System Supporting Fault-tolerance", ACM OS Review, Vol. 17, No. 5, 1984.

[Borr 81] Borr, A., "Transaction Monitoring in ENCOMPASS," Proc. 7Th VLDB, September 1981. Also Tandem Computers TR 81.2.

[Borr 84] Borr, A., "Robustness to Crash in a Distributed Database: A Non Shared-Memory Multi-processor Approach," Proc. 9th VLDB, September 1984. Also Tandem Computers TR 84.2.

[Enright] Enright, J. "DP2 Performance Analysis", Tandem memo, 1985.

[Gray] Gray, J., Anderton, M., "Distributed Database Systems -- Four Case Studies", to appear in IEEE TODS, also Tandem TR 85.5.

[Haeder] Haeder, T., Reuter, A., "Principals of Transaction-Oriented Database Recovery", ACM Computing Surveys, Vol. 15, No. 4, Dec. 1983.

[Kim] Kim, W., "Highly Available Systems for Database Applications", ACM Computing Surveys, Vol. 16, No. 1, March 1984

[Lampson] Lampson, B.W. ed, Lecture Notes in Computer Science Vol. 106, Chapter 11, Springer Verlag, 1982.

[Schlichting] Schlichting, R.D., Schneider, F.B., "Fail-Stop Processors, an Approach to Designing Fault-Tolerant Computing Systems", ACM TOCS, Vol. 1, No. 3, Aug. 1983.

[Spector] "Multiprocessing Architectures for Local Computer Networks", PhD Thesis, STAN-CS-81-874, Stanford 1981.

[von Neumann] von Neumann, J. "Probabilistic Logics and the Synthesis of Reliable Organisms From Unreliable Components", Automata Studies, Princeton University Press, 1956.

Jim Gray
Tandem Computers Incorporated
19333 Vallco Parkway
Cupertino, CA, 95014
USA

Index Management und Concurrency Control in Integrierten Informationssystemen

U. Prädel, G. Schlageter, P. Dadam, V. Lum

Abstract

New applications of database management systems as in
office automation and engineering require the system to
process textual and formatted data. To support text search
appropriately, text indexes must be created and on-line text
index maintenance be provided. Unfortunately, text index
maintenance is generally a time-consuming task and does not
fit well in an on-line environment, where short transaction
processing times are usually required. In this paper we
discuss how the time for those transactions, which cause text
index updates, can be shortened by integrating a dedicated
predicate-oriented concurrency control method and a selective
deferred index update strategy. We also show some practical
implementation techniques and some aspects of their
performance, based on analytic studies and simulations.

Für neue Anwendungen, etwa im Büro oder im technisch-
wissenschaftlichen Bereich, müssen Datenbanksysteme in der
Lage sein, sowohl textuelle als auch formatierte Daten zu
verwalten. Zur Unterstützung text-bezogener Anfragen müssen
Textindexe eingerichtet und vom System gewartet werden. Die
Verwaltung von Textindexen ist indes außerordentlich zeitaufwendig und läßt sich von daher nur schwer in eine Umgebung
einbetten, in der - wie in Datenbanken üblich - kurze Ver-
arbeitungszeiten von Online-Transaktionen verlangt werden.
In dieser Arbeit wird untersucht, wie die Verarbeitungszeit
auch für solche Transaktionen, die Änderungen von Textindexen
bewirken, kurz gehalten werden kann. Dies wird ermöglicht
durch die Integration einer prädikat-orientierten Synchronisationsmethode mit einer Strategie des verzögerten Index-
Update (deferred index update). Implementierungstechniken und
deren Leistungsmerkmale werden diskutiert.

1   Einleitung

Bis heute werden computergestützte Informationssysteme
in zwei voneinander unabhängige Klassen eingeteilt: Daten-
bank-Management-Systeme (DBMS) und Information Retrieval
Systeme (IRS). DBMS wurden zur Verwaltung formatierter Daten
entwickelt, die aus einer festen Zahl atomarer Felder
(Attribute) bestehen. Suchbedingungen in Anfragen sind in
aller Regel präzise, jedoch relativ einfach: sie erlauben
lediglich die Verwendung der üblichen arithmetischen Ver-
gleichsoperatoren in bezug auf Feldwerte. Andererseits ist
die Synchronisation in DBMS typischerweise sehr ausgefeilt;
durch die Realisierung des Transaktionskonzeptes – jede
Transaktion ist eine atomare, isolierte Einheit – werden
Inkonsistenzen aufgrund von Konflikten vermieden.

IRS wurden hingegen zur Verwaltung von Dokumenten
(Bücher oder Artikel) entwickelt, wobei unformatierte
(textuelle) Daten im Vordergrund stehen. Ein u.U. sehr langer
Textstring entspricht einem atomaren Feld in einem DBMS.
Suchbedingungen innerhalb eines solchen IRS-Textfeldes sind
weniger präzise, können aber sehr komplex sein. Man kann nach
bestimmten Worten suchen oder nach Fragmenten von Worten
(Substrings) oder auch nach Folgen von Worten. Um Anfragen
effizient zu unterstützen, werden üblicherweise Indexe
angelegt. Diese werden aus den Dokumenten über Schlüsselwör-
ter oder über suchbare Begriffe (Terme) konstruiert. Mit jedem Term kann eine Zeigerliste verbunden sein, die auf die
entsprechenden Dokumente verweist. Da zu einem langen Text im
allgemeinen eine große Zahl von Termen gehört, ist die Index-
verwaltung in IRS sehr zeitaufwendig und wird deshalb im
allgemeinen im Batch in Nachtläufen durchgeführt. In einer
solchen Umgebung spielt Synchronisation keine Rolle.

In neuen Anwendungen wie Büroautomation, CAD/CAM usw.
haben wir es mit einer Mischung formatierter und unformatier-
ter Daten zu tun, so daß DBMS- und IRS-Funktionen in einem
System benötigt werden. Dies bedeutet, daß das neue System –
im folgenden Integriertes Informationssystem (IIS) genannt –
Indexe für Textfelder wie in IRS und Synchronisa-
tionstechniken wie in DBMS beinhalten muß. Eine naive
Integration der IRS-Indexierungstechniken und der DBMS-Syn-
chronisation würde zu langen, nicht akzeptierbaren Transaktionszeiten führen. Im Projekt "Advanced Information
Management (AIM)" des wissenschaftlichen Zentrums der IBM in

Heidelberg [17] wird versucht, in Zusammenarbeit mit der FernUniversität Hagen neue Wege zur Lösung dieses Problems zu entwickeln. Im folgenden wird eine vielversprechende Lösung vorgestellt.

Da in IIS wegen der Forderung nach Aktualität der Daten Batch-Update von Indexen nicht akzeptierbar ist, muß eine Lösung, die kurze Transaktionszeiten gewährleisten soll, darauf abzielen, den Aufwand zur Verwaltung der Indexe niedrig zu halten. Eine Strategie besteht darin, die Indexe jeweils nur für jene Terme fortzuschreiben, für die dies aktuell notwendig ist. Ein selektiver Update dieser Art erlaubt es, Transaktionen unmittelbar nach dem Commit zu beenden. Da jedoch die Konsistenz gewährleistet werden muß und aktuelle Daten verlangt werden, müssen die verzögerten Updates auf den verbleibenden Termen sehr sorgfältig behandelt werden.

Verzögerter und selektiver Index-Update führt zu mehreren Problemen:

- Wie werden die Terme erkannt, die aktualisiert werden müssen, um Konsistenzprobleme zu vermeiden?

- Wie kann die Information über verzögerte Updates dargestellt werden?

- Wie werden diese Updates verwaltet?

Die Entscheidung, welche Terme mit ihren Zeigerlisten aktualisiert werden müssen, um Konsistenzprobleme für nachfolgende Transaktionen zu vermeiden, ist ein Synchronisationsproblem. In den folgenden Abschnitten wird zunächst die Synchronisationsstrategie diskutiert. Sodann wird auf Konsistenzaspekte, verschiedene Strategien für den verzögerten Update und Implementierungstechniken eingegangen.

2   Synchronisation für Textindexe

Synchronisation in DBMS basiert üblicherweise auf Varianten der DAG-Sperrphilosophie (directed acyclic graph, [8,9,10]). In speziellen Fällen, insbesondere für Sekundärdaten, können speziell zugeschnittene Synchronisationsmethoden angewandt werden, um den Parallelitätsgrad zu erhöhen

[2,14,15,16,18] (diese Fälle kann man auch unter dem Aspekt der Synchronisation Abstrakter Datentypen sehen [22]). Frühere Studien über Synchronisation für Textindexe [5,6] haben gezeigt, daß die Leistung durch spezielle Synchronisationsverfahren für Textattribute erhöht werden kann. Dieser Ansatz geht von der Idee aus, Information zu verwenden, die aus den Suchprädikaten der Anfrage oder aus dem zu verarbeitenden Dokument abgeleitet wird, so daß in präziserer Weise als bei DAG-Techniken mittels Prädikaten bestimmt werden kann, welche Transaktionen in Konflikt zueinander stehen. Dieser Ansatz erweist sich ebenfalls als nützlich für das Problem des verzögerten Index-Update.

Die übliche DAG-Sperrphilosophie verlangt, daß ein Leser (Lese-Transaktion) mindestens einen Zugriffspfad zum verlangten Objekt sperren muß, während ein Updater (Update-Transaktion: insert, modify, delete) alle Zugriffspfade zum Objekt sperren muß.

Man betrachte eine Anfrage q, die alle Dokumente eines Typs X verlangt, welche die Terme data , base , operating und system enthalten; eine zweite Transaktion u versuche, ein Dokument d vom Typ X in die Datenbank einzufügen, das die Terme data , base , information und system beinhaltet. Die DAG-Sperrphilosophie würde verlangen, daß der Updater u Sperren für die Zugriffspfade data , base , information und system erwirbt. Da die Anfrage q mindestens eine Sperre erwerben muß, ist das Risiko, daß q und u nicht parallel ausgeführt werden können, relativ hoch: parallele Ausführung ist nur dann möglich, wenn q lediglich den Zugriffspfad operating sperrt. Man sieht jedoch leicht, daß u und q in jedem Fall parallel ausgeführt werden könnten: Dokument d enhält den Term operating nicht und ist somit kein Zielobjekt für q.

Um diese Art von Pseudokonflikten zu vermeiden, schlagen wir eine Lösung vor, bei der aus den Termen des einzufügenden oder zu verändernden Dokumentes ein Sperrprädikat gebildet wird. Ebenso wird aus den Termen einer Anfrage ein Sperrprädikat abgeleitet. Die Methode setzt eine stabile Termmenge voraus, d.h. die Menge der Terme verändert sich durch Einfügen, Verändern oder Löschen von Dokumenten nicht. Wie die Methode auf nicht-stabile Termmengen erweitert werden kann, wird in [4] skizziert.

In diesem Zusammenhang interessierende Indexierungs-
methoden umfassen die Fragment String Methode [13,12,20,21]
oder Vollwortindexe mit kontrolliertem Wortvorrat. Mit diesen
Ansätzen kann die Menge der Terme, nachfolgend Fragmente
genannt, geordnet und als Liste dargestellt werden, etwa in
der Form FL := (frag1, frag2, ..., fragn), wobei fragi für
das i-te Fragment in dieser Liste steht. Mit FL kann jedes
Textdokument d durch einen nicht eindeutigen Bitvektor F(d)
:= (t1, t2,..., tn) dargestellt werden, wobei tj = 1, wenn
Fragment fragj in d enthalten ist.

In analoger Weise können Anfragen durch Bitvektoren
dargestellt werden. Der Bitvektor (Lese-Fragment-Vektor)
F(q) := (t1, t2,...,tn) für eine Anfrage q enthält tj = 1
genau dann, wenn fragj in der Anfrage spezifiziert ist. Dies
bedeutet, daß q alle jene Dokumente verlangt, die alle Fragmente enthalten, die im Bitvektor F(q) bezeichnet sind. Eine
Null in F(q) wird interpretiert als "ist ohne Belang".

Man betrachte noch einmal das obige Beispiel. Es gelte
FL := (data , base , compiler , construction , information ,
operating , system). Der Bitvektor für Dokument d mit den
Fragmenten data , base , information , systems wird F(d) :=
(1100101), derjenige der Anfrage q wird F(q) := (1100011).
Der Bitvektor einer Anfrage q', die nur Begriffe spezifiziert, die nicht in FL enthalten sind, etwa computer und
hardware , besteht nur aus Nullen; dasselbe gilt für eine
Einfüge-Transaktion, wenn das einzufügende Dokument lediglich
die Begriffe computer und hardware aufweist.

Wir bezeichnen mit AND die logische Und-Verknüpfung
zweier gleich langer Bitvektoren. Bitvektor F(a) ist in Bitvektor F(b) enthalten , wenn F(a) AND F(b) = F(a).
Offensichtlich ist ein Bitvektor, der nur aus Nullen besteht,
in jedem anderen Bitvektor enthalten.

Mit diesen Definitionen kann man einen präzisen
Konflikttest zwischen Sperranforderungen für Lesezugriff
(Lese-Fragmentsperre) und Sperranforderungen für Schreib-
zugriff (Schreib-Fragmentsperre) formulieren (Lese- und
Schreib-Fragmentsperren entsprechen Lese- und Schreib-Frag-
ment-Bitvektoren). Sei FR(Ti) die Menge der gewährten Lese-
Fragmentsperren und FW(Ti) die Menge der gewährten Schreib-
Fragmentsperren der Transaktion Ti. Die Regeln für das Gewäh-
ren von Fragmentsperren sind dann wie folgt

1. Eine Lese-Fragmentsperre lr für Transaktion Tr wird gewährt, wenn keine Schreib-Fragmentsperre lw $\in$ FW(Tw) für irgendeine Transaktion Tw, Tw $\neq$ Tr existiert, so daß lr in lw enthalten ist.

2. Eine Schreib-Fragmentsperre lw wird gewährt, wenn keine Lese-Fragmentsperre lr $\in$ FR(Tr), Tr $\neq$ Tw, existiert, so daß lr in lw enthalten ist.

3. Lesesperren stehen nie in Konflikt zu Lesesperren.

4. Schreibsperren stehen nie in Konflikt zu Schreibsperren (siehe unten).

Die vierte Regel überrascht vielleicht auf den ersten Blick. Man muß hier beachten, daß wir über Indexsperren sprechen, und daß Indexsperren für den Update eines Dokumentes nicht ausreichen, da noch andere Zugriffspfade als Indexe (z.B. relation scan, segment scan) existieren. Zusätzlich zur Indexsperre muß ein zu veränderndes Dokument mit einer exklusiven Sperre belegt werden. Die Index-Schreibsperren sind aus demselben Grund kompatibel, aus dem es die IX-Sperren im System R sind [8,9].

Anfragen, die OR-Klauseln enthalten, können entweder so dargestellt werden, daß für jede OR-Klausel eine Fragmentsperre auftritt oder durch AND-Verknüpfung dieser Vektoren zu einer einzigen Fragmentsperre. Für die Veränderung eines Dokumentes ist entweder je eine Lese-Fragmentsperre für den alten und den neuen Wert des Dokumentes erforderlich oder aber die OR-Verknüpfung beider.

Bisher haben wir diskutiert, wie Konflikte auf der Ebene der Primärdaten (Dokumente) mittels Prädikatsperren präziser als bei DAG-Sperren bestimmt werden können. Da Sperren auf Primärdaten normalerweise bis Transaktionsende gehalten werden müssen, erhöhen präzisere Sperren im allgemeinen den Grad an Parallelität zwischen Transaktionen. Existiert auf der Ebene der Primärdaten kein Konflikt, so bedeutet dies jedoch nicht, daß auch auf der Ebene der Sekundärdaten kein Konflikt existiert. Der Update von Sekundärdaten muß so implementiert werden, daß parallele Transaktionen nie inkonsistente Sekundärdaten sehen (ungültige Zeiger, falsche Längenangaben, etc). Dies kann durch temporäre Sperren auf Teilen von Sekundärdaten während der Updateoperation, durch

152

"careful replacement" Strategien [11,19,25] oder durch eine Kombination beider Techniken gewährleistet werden.

3   Konsistenzaspekte bei verzögertem Index-Update

Zur Vereinfachung der Darstellung treffen wir folgende Annahme: wird ein Textindex als Zugriffspfad für eine Lesetransaktion benützt, so wird der Durchschnitt gebildet von den Fragment-Zeigerlisten, die den "on" Bits entsprechen; die so entstehende Ergebnis-Zeigerliste wird dann für den Zugriff auf die Dokumente verwendet. Man sieht sofort, daß in dieser Umgebung Zeigerlisten nur dann auf dem aktuellen Stand sein müssen, wenn Transaktionen darauf zugreifen müssen; andere Zeigerlisten können veraltet sein, die entsprechenden Updates noch ausstehen.

Als Beispiel betrachte man wieder die Anfrage q und die Einfügetransaktion u. Die Ergebnis-Zeigerliste für q ergibt sich aus dem Durchschnitt der Zeigerlisten für data , base , operating und system . Da q nicht in Konflikt zu u steht, tritt der Zeiger auf Dokument d nicht in der Ergebnis-zeigerliste von q auf, unabhängig davon, ob die Zeigerlisten für die Terme von d bereits aktualisiert wurden oder nicht.

Offensichtlich kann der Update von Zeigerlisten für eine Transaktion nur so lange verzögert werden, als kein Konflikt mit einer parallelen oder nachfolgenden Transaktion auftritt. Daraus folgt, daß die Synchronisation auch solche Transaktionen berücksichtigen muß, die logisch gesehen bereits beendet sind (commit), deren Index-Updates aber noch nicht vollständig durchgeführt worden sind. Das Problem, Konflikte wegen ausstehender Index-Updates festzustellen, ist weitgehend identisch mit dem Problem, Konflikte zwischen parallelen Transaktionen festzustellen. Daher sollten die Darstellung der Sperren und die Darstellung der verzögerten Updates möglichst auf gleiche Weise erfolgen, um einen ein-fachen Konflikttest zu erreichen.

Eine andere Frage ist, wie über abgeschlossene bzw. ausstehende Index-Updates Buch geführt werden soll. Nehmen wir an, daß zur Darstellung von Fragmentsperren Bitvektoren in einer speziellen Sperrtabelle verwendet werden. Kann derselbe Bitvektor verwendet werden, um sowohl die Frag-mentsperre als auch den Update-Status darzustellen? In anderen Worten: kann das entsprechende Bit im Bitvektor einfach auf 0 gesetzt werden, wenn der ausstehende Index-Update abgearbeitet ist?

Sei $Lw \in FW(Tw)$ die Schreibsperre der beendeten Transaktion Tw, die die Fragmente sperrt, die im Vektor (011001) dargestellt sind. Lw befindet sich in der Sperrtabelle, da die Index-Updates noch nicht durchgeführt sind. Das zugehörige Dokument selbst ist bereits in der Datenbank gespeichert. Nur die Zugriffspfade sind noch nicht aktualisiert.

Nehmen wir an, Transaktion Tr fordert die Lesesperre $Lr = (011000)$ an. Um auf alle Dokumente, die durch den Vektor spezifiziert sind, zugreifen zu können, wird die Schnittmenge der Zeigerlisten der Fragmente frag2 und frag3 gebildet. Um die Konsistenz zu gewährleisten, muß sichergestellt sein, daß die benutzten Zeigerlisten auf dem neuesten Stand sind. Dabei wird Konflikt zur Transaktion Tw festgestellt und Tr so lange blockiert, bis die entsprechenden Index-Updates durchgeführt sind.

Falls die Zeigerliste von frag2 schon aktualisiert wurde, was den Vektor der ausstehenden Updates in (001001) ändern würde, wäre kein Konflikt zu Tr mehr festzustellen, trotz der ausstehenden Updates für frag3. Dies wäre jedoch ein Fehler, da sich das durch Tw geschriebene Dokument in der Lesemenge von Tr befindet, die Referenz auf das Dokument jedoch bei der Berechnung der Ergebnis-Zeigerliste fehlen würde.

Das Beispiel zeigt, daß die Sperrinformation ungeändert bleiben muß, bis alle zugehörigen Index-Updates durchgeführt worden sind. Die Aufzeichnung der Sperrinformation und der Update-Information muß also getrennt voneinander geschehen. Die Einträge können aus der Tabelle entfernt werden, wenn jeweils alle Index-Updates für eine Transaktion durchgeführt worden sind.

Ein weiterer Aspekt des Ansatzes ist, daß die gesamte Sperrinformation gesichert werden muß, um einen Systemabbruch zu überleben, da sonst die Integrität der Zugriffspfade nicht mehr sichergestellt werden kann. Dies wird durch bekannte Loggingstrategien sichergestellt. Die kompakte Darstellung der Sperrinformation wird in Kapitel 5 diskutiert.

4 Strategien zur Durchführung des Verzögerten Updates

Im vorherigen Kapitel haben wir Techniken zur Erkennung von Konflikten diskutiert, die durch ausstehende verzögerte Updates erzeugt werden. Im folgenden werden verschiedene Alternativen diskutiert, wie solche Konflikte aufgelöst werden können. Um diese Darstellung einfach zu halten, gehen wir davon aus, daß die Repräsentation der ausstehenden Updates durch Bitvektoren vorgenommen wird. Das heißt, daß eine '1' anzeigt, daß die entsprechende Zeigerliste noch aktualisiert werden muß. (Wir kommen auf diesen Punkt in Kapitel 5 noch einmal zurück).

Figur 1 zeigt den Zustand einer Fragment-Sperrtabelle zum Zeitpunkt t0 mit ausstehenden Index-Updates für ein Attribut A. Transaktion Nr. 6 verlangt eine Lesesperre für dieses Attribut zum Zeitpunkt t1 (vgl. Figur 2). Wie man leicht sieht, steht diese Sperranforderung in Konflikt mit den Schreibsperren der Transaktionen 1,3 und 4, die sich bereits in ihrer Phase des Verzögerten Update befinden.

Fig. 1   Fragment Sperrtabelle und Updatestatus
          Tabelle zur Zeit t0

TNR	Schreib-Fragmentsperre A B C D E F G H I J		Update Status A B C D E F G H I J	
1	0 0 1 0 1 1 0 0 1 0		0 0 0 0 1 0 0 0 0 0	
2	0 1 1 0 0 1 0 0 0 1		0 1 1 0 0 1 0 0 0 1	
3	1 1 1 0 1 1 0 0 1 0		1 1 1 0 1 1 0 0 0 0	
4	0 0 1 0 0 1 0 0 1 1		0 0 1 0 0 1 0 0 1 1	
5	0 0 1 0 0 0 1 0 1 0		0 0 1 0 0 0 1 0 1 0	

Fig. 2   Sperranforderung der Lesetransaktion Nr. 6
          zur Zeit t1

TNR	mode	status	lock request A B C D E F G H I J
6	READ	ACTIVE	0 0 1 0 0 1 0 0 1 0

Eine naheliegende Möglichkeit, diesen Konflikt zu beheben, liegt darin, daß Transaktion 6 alle ausstehenden Indexupdates der mit ihr in Konflikt stehenden Transaktionen durchführt. Dieser Ansatz hat jedoch einen gravierenden Nachteil: Die gesamte Wartezeit wegen Index-Updates wird einer beliebigen nachfolgenden Transaktion aufgebürdet, was für den Benutzer sowohl unerwartet lange wie auch unakzeptable Wartezeiten bedeutet.

Die Grundidee für eine effektivere und gerechtere Lösung kann aus folgender Beobachtung abgeleitet werden: Beim Löschen bzw Einfügen eines Dokuments muß i.a. eine große Zahl von Fragment-Zeigerlisten verändert werden. Dies spiegelt sich wieder in einer großen Zahl von Einsen in den entsprechenden Vektoren der Fragmentsperren. Im Gegensatz hierzu wird eine Lesesperre nur wenige Fragmente sperren – analog sind nur wenige Bits des Vektors auf '1'. Da nur diese Fragmente den Konflikt zwischen Leser und Schreiber erzeugen können, gilt als allgemeine Beobachtung, daß nur wenige Fragmente den Konflikt auslösen. Dies führt zu der Überlegung, die Index-Updates nicht nur verzögert, sondern auch selektiv und konfliktgesteuert vorzunehmen.

Nehmen wir an, daß für die beendeten Transaktionen $T1,..,Tn$ die Schreibsperren $FW1,..,FWn$ mit den entsprechenden Updatestatus-Vektoren $FU1,...,FUn$ in der Fragment-Sperrtabelle gespeichert sind. Sei FRq die Anforderung einer Lesesperre einer laufenden Transaktion (die sich nicht in Konflikt mit einer anderen laufenden Transaktion befindet). Diese Sperranforderung muß gegen die Update-Informationen der beendeten Transaktionen getestet werden. Sei IC die Indexmenge aller mit FRq in Konflikt stehenden Schreibsperren, d.h. $IC := \{i \mid FRq$ steht in Konflikt zu $FWi, i=1...n\}$. Es muß jetzt für alle in IC spezifizierten Einträge ermittelt werden, welche Updates nötig sind, um den Konflikt zu beheben. In anderen Worten, die Konflikt-Fragmentvektoren $CFi := FRq$ AND FUi müssen bestimmt werden. Im Falle des Beispiels aus Fig. 1 und 2 wäre $IC := (1,3,4)$. Die entsprechenden Konflikt-Fragmentvektoren CFi, $i=1,3,4$ sind in Figur 3 abgebildet.

Fig. 3   Konflikt Fragmentvektor zur Zeit t1

TNR	conflict vector A B C D E F G H I J
1	0 0 0 0 0 0 0 0 0 0
3	0 0 1 0 0 1 0 0 0 0
4	0 0 1 0 0 1 0 0 1 0

Der Vektor für Transaktion 1 in Fig. 3 enthält nur Nullen. Dies zeigt, daß die Updates der den Konflikt verursachenden Fragmente schon durchgeführt worden sind. Es müssen nur einige Updates für die Transaktionen 3 und 4 durchgeführt werden. Den Zustand der Sperrtabelle nach diesen Updates zeigt Fig. 4.

Fig. 4   Fragment Sperrtabelle und Updatestatus
         Tabelle zur Zeit t2

TNR	Schreib-Fragmentsperre A B C D E F G H I J	Update Status A B C D E F G H I J
1	0 0 1 0 1 1 0 0 1 0	0 0 0 0 1 0 0 0 0 0
2	0 1 1 0 0 1 0 0 0 1	0 1 1 0 0 1 0 0 0 1
3	1 1 1 0 1 1 0 0 1 0	1 1 0 0 1 0 0 0 0 0
4	0 0 1 0 0 1 0 0 1 1	0 0 0 0 0 0 0 0 0 1
5	0 0 1 0 0 0 1 0 1 0	0 0 1 0 0 0 1 0 1 0

Wir werden in Kapitel 6 anhand von Simulationen zeigen, welche Verbesserungen in bezug auf die Antwortzeit die gerade vorgestellten Verfahren des verzögerten Updates bringen.

Ausstehende Index-Updates, die nicht in Konflikte verwickelt sind, werden bis zum Ende des Benutzerbetriebes (system shutdown) gehalten. Hier zeigt sich, daß unser Ansatz wohl die Antwortzeit für aktive Transaktionen verringert, nicht aber die Gesamtlast, was das Update von Indexen angeht. Vielmehr wird die Gesamtlast durch zusätzlichen Aufwand für Logging und Speicherung der Bitlisten sogar leicht erhöht.

Der skizzierte Ansatz kann jedoch auch zu echten

Effizienzsteigerungen im System führen. Um z.B. eine
Zeigerliste 10 mal zu laden und 10 Updates durchzuführen, muß
mehr Zeit aufgewendet werden, als diese Liste einmal zu laden
und alle 10 Updates durchzuführen. Diese Tatsache kann in
unserem Ansatz benutzt werden. Betrachten wir die Situation
in Fig. 1 bis Fig. 3. Anstatt erst alle Updates von
Transaktion 3 und danach die Updates für Transaktion 4 durchzuführen, kann man auch 'spaltenweise' vorgehen. D.h., es
werden für jede Zeigerliste alle Updates aus den Konflikt-
Fragmentvektoren in einem Arbeitsgang durchgeführt.

Hier bietet sich eine weitere Verfeinerung in
derselben Richtung an: Falls eine laufende Transaktion in einen Konflikt zu ausstehenden Index-Updates gerät, könnte sie
gleich alle ausstehenden Index-Updates für die betroffenen
Fragmente durchführen. In diesem Fall würde die Updatestatus-
Tabelle aus Fig. 4 in den Spalten C,F und I nur Nullen
enthalten. Welche Vorteile dieses Verfahren bringt, müssen
weitere Untersuchungen zeigen.

Die Zahl der ausstehenden Index-Updates kann durchaus
aber auch negative Auswirkungen auf die Performance des
Systems haben, da die laufenden Transaktionen bei einer
großen Zahl von Einträgen in der Fragment-Sperrtabelle einen
hohen Überprüfungsaufwand zu leisten haben. Hinzu kommt, daß
der Speicherplatzaufwand entsprechend steigt. In diesem Fall
kann man eine spezielle Systemtransaktion (wir nennen sie
Indexer) benutzen, um diese Nachteile auszugleichen. Aufgabe
des Indexers ist es, gewisse Index-Updates im laufenden
Betrieb des Systems durchzuführen Der Indexer könnte insbesondere in Leerzeiten des Systems aktiv werden, muß jedoch
konkurrierend zu den Benutzertransaktionen laufen, um
Speicherplatzprobleme zu beheben. Wir betrachten die Auswirkungen des Indexers auf die Performance des Systems in
Kapitel 6.

5   Implementierungsgesichtspunkte

Bisher haben wir angenommen, daß Fragmentsperren und
Updatestatus-Informationen als Bitvektoren repräsentiert werden. Diese Annahme wurde hauptsächlich aus Gründen der einfachen Darstellung gemacht. In diesem Kapitel wollen wir die
Darstellung als Bitvektor (BV) mit zwei alternativen Strukturen vergleichen: der transaktionsorientierten Fragmentliste

158

(TOFL) und der fragmentorientierten Transaktionsliste (FOTL).

Welche Informationen müssen zusätzlich zur eigentlichen Sperrinformation gehalten werden? An 'globaler' Information werden die Transaktionsnummer (TNR) und der Sperr- bzw. Operationsmodus (LMO) benötigt. Abhängig von der Darstellungsart kommen noch die Fragmentnummer (FNR), die Anzahl der Listenelemente (NoE) und ein Verkettungsfeld hinzu. Um die Diskussion einfach zu halten nehmen wir an, daß für jedes indexierte Textattribut eine eigene Fragment-Sperrtabelle gehalten wird.

Es gibt drei Arten, die Fragmentsperren zu halten: Als Bitvektor (Figur 5), als transaktionsorientierte ('zeilenweise') Listenstruktur (Figur 6) und als fragmentorientierte ('spaltenweise') Listenstruktur (Figur 7).

Fig. 5   **Bitvektor Sperrdarstellung**

TNR	LMO	bit vector

Fig. 6   **Transaktionsorientierte Fragmentliste**

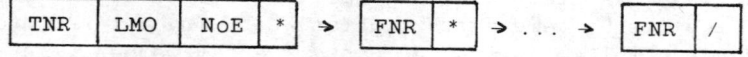

Fig. 7   Fragmentorientierte Transaktionsliste

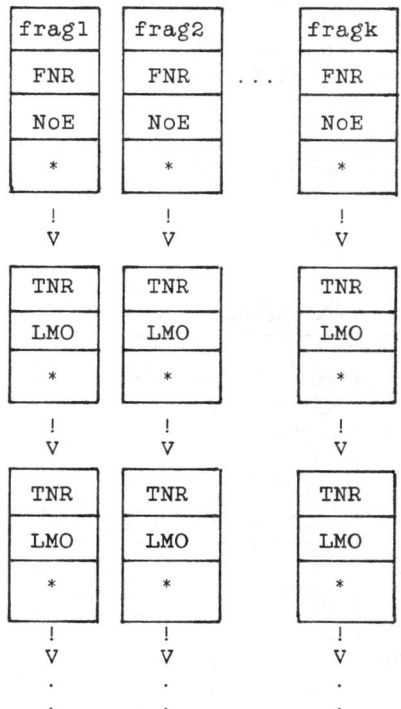

Der Speicherplatzbedarf des Bitvektors hängt offensichtlich nur von der Anzahl der Fragmente ab, die im Index vorkommen, nicht aber von der Anzahl der Fragmente, die in den Lese- und Schreibsperren spezifiziert werden. Mögliche Kompressionstechniken sind anwendbar, werden aber in dieser Arbeit nicht betrachtet. Im Gegensatz hierzu hängt der Speicherplatzbedarf der dynamischen Strukturen von der Anzahl der spezifizierten Fragmentsperren ab.

Tabelle 1 soll einen Eindruck verschaffen vom Speicherplatzbedarf der Strukturen in verschiedenen Anwendungssituationen. FRAGMENTS gibt die Anzahl der im Index benutzten Fragmente an. READ_LOCKS und WRITE_LOCKS enthalten die Anzahl der entsprechenden Einträge in der Sperrtabelle. READ_FRAGS und WRITE_FRAGS gibt die durchschnittliche Zahl an

Fragmenten pro Lese- bzw Schreibsperre an. USED_FRAGS letztlich zeigt, wieviel verschiedene Fragmente gerade benutzt
werden von den Sperren, wie groß also die Überlappung ist
zwischen den Lese- und Schreibsperren. Die Abkürzungen
BV,TOFL und FOTL haben wir schon eingeführt. Die Werte _R, _W
und _TOTAL geben den Gesamtbedarf an Bytes für die Lese- und
Schreibsperren and deren Summen an. Als Nebenbedingung für
diese Abschätzung gilt, daß Fragment- und Transaktionsnummern
mit 2 Bytes, Verkettungen mit 4 Bytes dargestellt werden können.

Tab. 1   <u>Speicherplatzbedarf für die Sperrtabelle</u>

	1	2	3	4	5
FRAGMENTS	4000	4000	4000	4000	8000
READ_LOCKS	10	10	20	20	20
READ_FRAGS	4	4	4	4	4
WRITE_LOCKS	5	5	10	110	10
WRITE_FRAGS	100	200	100	100	100
USED_FRAGS	400	800	400	2000	400
BV_R	5030	5030	10060	10060	20060
BV_W	2515	2515	5030	55330	10030
BV_TOTAL	7545	7545	15090	65390	30090
TOFL_R	330	330	660	660	660
TOFL_W	3045	6045	6090	66990	6090
TOFL_TOTAL	3375	6375	6750	67650	6750
FOTL_R	520	528	800	672	800
FOTL_W	6460	13152	9960	92888	9960
FOTL_TOTAL	6980	13680	10760	93560	10760

Aus Tabelle 1 geht hervor, daß der Bitvektor ein gutes
Verhalten zeigt bei geringer Zahl von Fragmenten und Sperren
(Spalten 1 und 2). Bei steigender Zahl von Sperren (Spalten 3
und 4) oder steigender Zahl an benutzten Fragmenten (Spalte
5) verliert dieser Ansatz jedoch an Attraktivität. Doch
gerade diese Situationen werden wir in der Realität antreffen
(vgl. hier auch die Ergebnisse aus Kapitel 6).

Betrachtet man nur die Speicherplatzanforderungen, so
scheint die transaktionsorientierte Fragmentliste die erste
Wahl darzustellen, da sie beiden anderen Alternativen überle-
gen ist.

Ein weiterer wichtiger und die Performance des Gesamtsystems stark beeinflussender Faktor ist die Effizienz des Konflikttestes. Wie schon diskutiert (vgl. Kap. 2), muß eine Lese-Sperranforderung gegen alle gewährten Schreibsperren getestet werden, unabhängig davon, ob diese zu aktiven Transaktionen oder zu ausstehenden Indexupdates gehören. Wir wollen diesen Punkt anhand eines kleinen Beispiels diskutieren. Eine Fragment-Sperrtabelle soll 100 Einträge von Schreibsperren enthalten; jede dieser Sperren besteht aus etwa 100 Fragmenten. Der Eintrag einer Lesesperre soll aus durchschnittlich 4 Fragmenten zusammengesetzt sein. Unter Benutzung eines Bitvektors müssen wir 100 AND Operationen auf den Vektoren ausführen. Liegt eine TOFL vor, müssen wir durch 100 Listen laufen und durchschnittlich 50 Elemente vergleichen, um den Konflikttest durchzuführen. Falls wir jedoch eine FOTL benutzen, besteht unsere Arbeit nur daraus, den Durchschnitt von vier Listen zu bilden, um zu erkennen, ob eine Transaktion alle vier Fragmente spezifiziert hat. Im ungünstigsten Fall hat jede Liste 100 Einträge. Da die Längen der Listen nicht gleich sind, können wir den Test mit der kürzesten Liste beginnen, was noch einmal Verarbeitungszeit spart. Dies zeigt, daß der Konflikttest am schnellsten mit Hilfe der fragmentorientierten Transaktionsliste durchzuführen ist.

Ein weiterer Aspekt soll in diesem Zusammenhang noch erwähnt werden. Wird die Sperrtabelle zu groß, um komplett im Hauptspeicher gehalten zu werden, müssen effiziente Techniken zur Auslagerung von Teilen der Tabelle entwickelt werden. Bei Benutzung von BV oder TOFL wird man kaum eine sequentielle Einlagerung der gesamten Tabelle in den Hauptspeicher vermeiden können. Unter Verwendung der FOTL kann man hingegen elegant nur die benötigten Listen einlagern.

Unsere Analyse führt zu folgendem Schluß: Um einen schnellen Konflikttest und eine effiziente Auslagerungsstrategie zu gewährleisten, muß im allgemeinen Anwendungsfall, in dem eine große Zahl von ausstehenden Index-Updates anfallen kann, die Sperrtabelle als fragmentorientierte Transaktionsliste implementiert werden. Die Index-Update-Information sollte auch fragmentorientiert gehalten werden, wie in Kapitel 4 diskutiert. Zusätzlich zur Darstellung der Sperrinformation muß hier noch die Objektadresse gespeichert werden, die in die entsprechenden Zeigerliste eingefügt bzw. daraus gelöscht werden soll.

6   Simulationsergebnisse

Wir haben eine Reihe von Simulationsexperimenten
durchgeführt, um die analytisch gewonnenen Aussagen über die
verschiedenen Konzepte zum verzögerten Update experimentell
zu untermauern und quantitative Aussagen machen zu können.
Hierzu haben wir verschiedene Strategien modelliert, wobei
wir die Methodologie aus [1] benutzen.

Das Rechensystem, auf dem das Informationssystem
läuft, wird nicht in allen Details wiedergegeben, sondern nur
soweit, wie es für unsere Aufgabe wichtig ist. Unser Ziel ist
es, Aussagen machen zu können über Performance-Kriterien wie
Antwortzeit der Transaktionen oder Anzahl von Konflikten,
nicht aber über CPU-, Platten- oder Kanalauslastung.

Unser Modell besteht aus drei Hardwarekomponenten: der
CPU, den Platten und den Terminals. Die Bedienstrategie der
CPU ist "Prozessor-Sharing", die der Platten FIFO. Die Daten-
bank selbst ist eine weitere Einheit im System. Auf die DB-
Objekte wird über die Reference-String-Zugriffsmethode
zugegriffen. Die Fragmente sind numeriert von 1 bis F. Der
Zugriff wird über eine Gleichverteilung simuliert, da der
Zugriffsmechanismus gerade diese Verteilung anstrebt [20].

Alle Service-Requests sind negativ exponentiell verteilt mit verschiedenen Mittelwerten, um ein rhytmisches
Systemverhalten zu vermeiden, das die Ergebnisse verfälschen
würde.

Das Modell ist als offenes Netzwerk repräsentiert. Die
Transaktionen werden in einer Komponente 'Quelle' erzeugt und
verschwinden in der 'Senke', wenn sie ihre Arbeit erfolgreich
beendet haben oder wegen eines Deadlocks abgebrochen wurden.
Im letzteren Fall wird die abgebrochene Transaktion neu
erzeugt und wiederholt ihre Arbeitsphase.

Die Zeit zwischen der Ankunft der Transaktionen ist
negativ exponentiell verteilt. Es existieren drei verschiedene Typen von Transaktionen: Leser, Schreiber und Updater. Das Mischungsverhältnis zwischen den drei Typen wird
über die Ankunftsraten gesteuert.

Wir unterscheiden zwei Klassen von Parametern in unserem Modell: System- und Lastparameter. Zwischen den ver-

schiedenen Experimenten werden nur die Lastparameter verändert, um Vergleichbarkeit herzustellen.

Die Systemparameter, die über alle Experimente
konstant gehalten werden, zeigt Tabelle 2.

Tab. 2   Systemparameter der Simulation

Systemparameter	Wert
Anzahl der Plattenlaufwerke im System	3
Anzahl der Fragmente	4000
CPU-Zeit für eine LOCK/UNLOCK Operation	0.001
CPU-Zeit zum Deadlocktest	0.005
CPU-Zeit zur Deadlockauflösung	0.025
CPU-Zeit zum Vergleich eines Listenelements	0.0001
Zeit zur Durchführung eines Indexupdates	0.025

Im Gegensatz dazu werden die Lastparameter von Lauf zu
Lauf geändert um das Verhalten der Methoden in verschiedenen
Anwendungen zu studieren. Tabelle 3 zeigt die verschiedenen
Lastparameter.

Tab. 3   <u>Lastparameter der Simulation</u>

Variable   Beschreibung

S-U,S-W,S-R   Mittelwert für die Anzahl der
                        Fragmente, die in den Update-,
                        Schreib- und Lesetransaktionen
                        benutzt werden.

ARR-U,ARR-W,ARR-R   Mittelwert zwischen der
                        Ankunft von zwei Transaktionen
                        der verschiedenen Typen.

CPU-U,CPU-W,CPU-R   Mittelwert für die Verteilung,
                        die die CPU-Belastung der ver-
                        schiedenen Transaktionen
                        modelliert.

Wir benutzen zwei Typen von Performance-Kriterien. Die
externen Kriterien sind direkt durch den Benutzer zu erkennen, wie etwa Antwortzeit; die internen Kriterien, wie etwa
Anzahl von Konflikten, sind von hohem Interesse für den Entwickler von Verfahren, und deshalb gerade in diesem Papier
wichtig. Die internen und externe Kriterien, die wir ausge-
wertet haben, sind in Tabelle 4 aufgeführt.

Tab. 4   <u>Performance Kriterien</u>

Antwortzeit: Zeit zwischen Start und Ende einer
                    Transaktion (Aus Sicht des
                    Benutzers)

DB-Konflikt: Summe der Konflikte mit laufenden
                    Transaktionen

Index-Konflikt: Summe der Konflikte mit
                    Transaktionen, deren Indexupdates
                    noch ausstehen.

Deferred-Mean: Mittelwert der zum deferred update
                    anstehenden Indexupdates

Deferred-Max: Maximalwert der zum deferred
                    update anstehenden Indexupdates

Tabelle 5 gibt einen kurzen Überblick über die in dieser Studie implementierten Verfahren.

Tab. 5   Simulierte Verfahren

DAG: Directed-Acyclic-Graph-Verfahren
Jede Update- und Schreibtransaktion führt ihre Indexupdates durch, während sie ihre Sperren hält. Ein Schreib/Lese-Konflikt liegt vor, wenn Leser und Schreiber mindestens einen Term gemeinsam sperren wollen.

FRA: Fragmentmethode
Indexupdate wie bei DAG. Ein Schreib/Lese-Konflikt liegt vor, wenn alle vom Leser gesperrten Terme auch von einem Schreiber gesperrt werden.

SDU: Selektiver Verzögerter Update
Falls eine aktive Transaktion in Konflikt gerät mit ausstehende Indexupdates, führt sie alle den Konflikt verursachenden Indexupdates durch.

SDUI: SDU mit Indexer
Der Indexer führt parallel zum laufenden Betrieb spaltenweise ausstehende Indexupdates durch.

SER: Serieller Verzögerter Update
Falls eine aktive Transaktion mit ausstehenden Indexupdates in Konflikt gerät, führt sie alle Indexupdates der entsprechenden Transaktionen durch.

SERI: SER mit Indexer
Der Indexer führt parallel zum laufenden Betrieb zeilenweise alle ausstehenden Indexupdates einzelner Transaktionen durch.

Wir werden jetzt zwei Experimentreihen diskutieren, die erste Ergebnisse liefern zur Beurteilung der verschiedenen Verfahren des verzögerten Updates.

Experiment 1 simuliert ein stark gefülltes System mit hohem Parallelitätsgrad. Hier zeigt sich, daß die direkte Implementierung des DAG-Sperrverfahrens die schlechteste Performance zeigt, und daß die selektiven Verfahren deutlich die besten Antwortzeiten erzeugen. Die reine Anwendung des SDU jedoch führt im Mittel zu einer großen Zahl von ausstehenden Indexupdates im System. Hierdurch begründet sich auch das bessere Verhalten des SDUI, da der zusätzliche Aufwand für den Indexer geringer ist als der Vergleichsaufwand und Updateaufwand der aktiven Transaktionen. Tabelle 6 gibt einen Überblick über Parameter und Ergebnisse des Experiments 1.

Tab. 6   Parameter und Ergebnisse des Experimentes 1

Var. Wert	s-u 160	s-w 160	s-r 4	arr-u 8	arr-w 8	arr-r 8	cpu-u 3	cpu-w 3	cpu-r 3

	DAG	FRA	SDU	SDUI	SER	SERI
Antwortzeit	186	135	83.5	42.9	105	100
DB-Konflikt	2410	189	119	143	182	155
Index-Konflikt	0	0	47	40	52	55
Deferred-Mean	0	0	33748	9308	17144	18448
Deferred-Max	0	0	68032	32140	38232	36840

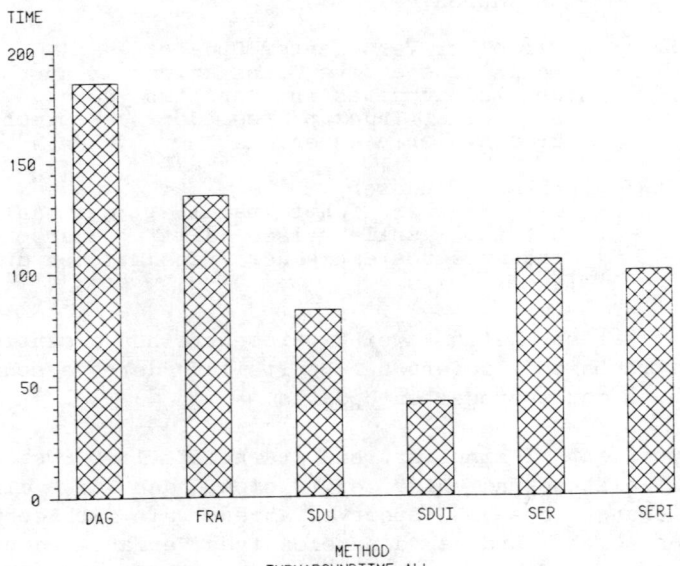

Im zweiten Experiment wird gezeigt, daß auch in einem schwach gefüllten System die vorgestellten Methoden eine Verringerung der Antwortzeit bewirken. In diesem Fall erhöht der Indexer im selektiven Algorithmus den Gesamtaufwand, reduziert jedoch die ausstehenden Indexupdates beträchtlich (vgl. Tabelle 7).

Tab. 7   Parameter und Ergebnisse des Experimentes 2

Var. Wert	s-u 160	s-w 160	s-r 2	arr-u 20	arr-w 20	arr-r 20	cpu-u 2	cpu-w 2	cpu-r 2

	DAG	FRA	SDU	SDUI	SER	SERI
Antwortzeit	8.2	8.3	3.1	4.6	7.0	5.0
DB-Konflikt	29	10	2	11	4	10
Index-Konflikt	0	0	91	5	76	14
Deferred-Mean	0	0	21020	0	4644	0
Deferred-Max	0	0	46396	5296	17468	6456

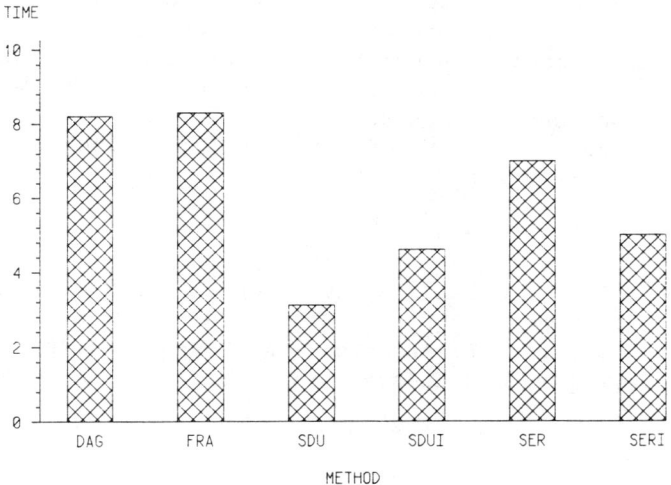

TURNAROUNDTIME ALL

Abschließend bleibt festzustellen, daß die Simulationen eine Verringerung der Antwortzeit durch Anwendung von Strategien des verzögerten Updates deutlich gemacht haben. Zur Zeit werden weitere und detailliertere Untersuchungen vorgenommen, die auch die hier nicht betrachteten Alternativen beinhalten.

7   Zusammenfassung und Schluß

In dieser Arbeit haben wir das Problem diskutiert, wie die Wartung von Textindexen in die Umgebung eines Dialogsystems eingebettet werden kann unter Gewährleistung akzeptabler Antwortzeiten. Wir haben eine spezielle Synchronisationsmethode vorgestellt, die durch Benutzung prädikat-orientierter Sperrverfahren die Wahrscheinlichkeit von Konflikten verringert. Desweiteren haben wir analysiert, wie die Wartung von Textindexen mit diesem Verfahren kombiniert werden kann. Die zentrale Idee des neuen Verfahrens ist, selektiv und konfliktgesteuert nur solche Indexupdates im laufenden Betrieb des Systems durchzuführen, die zur Erhaltung der Konsistenz des Systems notwendig sind. Wir haben gezeigt, daß die entwickelte Methode die aufgezeigten Probleme lösen kann. Sowohl die Antwortzeiten der Transaktionen wie auch die Gesamtlast des Systems konnten verringert werden, verglichen mit herkömmlichen Techniken. Zusätzlich haben wir verschiedene Implementierungsstrategien analysiert. Abschließend haben wir durch eine Reihe von Simulationen die analytisch gewonnenen Ergebnisse untermauert und quantitative Aussagen über das Verhalten der propagierten Techniken in verschiedenen Umgebungen gemacht.

Die Autoren möchten sich bedanken beim IBM Management, insbesondere bei Herrn Dr. A. Blaser für die Unterstützung und bei ihren Kollegen F. Andersen, K. Küspert und P. Pistor für ihre Anregungen, die dieses Papier verbessert haben.

8   Literatur

[1]   Augustin, R.; Prädel, U; Scholten, A.: Modelling
       Database Concurrency Control Algorithms using a general
       Purpose Performance Evaluation Tool. in: Performance 84
       (Proc. Performance 84, Paris, 1984), North-Holland
       Publ. Comp., 1984, pp. 69-86

[2]   Bayer, R.; Schkolnick, M.: Concurrency of Operations on
       B-Trees. Acta Informatica, Vol. 9, 1977, pp. 1-21

[3]   Bernstein, Ph.A.; Shipman, D.W.; Wong, W.S.: Formal
       Aspects of Serializability in Database Synchronisation.
       IEEE Trans. on Software Eng., Vol. SE-5, No. 3, May
       1979, pp. 203-21

[4]   Dadam, P.; Lum, V.; Prädel, U.; Schlageter, G.:
       Selective Deferred Index Maintenance and Concurrency
       Control, in: Integrated Information Systems. To appear:
       Proc. VLDB 1985, Stockholm, Aug. 1985

[5]   Dadam, P.; Pistor, P.; Schek, H.-J.: Praedikat-Sperren
       mittels Textfragmenten, in: Informatik-Fachberichte 57
       (Proc. GI-12. Jahrestagung, Kaiserslautern, October
       1982), Springer-Verlag, pp. 648-668

[6]   Dadam, P.; Pistor, P.; Schek, H.-J.: A Predicate Orien-
       ted Locking Approach for Integrated Information
       Systems, in: Information Processing 83 (Proc. IFIP'83,
       Paris, 1983), North-Holland Publ. Comp., 1983, pp.
       763-768

[7]   Ekanadham, K.; Nigam, A.: On Serializability. IBM Rese-
       arch Report RC 9257, 1981

[8]   Gray, J.N.; Lorie, R.A.: Putzolu, G.R.: Granularity of
       Locks in a Shared Data Base. Proc. VLDB 75, New York,
       September 1975, pp. 428-451

[9]   Gray, J.N.; Lorie. R.A.; Putzolu, G.R.: Granularity of
       Locks and Degrees of Consistency in a Large Shared Data
       Base, in: Modelling in Data Base Management Systems
       North-Holland Publ. Comp., 1976, pp. 365-394

[10] Gray, J.N.: Notes on Database Operating Systems, in:
      Lecture Notes in Computer Science, No. 60, Springer-
      Verlag, 1978 pp. 393-481

[11] Giordano, N.J.; Schwartz, M.S.: Data Base Recovery at
      CMIC. Proc. ACM-SIGMOD Conf., Washington, D.C., June
      1976, pp. 33-42

[12] Kropp, D.; Schek, H.-J.; Walch, G.: Text Field
      Indexing, in: Database Technology (Proc. ACM German
      Chapter, Seminar on Data Base Technology, 1979), Teub-
      ner-Verlag, 1979, pp. 101-115

[13] Kropp, D.; Walch, G.: A Graph Structured Text Field In-
      dex Based on Word Fragments. Information Processing and
      Management, Vol. 17 No. 6, 1981, pp. 363-376

[14] Kwong, Y.; Wood, D.: A New Method for Concurrency in
      B-Tree IEEE Trans. on Software Eng., Vol. SE-8, No. 3,
      May 1982, pp. 211-222

[15] Lausen, G.: Integrated Synchronisation in Shared
      B-Trees. Computing, Vol. 33, 1984, pp. 13-26

[16] Lehman, P.L.; Yao, S.B.: Efficient Locking for
      Concurrent Operations on B-Trees. ACM Trans. on
      Database Systems, Vol. 6, No. 4, Dec. 1981, pp. 650-670

[17] Lum, V.; Dadam, P.; Erbe, R.; Guenauer, J.; Pistor, P.;
      Walch, G.; Werner, H.; Woodfill, J.: Design of an
      Integrated DBMS to support advanced Applications, in:
      Informatik-Fachberichte 94 (Proc. Fachtagung GI Daten-
      bank-Systeme für Büro, Technik und Wissenschaft, Karls-
      ruhe, März 1985), Springer-Verlag, pp. 362-381

[18] Manber, U.; Ladner, R.E.: Synchronisation in a Dynamic
      Search Structure. ACM Trans. on Database Systems, Vol.
      9, No. 3 Sept. 1984, pp. 439-455

[19] Mullin, J.K.: Change Area B-Trees: A Technique to Aid
      Error Recovery. The Computer Journal, Vol. 24, No. 4,
      1981, pp. 367-37

[20] Schek, H.-J.: The Reference String Indexing Method, in:
      Lecture Notes in Computer Science 65 (Proc.

Informations Systems Methodology, Venice, Italy, 1978),
Springer-Verlag, 1978, pp. 432-459

[21] Schek, H.-J.: Methods for the Administration of
in Textual Data in DB Systems, in: Information Retrieval Research (Proc. of Research and Development in IR,
Cambridge, May 1980), Butterworths, London, 1981, pp.
218-235

[22] Schwarz, P.M.; Spector, A.Z.: Synchronizing Shared
Abstract Types. ACM Trans. on Computer Systems, Vol. 2,
No. 3, August 1984 pp. 223-250

[23] Stonebraker, M., Stettner, H.; Lynn, N.; Kalash, Y.;
Guttman, A.: Document Processing in a Relational
Database System. ACM Trans. on Office Information
Systems, Vol. 1, No. 2, April 1983, pp. 143-158

[24] Ullman, J.D.: Principles of Database Systems. Pitman
Publ. Ltd., London, 1980

[25] Verhofstad, J.S.M.: Recovery Techniques for Database
Systems. ACM Computing Surveys, Vol. 10, No. 2, June
1978, pp. 168-195

U. Prädel, G. Schlageter   P. Dadam, V. Lum
Fernuniversität Hagen   IBM Wiss. Zentrum
Postfach 940   Tiergartenstr. 15
D-5800 Hagen   D-6900 Heidelberg

Integrity in a
knowledge based office information system:
modeling with extended SDM and
implementation with Prolog

H.-J. Appelrath/ M. Ester
ETH Zürich
Institut für Informatik
CH-8092 Zürich

Abstract

We discuss integrity concepts for a knowledge based office information system called KOFIS and their prototypical realization.

In chapter 1 we describe the main characteristics and the architecture of KOFIS. Chapter 2 shows the modelling of KOFIS with an extension of the semantic data model SDM using metaclasses. Chapter 3 gives two classifications of integrity constraints to support a better understanding and adequate checking of integrity violations.

Finally in chapter 4 we discuss the KOFIS integrity concepts, their definition in form of triggers and their implementation with Prolog.

Keywords: Office information system, integrity, semantic data model, trigger, Prolog

1. KOFIS: Knowledge based office information system

Characterization

KOFIS is a knowledge based personal information retrieval (IR) system. It shall support a user in managing and retrieving documents and knowledge in his office environment. KOFIS is realized by the authors and A. Ultsch.

Conventional IR systems consist of a large collection of type homogeneous documents (books, paper) and bibliographic data plus index structure (called thesaurus) used for the retrieval process. A thesaurus represents relationships like 'narrower', 'broader' and 'related' which connect two elements of a fixed set of terms (words or phrases). IR systems are designed for multiple users i.e. in libraries which implies that no user can built his own index structure, change the retrieval strategy or define integrity constraints.

KOFIS is a single user system which stores not only documents, bibliograhic data and a thesaurus but also knowledge in form of user defined facts (n-ary relations of terms) and rules. Rules are either retrieval rules for deductive question answering or user defined integrity constraints for checking the consistency of documents and knowledge.

In distinction to many office automation or office information systems KOFIS do not handle problems of distributed systems and communication between different users. Our aim is to implement a prototype of a small and efficient tool for annotating and searching documents and knowledge in a "scientific office".

Documents and knowledge
A data oriented informal view of the "KOFIS world" is shown in fig. 1.

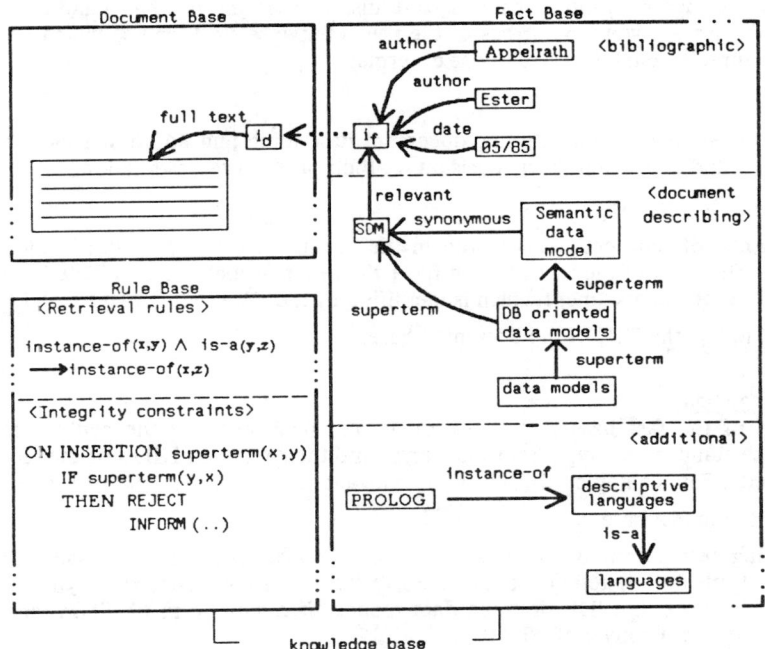

Fig. 1 Document base and knowledge base

We see in fig. 1 the following components and subcomponents:

1. Document base
2. Knowledge base
   2.1 Fact base

       Bibliographic facts
       Document describing facts
       Additional facts

   2.2 Rule base

       Retrieval rules
       Integrity constraints.

1. Document base

In the document base all documents (books, papers, letters, memos and so on) of the users office can be managed. Most of them are stored as references to its location in the office and only a few of them (f.e. those written by the user himself or accepted via a network) are full text documents.

Both kind of documents - references or full texts - are identified and accessed with a primary key, the documentidentifier (DID) of the document base.

Fig. 1 shows the DID 'i_d' which references the full text of this paper.

2. Knowledge base

In the (personal) knowledge base the user manages terms, facts (in the fact base) and rules (in the rule base). Terms are words/ phrases of the user's universe of discourse which are connected and structured through facts (relations of terms).

2.1 Fact base

The following classification of bibliographic, document describing and additional facts is only on a logical level and do not imply any decision for their physical representation.

Bibliographic facts

All bibliographic facts (of the documents stored in the document base) like author, titel, date, etc. are in the first part of the fact base. In fig. 1 the terms 'Appelrath' and 'Ester' are represented as 'author' of the document which is identified by the DID (of the fact base) 'i_f'.

'i_f' itself is assigned to 'i_d', the DID of the document base.

Document describing facts

In the second part of the fact base first there are terms which describe the content of documents. With the standard facttype 'relevant' terms and their relevant DID's of the fact base are connected. For example 'SDM' is a relevant term for 'i_f'. So we store 'relevant(SDM, i_f)' in the fact base.

Document describing terms combine themselves to a thesaurus (similar to thesauri of traditional document retrieval systems) with standard facttyps as 'superterm', 'synonymous' and so on. We see in fig. 1 that 'DB oriented data models' is a superterm of 'SDM' and 'Semantic data models' is a synonym of 'SDM'.

Additional facts

In the last part of the fact base the user can represent additional terms and facts which have no bibliographic or document describing character. By additional facts the user has a flexible possibility to define his knowledge without obligation to connect that knowlegde (directly via 'relevant' or indirectly via facttypes in the thesaurus) with documents.

For this reason the fact base itself becomes object of retrieval. That is the important step from traditional document retrieval (objects of interest are the documents) to knowledge retrieval (objects of interest are also facts and terms independent from documents).

In fig. 1 we have the examples 'instance-of(PROLOG, descriptive languages)' and 'is-a(descriptive languages, languages)' where the facttype 'instance-of' relates an object with a class (of similar objects) and 'is-a' relates a class with its superclass.

2.2 Rule base

Rules in general are statements about the extensions stored in the fact base. They can be interpreted as retrieval rules to support deductive retrieval of facts as well as integrity constraints to check consistency of the fact base.

This idea is well known in the database (see f.e. [STO2]) and the artificial intelligence area. Normally retrieval rules (in horn form) are used in a so called goal-oriented or consequent-driven or backward chaining way whereas integrity constraints are used in a so called data-driven or forward chaining way. Retrieval rules deduce implicit (virtual) facts by testing and combining explicit facts. Integrity constraints proove updates of explicit facts to check integrity violations.

The following example of an answer for an implicit fact of the fact base in a consequent-driven Prolog-like mechanism uses the retrieval rule shown in fig. 1. With this rule the user can get the answer "PROLOG is an instance of languages" because the system derives the query 'instance-of(PROLOG, languages)' in the two queries 'instance-of(PROLOG, y)' and 'is-a(y, languages)' which can answered with the unfication y = 'descriptive languages' and the facts 'instance-of(PROLOG, descriptive languages)' and 'is-a(descriptive languages, languages)'.

In fig. 1 we see also an example of an integrity constraint which shall guarentee the anti-symmetry of the facttype 'superterm'. As we will see in chapter 4 all integrity constraints are also tested in a goal-oriented Prolog supported way. If all integrity constraints are fulfilled an update is correct and the fact base has reached a consistent state again.

Architecture of KOFIS

In the project we are going to implement the prototype of KOFIS in MODULA-2 on the workstation Lilith ([WIRT]). Lilith is a personal computer developed at the ETH Zürich with a bitmapping display and a pointing device (mouse). We have designed and implemented a host independent interface to make KOFIS portable to other hosts (f.e. UNIX-based systems in our institute).

Fig. 2 shows this interface (host primitives) between KOFIS and the host dependent parts like files, keyboard, mouse and screen.

Besides the host primitives there are four main components in KOFIS: user inerface, inference engine, knowledge base manager and document base manager. In the following we make some remarks to the first three of them. For further details of the design and implementation of KOFIS see [APPE].

User interface

which consists of a <u>working environment handler</u> (working environments are user-defined pre-compiled collections of windows representing objects and menues with operations on these objects), a <u>window handler</u> and modules for <u>parsing</u> input and <u>editing</u> texts.

Examples of operations provided by corresponding windows are: insert or delete a document, a term, a fact or a rule, retrieve documents by and-or-expressions of facts (traditional document retrieval), retrieve facts by exact or partial match queries of the form '<factname> (<term$_1$>, ...,<term$_n$>)' (knowledge retrieval).

Inference engine

with modules

for <u>explanation</u> of system answers (it is not implemented in the prototype),
for <u>update</u> of the document and knowledge base including <u>consistency checking</u> with different reactions in case of violations
for <u>retrieval</u> of documents and knowledge

which are all based on

a common <u>unification</u> and <u>backtracking</u> mechanism provided by an existing Prolog-interpreter and
a <u>blackboard</u> for temporal storage and managing of relevant terms, facts und rules.

Knowledge base manager

which contains modules for administration of terms, facts and rules.

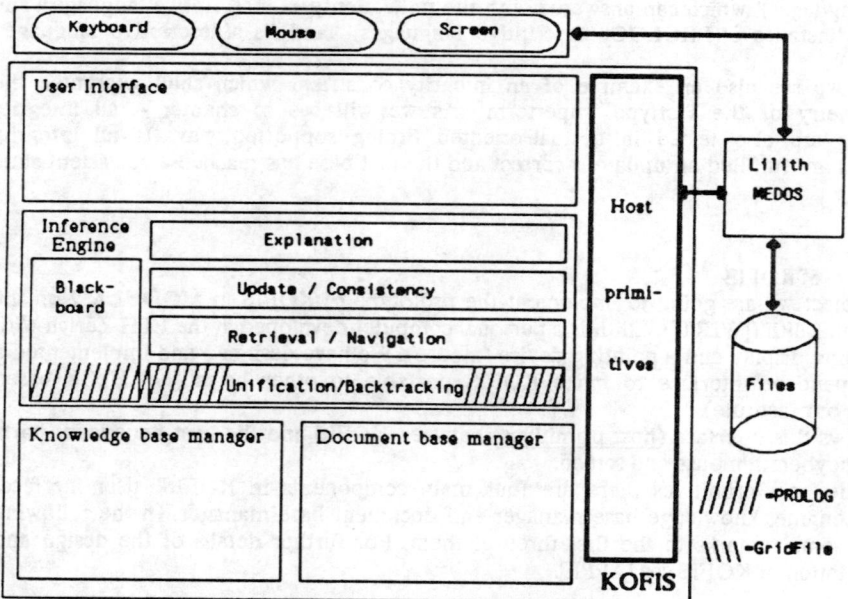

Fig. 2 Architecture of KOFIS

Prolog and KOFIS

Some of the decisions for the design and implementation of KOFIS are pragmatically motivated. We think that the only chance to get a KOFIS prototype until end of 1985 (and that is our aim) is to integrate sufficient existing software.
Therefore we use a Prolog interpreter ([MUEL]) for retrieval and update including consistency checking as well as the GridFile ([NIEV]) - for the external storage of facts.

In its pure form a Prolog interpreter only incorporates a simple horn clause proof procedure. In many applications - also in KOFIS - you need a better and more sufficient Prolog interpreter which provides the following features:

> an integration of Prolog into a <u>procedural</u> programming environment;
> an interface to a system for <u>external storage</u>;
> an extension of Prolog which offers different <u>integrity concepts</u> like type checking of arguments, control of the arity of defined predicates, proof of complex user defined integrity constraints concerning more than one predicate at a time, action and transaction concepts for the time dependent test and flexible reaction in case of integrity violations.

The integration of a procedural programming environment (point 1 in the list above) is provided by a Modula-2 interface. This offers flexibility in programming more declaratively (in Prolog) or more procedurally (in Modula-2) to get a more efficient solution.
The second point is solved by an interface between the Prolog interpreter and the GridFile which stores and accesses the fact base.
In chapter 4 we will describe how Prolog can support a solution of the third point.

2. Modeling KOFIS with extended SDM

As it is usual in the DB-area we have described KOFIS with a data model. We have chosen the semantic data model SDM because

> it allows you to express a lot of the semantics of the KOFIS objects and
> it contains a lot of useful implicit integrity constraints.

For an introduction to SDM see [HAMC].
When progressing in modeling we realized that the facilities offered by a database model (even a semantic one) are not sufficient for a knowledge based system. Therefore we decided to extend SDM.

Standard SDM
The KOFIS world consists of terms, facts, rules and documents as we have shown in chapter 1. First we present a simplified description of some of the KOFIS objects modeled with SDM.

```
CLASS term;
    name: TEXT;
```

The terms are the names of the KOFIS-objects.

```
CLASS fact;
    name of fact: TEXT;
    attributes: term, MULTIVALUED;
    date: DATE, COMMON;

CLASS document;
    documentidentifier: term, MANDATORY;
    kind of document: types;
    text: TEXT;
```

Documents are specified to several subtypes which have different relevant attributes:

```
CLASS paper;
  SUBCLASS OF document WHERE kind of document = 'paper';
    abstract: TEXT;

CLASS letter;
  SUBCLASS OF document WHERE kind of document = 'letter';
    sender: person, MANDATORY;
    receiver: person, MANDATORY;
```

Metaclasses

For database applications the types of data are well known beforehand while they change dynamically in the environment of artificial intelligence applications ([MYLO]).
SDM is a data model intended for databases and KOFIS shares the above features with other expert systems: the relevant types of facts and documents cannot be forecasted and the user should not be restricted to a fix set of them.

Therefore we introduced an additional kind of abstraction to SDM: the metaclass construct to represent metaknowledge (metaknowledge is knowledge about knowledge representation not about real world). It connects the class of types with the class of instances (of types).

A type or class in SDM can be described by the following parameters:

  name of class
  number of attributes
  names of attributes
  types of attributes
  descriptions of attributes (MANDATORY, MULTIVALUED, ..).

These attributes are mandatory for every metaclass; additional attributes of a metaclass are marked as SPECIAL. Attributes of the class itself which are common to objects of all types can be defined in the class and are specified as COMMON. SDM thinks of multivalued attributes as being sets without any order. We, however, want to express the correspondence between an argument in the fact and its role in the facttype and the array-like notation [1..n] defines the correlation of the different parameters describing the same attribute.

As an example we present the definition of facttypes and facts in KOFIS. The definition of CLASS fact is an improved version of the first one given in the beginning of the chapter.

```
CLASS facttype;
  METACLASS OF facts ON COMMON name of fact;
    name of fact: TEXT;
    number of attributes: INTEGER;
    names of attributes [1. . number of attributes]: NAME, MULTIVALUED;
    types of attributes [1. . number of attributes]: role, MULTIVALUED;
    description of attributes [1. . number of attributes]: description,
       MULTIVALUED;
    author of type: NAME, SPECIAL;

CLASS fact;
    name of fact: TEXT;
    attributes [1. . number of attributes]: facttype.types of attributes,
       MULTIVALUED, attributes [i] = facttype.types of attributes [i];
    date: DATE, COMMON;
```

The meaning of this definition is:

> every object inserted into CLASS fact must have a type in the CLASS facttype and
> it must fit to this type, i. e. it must have the correct number of attributes with the
> corresponding roles specified in the facttype. The roles classify the set of terms, not
> necessarily into disjunct classes. Examples of roles are 'author' and 'documentidentifier'.

3. Classification of Integrity Constraints

Modeling with a semantic datamodel you can express more integrity constraints than using a
conventional datamodel (like the relational one), because the semantics is described more
precisely. In this chapter we offer two classifications of integrity constraints: according to
origin (in 3.1) and handling of violation (in 3.2) which are independent from each other. In
an application you will have to attach every integrity constraint to one class of each of these
classifications. Doing so the meaning of the constraint is stated quite precisely.

3.1 Origin of Integrity Constraints

First we classify the integrity constraints according to their formulation. This classification
assumes the use of SDM. A more detailed description can be found in [JASP].

1) SDM inherent constraints
A conceptual schema, written in SDM, implicitly contains many integrity constraints implied
by the relations between the objects (see [ESTE], [SMSM]). The schema

```
CLASS document;
    documentidentifier: term, MANDATORY;
    kind of document: types;
    text: TEXT;

CLASS letter;
  SUBCLASS OF document WHERE kind of document = 'letter';
    sender: person, MANDATORY;
    receiver: person, MANDATORY;
```

for example should fulfil the following <u>constraints:</u>

<u>for aggregation</u>
"if a person p is referenced by a letter, then the person p must exist in its class";
<u>for generalization</u>
"if a letter d exists (translated to relational DBMS: a tuple for d must exist in the letter relation), then the document d must exist (translated to relational DBMS: a tuple for d must exist in the document relation) as well".

These constraints must be fulfilled by every schema written in SDM.

2) Schema inherent constraints
Some application dependent constraints for the data can be stated when knowing the schema and thus built into the system by the programmer, for example in KOFIS:

terms can have the type variable or one of several types of constants. We do not allow that a variable term has any other type.
for every document the facts giving the relevant bibliographic data must be present.

These constraints like those of the SDM inherent type are not stated as explicit rules in the system and cannot be changed by the user.

3) User defined constraints
Another type of application dependent constraints cannot be built in into a system but can be added by the user: constraints which do not refer to the schema but to its extensions (e.g. in KOFIS the special types of facts). A KOFIS user for example might state the following integrity constraints:

a term may not have more than 3 subterms;
if x is relevant to y and z is superterm of x, then z should also relevant to y.

3.2 Handling the violation of integrity constraints

In this chapter the integrity constraints are classified according to the method of handling their violation. Violations of all kinds of integrity constraints can be treated in different ways. If the constraint "A term may not have more than 3 subterms" for example is violated by an update, you might

reject the update or
ask the user what to do or
accept the update and warn the user or
do something else.

The criterions to find an appropriate reaction are:

How reliable is the user update?
Can one assume it to be right and how probable are mistakes and how important is the correctness of the data?
Is it necessary to store only correct data or does the user prefer not to be restricted by any constraints?

We propose the following classification which gives the user the chance to specify a more or less restrictive treatment of integrity violations (the examples respect the fact base given in fig. 1 and the integrity constraints of fig. 1 and of the previous page):

1) Rejection: the system rejects the user update.

   Example: if the user inserts that 'SDM is superterm of DB oriented data models' then this update is rejected and the user gets a corresponding information because the integrity constraint of fig. 1 is violated.

2) Acceptance with information: the system accepts the user update but informs him about bad consequences.

   Example: first the user gives the new fact 'superterm(DB oriented data models, relational model)'; if he tries to insert the fact 'superterm(DB oriented data models, hierarchical model)' he is informed that there are already three terms to which 'DB oriented data models' is 'superterm'.

3) Acceptance with question for additional user updates: the system accepts the user update but asks for additional user updates to get or keep as much information as possible.

   Example: we can extend the example in 2) by an additional operation which asks the user to give a new term "between" 'DB oriented data models' and its subterms.

4) Acceptance with automatic system updates: the system makes the user update, automatically initiates consequent system updates to reach a consistent state and informs the user about these updates.

   Example: if the user inserts the fact 'superterm(semantic models, SDM)' the system automatically inserts the fact 'relevant(semantic models, i_f)' because the fact 'relevant (SDM, i_f)' already exists.

4. User defined constraints and their handling with Prolog

4.1 The integrity concept of KOFIS

In chapter 3 we have described two classes of basic integrity constraints in KOFIS: the SDM and the schema inherent constraints. Basic means that they are checked in any case independent if the user want this kind of consistency or not.

But we have already said that we should have a third class of integrity constraints called user defined constraints which depends on the user's own consistency requirements.

Because KOFIS is a single user system, every user shall and can get his own integrity solution.

We suggest a integrity concept in which the user determines

> which <u>updates</u> should be tested,
> which <u>conditions</u> must be fullfilled before the desired update is done and
> which <u>reactions</u> should be implied.

If he defines no integrity constraint there is only an implicit check of the SDM and the schema inherent constraints. If he defines additional constraints each of them will be tested. In the following we show a realization of this concept of user defined constraints by triggers and their implementation in Prolog.

4.2 Triggers

Trigers will be offered as a means to express user defined integrity constraints. They are among others proposed as well by [BARB], [GITS] and [STO1]. Our approach is to view triggers as a kind of production rules [DAKI], a representation formalism known from artificial intelligence. Production rules have the form

```
IF <test> THEN <action>.
```

If the test condition is matched somewhere in the fact base the action is performed.

Syntax

We extend the standard form of production rules and propose the following syntactical structure of triggers:

```
ON <update> IF <precondition> THEN <reaction>.
```

ON, IF and THEN are reserved words which indicate the following update, precondition and reaction part, respectively. The on-conditions are not necessary in principal but help to speed up trigger handling because they can be used as marks to search relevant triggers for a specific update and reduce the relevant "context" of updates. With trigger handling we mean the algorithm of integrity checking: choice, examination and execution of triggers which is controlled by a control strategy.

In the following we show five classes of triggers and one example per class (compare with the extension in fig. 1). INFORM(...), READ(...), IF(...), INSERT(...) and COUNT(...) are built-in-functions. The meaning of the functions should be clear.

1. Deletions can imply additional loss of (implicit) facts

```
ON DELETION is-a(y, z)
   IF instance-of(x, y)
      THEN   ACCEPT,   INFORM(...),   READ(...)   and   IF(...)   THEN
INSERT(...).
```

"If you want to delete the fact 'y is a z' and if 'x is an instance of y' then accept this update, ask the user if he wants to save the implicit fact that 'x is an instance of z' (see the retrieval rule in fig. 1) and with respect to the user's answer make the implicit fact explicit by an insert or not".

2. Insertions can violate the anti-symmetry of a facttype

```
ON INSERTION superterm(x, y)
   IF superterm(y, x)
      THEN REJECT AND INFORM(...).
```

"If you want to insert the fact 'x is a superterm of y' but the fact 'y is a superterm of x' already exists then reject the update and inform the user".

3. Insertions can imply additional win of information

```
ON INSERTION relevant(x, y)
   IF synonymous(z, x) OR synonymous(x, z)
      THEN ACCEPT AND INSERT(relevant(z, y)).
```

"If you want to insert that 'x is relevant to y' and if this 'x is synonymous to z' or vice versa then accept the user update and insert additionally the fact 'z is relevant to y'".

4. Deletions can delete the last fact (of a facttype) for a term

```
ON DELETION relevant(x, y)
   IF COUNT(relevant(*, y)) = 1
      THEN REJECT AND INFORM(...).
```

"If you want to delete the fact 'x is relevant to y' and if x is the last relevant term for y then reject this update and inform the user."

5. Insertions can violate a quantitative restriction of facts for a term

```
ON INSERTION superterm(x, y)
   IF COUNT(superterm(x, *)) >= 3
      THEN ACCEPT AND INFORM(...).
```

"If you want to insert the fact 'x is superterm of y' and if x already has 3 or more subterms then accept the update but inform the user because he should restructure his thesaurus by a new term between x and its subterms".

Semantic/ trigger handling

If the user wants to update the fact base the actual state of it is saved as the last consistent state; in case of a rejection of a consequent update (a consequent update is an update initiated by the system as a consequence of the violation of an integrity constraint by the user's update) it will be used to reset the consequent updates performed so far.

It is necessary to test every trigger against each update. As the action of a trigger can consist of several updates all these consequent updates must be stored, for example in a list, the update list. We choose the strategy always to execute the first element of this list (depth first strategy).
The following algorithm gives a more precise explanation.

```
Save the actual state of the fact base;
Add the user update to the update list;
WHILE update list NOT empty DO
  Execute the first update of the update list;
  FOR actual trigger:= first trigger UNTIL last trigger
    Test actual trigger;
    IF it fires THEN
      IF its reaction is rejection THEN
        Restore the last consistent state of the fact base
      ELSE
        WHILE further match of the actual trigger DO
          Add the reaction of the trigger in the beginning of the
                update list with the variable values received from the
                matching in the test
        END WHILE;
      END IF;
    END IF;
  END FOR;
Remove the first update from the update list;
END WHILE
```

4.3 Prototypical Implementation with Prolog

There are several reasons which suggest Prolog as a suitable language for a prototypical implementation of the trigger concept: Prolog

  does unification
  offers a control strategy
  is already used for the retrieval in KOFIS.

Therefore we have implemented the trigger handling described in 4.2 with Prolog.

The Triggers

Prolog always tries to prove goals. The goal of the trigger system is to detect inconsistencies. So after the input of a user update it tries to prove that the execution of this update would cause inconsistency of the fact base. Inconsistency can only be proved by a trigger with fulfilled on- and pre-condition and with a REJECT as a reaction. The possible results of a trigger test can be represented in the data flow diagram shown in fig. 3.

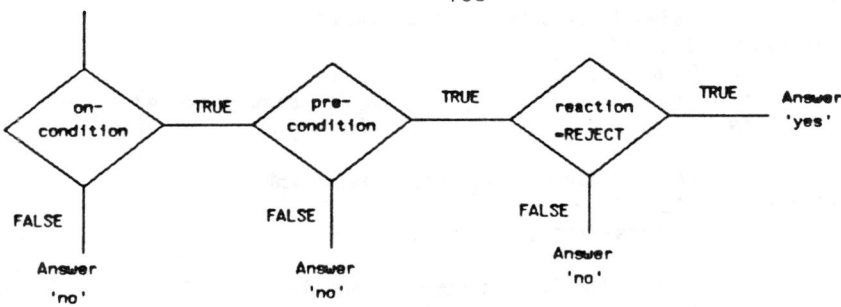

Fig. 3 Possible results of triggering with Prolog

The example trigger 5 of chapter 4.2 is then written as

```
trigger5:-insertion(superterm(X,Y)),          /* on-condition   */

         all(superterm(X,Z),L),
         card(L,C),                            /* pre-condition  */
         C > 2,

         write('Warning: '),
         write(X),
         write(' has more than 3 subterms'),/* reaction   */
         nl,
         !,
         fail.
```

The Control Strategy

There must be a control strategy which tests every trigger exactly once for each update and performs the updates (see the algorithm in 4.2).
In order to test every trigger exactly once we count the updates and add their numbers to them.
In performing the updates a difficult problem arises:
if you execute a user update on the fact base and this causes one or more consequent updates which cause a REJECTION (an inconsistency which cannot be recovered), then all updates performed so far have to be undone. In database systems you would introduce a copy of the database or would add a temporaray file for the updates; this means you need additional mechanisms.
We process an update in the following way:
   add a preliminary version of the update to the fact base (e.g. insertion(relevant(sdm,if)));
   try to prove that it would cause inconsistency;
   if successful, remove the preliminary version,
   else replace it by the final version (e.g. (relevant(sdm,if))).

Thus all the administration is done by the Prolog backtracking control strategy. The fundamental parts of the control strategy for insertions are given below:

```
                    /* case 0: the fact is already present */
update(insertion(Clause)):-
            call(Clause),
            !,                              /*  answer no  */
            fail.

                    /* case 1: the insertion cannot be performed */
update(insertion(Clause)):-
            update1(insertion(Clause)).

                    /* case 2: the insertion can be performed */
update(insertion(Clause)):-
            update2(insertion(Clause)).

update1(insertion(Clause)):-
            nr(I),
            J is I + 1,                     /* counting the updates */
            retract(nr(I)),
            asserta(nr(J)),

            asserta(insertion(Clause,I)),   /* preliminary update */

            !,
            inconsistent(I),                /* try to prove */
            !,                              /* inconsistency */

            retract(insertion(Clause,I)),   /*    remove the      */
                                            /*  preliminary update */
            .....



update2(insertion(Clause)):-
            retract(insertion(Clause,I)),   /* replace the */
            assertz(Clause),                /* preliminary by */
                                            /* the final update */

            !,                              /*  answer no  */
            fail.

inconsistent(I):-
            trigger1(I).

inconsistent(I):-
            trigger2(I).                    /* inconsistency can */
                                            /* be proved by one */
                                            /* of the triggers */
            .....

inconsistent(I):-
            trigger8(I).
```

Realization

With Prolog we have implemented the trigger system very fast. Furthermore the language for expressing triggers can be easily extended by adding new Prolog predicates (e.g. those for manipulating stes of answers, see the appendix).
Thus we reached the aims for the KOFIS consistency component stated in 4.1.
We tested the trigger system with a few triggers and small fact bases. One set of facts, triggers and updates is given in the appendix together with the complete control strategy.
So far we cannot say anything about the efficiency of the system in relevant applications of KOFIS. For realistic knowledge bases it might be necessary to implement the control strategy in a procedural language like Modula-2 and call the triggers via Modula-2 Prolog interface.

5. Conclusions

We have presented a short description of the knowledge based office information system KOFIS and its modeling with an extension of the semantic data model SDM. Furthermore we have classified integrity constraints of a system described with SDM in different ways: SDM inherent, schema inherent and user defined constraints.
The user defined integrity constraints of KOFIS are expressed in form of triggers and implemented as a rapid prototype with Prolog.

We thank A. Ultsch and H. Jasper for useful discussions and comments.

Literature

[APPE]
Appelrath, H.-J.; Ester, M.; Ultsch, A.: "KOFIS: an expert system for knowledge retrieval in offices", internal report, submitted to "Second International Conference on the application of micro-computers in information, documentation and libraries", Baden-Baden, März 1986.

[BARB]
Barber: "Embedding Knowledge in a Workstation", Proceedings of the Second International Conference on Office Information Systems, (Naffah, N.; ed.), North-Holland Publishing Company, 1982.

[DAKI]
Davis, R.; King, J.: "An Overview of Production Systems", Machine Intelligence 8, 1977, pp. 300-332.

[ESTE]
Ester, M.: "Erweiterung semantischer Datenmodelle um Operationen", Diplomarbeit, Universität Dortmund, Abteilung Informatik, 1984. (in German)

[GITS]
Gibbs, S.; Tsichiritzis, D.: "A Data Modelling Approach for Office Information Systems", Technical report CSRG-150 of the Computer Systems Research Group, University of Toronto/ Canada, 1984.

[HAMC]
Hammer, M.; McLeod, D.: "Database Description with SDM: A Semantic Database Model", ACM TODS, Vol. 6, No.3, 1981, pp. 351 - 386.

188

[NIEV]
Nievergelt, J; Hinterberger, H.; Sevcik, K.C.: "The GridFile: An Adaptable, Symmetric Multikey File Structure", ACM TODS, Vol. 9, No. 1, 1984, pp. 38 - 71.

[JASP]
Jasper, H.: "Modellierung eines wissensbasierten Büro-Informationssystems", Diplomarbeit, Universität Dortmund, Abteilung Informatik, Zürich, 1985. (in German)

[MUEL]
Müller, C: "A Prolog Front End to the GridFile", Diplomarbeit, Institut für Informatik, ETH Zürich, 1984.

[MYLO]
Mylopoulos, J.: "An Overview of Knowledge Representation", Proceedings of the Workshop on Data Abstraction, Databases and Conceptual Modeling, Pingree Park, 1980, SIGMOD record, Vol. 11, No. 2, pp. 5 - 12.

[SMSM]
Smith, J.M.; Smith, D.C.P.: "Database Abstractions: Aggregation and Generalization", ACM TODS, Vol. 2, No. 2, 1977, pp. 105 - 133.

[STO1]
Stonebraker, M.: "A Rules System for a Relational Database Management System", in: "Improving Database Usability and Responsiveness" (Scheuermann, P.; ed.), Academic Press, 1982.

[STO2]
Stonebraker, M.: "Triggers and inference in data base systems", internal paper, 1985.

[WIRT]
Wirth, N.: "Lilith: A Personal Computer for the Software Engineer", Proceedings of the 5th International Conference on Software Engineering, San Diego/ California, 1981.

Appendix

A) The Prolog program for the control strategy
B) The Prolog realization of the example triggers (of chapter 4.2)
C) The example fact base (of fig. 1)
D) Protocols of some updates

A) The Prolog program for the control strategy

```
update(insertion(Clause)) :- call(Clause),
                             ! ,
                             fail.
update(insertion(Clause)) :- update1(insertion(Clause)).
update(insertion(Clause)) :- update2(insertion(Clause)).
update(deletion(Clause)) :- update1(deletion(Clause)).
update(deletion(Clause)) :- update2(deletion(Clause)).

update1(insertion(Clause)) :- nr(I),
                              asserta(insertion(Clause,I)),
                              J is I + 1 ,
                              retract(nr(I)),
                              asserta(nr(J)),
                              ! ,
                              inconsistent(I),
                              ! ,
                              retract(insertion(Clause,I)),
                              write('Insertion of '),
                              write(Clause),
                              write(' rejected.'),
                              nl,
                              nr(K),
                              L is K - 1,
                              retract(nr(K)),
                              asserta(nr(L)).

update2(insertion(Clause)) :- retract(insertion(Clause,I)),
                              assertz(Clause),
                              write('Insertion of '),
                              write(Clause),
                              write(' executed.'),
                              nl,
                              ! ,
                              fail.

update1(deletion(Clause)) :- nr(I),
                             asserta(deletion(Clause,I)),
                             J is I + 1 ,
                             retract(nr(I)),
                             asserta(nr(J)),
                             ! ,
                             inconsistent(I),
                             ! ,
                             retract(deletion(Clause,I)),
                             write('Deletion of '),
                             write(Clause),
                             write(' rejected.'),
                             nl,
                             nr(K),
                             L is K - 1,
                             retract(nr(K)),
                             asserta(nr(L)).

update2(deletion(Clause)) :- retract(deletion(Clause,I)),
                             retract(Clause),
                             write('Deletion of '),
                             write(Clause),
                             write(' executed.'),
                             nl,
                             fail.
```

```
/*    supporting predicates   */

card([],0).
card([H|T],C):- card(T,C1),
                C is C1 + 1 .
```

```
exec(Q) :-
    repeat,
    (call(Q),
    retract(all(L1)),
    append(L1,[Q],L2),

    assert(all(L2)),
    fail ; true).

all(Q,L) :-
    retractall(all(+)),
    asserta(all([])),
    exec(Q),
    all(L).

append([],X,X).
append([H|T],X,[H|T1]) :- append(T,X,T1).


/•   calling the triggers   •/

inconsistent(I) :- trigger1(I) .
inconsistent(I) :- trigger2(I) .
inconsistent(I) :- trigger3(I) .
inconsistent(I) :- trigger4(I) .
inconsistent(I) :- trigger5(I) .
```

B) The Prolog realization of the example triggers

```
trigger1(I) :- deletion(is+a(Y,Z),I),
               instance+of(X,Y),
               write('Shall be true: '),
               write(X),
               write(' is+a '),
               write(Z),
               write('? y/n'),
               nl,
               read(A),
               A=y,
               update(insertion(is+a(X,Z))).

trigger2(I) :- insertion(superterm(X,Y),I),
               superterm(Y,X).

trigger3(I) :- insertion(relevant(X,Y),I),
               (synonymous(Z,X);synonymous(X,Z)),
               update(insertion(relevant(Z,Y))).

trigger4(I) :- deletion(relevant(X,Y),I),
               all(relevant(Z,Y),L),
               ! ,
               card(L,C),
               C=1,
               write('Rejection: Document '),
               write(Y),
               write(' has only one descriptor!'),
               nl.

trigger5(I) :- insertion(superterm(X,Y),I),
               all(superterm(X,Z),L),
               ! ,
               card(L,C),
               C > 2,
               write('Warning: '),
               write(X),
               write(' has more than three subterms!'),
               nl,
               ! ,
               fail.
```

C) The example fact base

```
author(appelrath,if).
author(ester,if).

date(05/85,if).

relevant(sdm,if).

synonymous(semantic+data+model,sdm).

superterm(db+oriented+data+models,sdm).
superterm(db+oriented+data+models,semantic+data+model).
superterm(data+models,db+oriented+data+models).

instance+of(prolog,descriptive+languages).

is+a(descriptive+languages,languages).
```

D) The protocol of some updates

User input is written in normal letters, system output in bold letters.

1: update(insertion(relevant(semantic+data+model,if))).

Insertion of relevant(semantic+data+model,if) executed.

2: update(deletion(relevant(semantic+data+model,if))).

Deletion of relevant(semantic+data+model,if) executed.

3: update(deletion(relevant(sdm,if))).

Rejection: Document if has only one descriptor!
Deletion of relevant(sdm,if) rejected.

STRUKTURIERUNG VON BÜROAKTIVITÄTEN

Wolfgang Effelsberg und Winfried Lamersdorf

Zusammenfassung: Die Literatur über Bürosysteme umfaßt eine Vielzahl von Vorschlägen für die Spezifikation von Büroinformationsystemen auf unterschiedlichen Abstraktionsniveaus. Aus dem Entwurf traditioneller Datenbanksysteme sind Abstraktionskonzepte zur Beschreibung von Datenobjekten bekannt und anerkannt. Für die strukturelle Beschreibung der Operationen auf solchen Objekten gibt es jedoch weit weniger anerkannte Techniken. Die vorliegende Arbeit versucht zunächst, Abstraktionskonzepte zur Beschreibung von Objektstrukturen auf die Strukturierung von komplexen Aktivitäten im Büro zu übertragen. Anschließend wird die abstrakte Benutzerschnittstelle eines erweiterten, rekursiven Datenmodells dazu verwendet, die automatisch ausführbaren Teile der so entworfenen und grob spezifizierten Bürosysteme auf möglichst 'direkte' Weise zu realisieren. In dem vorgeschlagenen Ansatz zur Büromodellierung soll bewußt eine möglichst gleichwertige, parallele Modellierung von Daten und Büroaktivitäten zum Ausdruck kommen.

1   Einleitung

In den letzten Jahren wurden von verschiedenen Forschungsgruppen immer wieder neue Ansätze zur Modellierung der Bürowelt untersucht. Diese Ansätze lassen sich in Anlehnung an [4] folgendermaßen klassifizieren:

- <u>Datenmodelle</u> dienen vor allem einer Strukturierung der Daten im Büro. Sie sind häufig von den Techniken zur Datenmodellierung beeinflußt, die von den Datenbanken her bekannt sind. Beispiele dafür sind etwa der Ansatz von Gibbs und Tsichritzis [9], OBE [23] und das Rekursive Datenmodell [14].

- <u>Prozeßmodelle</u> beruhen auf Modellierungstechniken für parallele Prozesse, z.B. Petri-Netzen. Sie sind besonders zur Darstellung paralleler Abläufe im Büro geeignet. Ein Beispiel für eine derartige Modellierungstechnik ist ICN (Information Control Net, [8]).

- <u>Aktorenmodelle</u> betrachten den Handelnden im Büro als die zentrale Komponente, um die sich alles andere gruppiert. Dabei kann sowohl ein Büroangestellter als auch ein Computersystem der Handelnde (Aktor) sein. Für jeden Aktor werden die Fähigkeiten (möglichen Aktivitäten) und Zugriffsrechte auf Daten beschrieben. Ein Beispiel sind die "agents" in [2].

- <u>Objektmodelle</u> "verkapseln" Aktivitäten mit Daten. Objekte können einander in der Art von Prozeduraufrufen benutzen, wobei Parameter übergeben werden können. Objektmodelle können als eine Kombination von Datenmodellen und Aktorenmodelle verstanden werden. Beispiele sind SMALLTALK-80 [10] und OPAL [1].

Ähnlich wie in vielen anderen Bereichen der Informatik läßt sich nicht sagen, welches Modell denn nun das beste sei. Je nachdem, welche Aspekte der realen Welt modelliert werden sollen, ist das eine oder das andere besser geeignet.

Deshalb sind auch gemischte Modelle vorgeschlagen worden, die alle erwähnten Modellierungstechniken enthalten (z. B. SOS, [3]). Die gemischten Modelle haben jedoch den Nachteil, daß sie eine Vielzahl von Konzepten verwenden, die nicht recht integriert sind.

Datenmodelle und Prozeßmodelle werden bereits seit vielen Jahren diskutiert. Dagegen sind Stukturierungsmethoden für Aktivitäten, wie sie insbesondere beim Aktorenmodell und beim Objektmodell wünschenswert wären, nicht sehr weit fortgeschritten. In diesem Aufsatz schlagen wir solche Strukturierungsmethoden vor und zeigen, wie die mit ihrer Hilfe beschriebenen Büroaktivitäten durch Konzepte eines erweiterten Datenmodelles abtrakt modelliert werden können. Die Strukturierungsmethoden für Büroaktivitäten sind an strukturelle Abstraktionskonzepte der 'konzeptuellen' Datenmodellierung angelehnt, die seit einigen Jahren bekannt und akzeptiert sind. Das verwendete Datenmodell erweitert die programmiersprachlichen Konzepte moderner Datenbankprogrammiersprachen insbesondere um abstrakte Beschreibungsmöglichkeiten für die Strukturierung und Verwaltung komplex aufgebauter Objekte.

Die vorgeschlagenen operationalen Strukturierungsmethoden haben den Zweck, mit einheitlichen Konzepten die Beschreibung eines Anwendungssystems vom Grobentwurf der Aktivitäten bis hin zur detaillierten Modellierung der Einzelanweisungen zu unterstützen. Die Einzelanweisungen können dabei sowohl als automatisch ausführbare Anweisungen an einen Rechner (ausgedrückt in einer geeigneten Programmiersprache) als auch als nur vom Menschen ausführbare Anweisungen an einen Büroangestellten gegeben sein. Dadurch ist

beim Systementwurf eine integrierte Beschreibung von automatisch und durch
Menschen auszuführenden Vorgängen in einem gemeinsamen Büromodell möglich.
Die in diesem Modell als automatisch ausführbar spezifizierten
Büroaktivitäten werden schließlich durch die Operationen einer hochsprach-
lichen Benutzerschnittstelle des verwendeten abstrakten Datenmodells im De-
tail realisiert.

2 Strukturierungskonzepte für komplexe Aktivitäten

Ähnlich wie sich komplexe Datenobjekte strukturell aus einfacheren
zusammensetzen, so können auch komplexe Aktivitäten auf verschiedene Weise
aus einfacheren zusamengesetzt werden. Für die Art und Weise dieser Zusammensetzung sollen dabei auch im Bereich der Aktivitäten semantische
Abstraktionskonzepte anwendbar sein, die aus der Welt der Datenmodellierung
für die Strukturierung der Objektwelt bekannt sind: Klassifikation,
Generalisierung und Aggregation.

2.1 Klassifikation: Typen und Instanzen

Unter Klassifikation versteht man das Zusammenfassen von ähnlich
gearteten Einzeldingen zu einer Klasse. Die gemeinsamen Eigenschaften der

Objekte einer Klasse werden in der Typdefinition beschrieben. Zu jedem so definierten Typ gibt es in der Regel zahlreiche Instanzen (Ausprägungen).

Auch bei der Modellierung der prozeduralen Aspekte von Büroumgebungen unterscheiden wir Typen und Instanzen (Ausprägungen) von Aktivitäten. Die Typdefinition einer Aktivität legt fest, welche Operationen Bestandteil dieser Aktivität sind. Sie ist der Definition einer Prozedur in einer Programmiersprache vergleichbar.

Im operationalen Büro kann eine Aktivität eines bestimmten Typs mehrfach ausgeführt werden. Beispielsweise kann die Tätigkeit BENACHRICHTIGE mehrfach ausgeführt werden, um alle Mitarbeiter eines Projekts zusammenzurufen. Jede einzelne Aktivierung wird dann als eine Instanz der Aktivität bezeichnet. Eine Instanz einer Aktivität entspricht einem Aufruf einer Prozedur in einer Programmiersprache.

Eine Instanz einer Aktivität ist nicht dasselbe wie die Verwendung eines Aktivitätstyps innerhalb der Definition eines anderen (komplexeren) Aktivitätstyps. Eine solche Verwendung geschieht auf der Typebene; sie gehört zur Welt der Spezifikationen und nicht zur operationalen Welt zur Ablaufzeit. Beispielsweise könnte die Aktivität BENACHRICHTIGE in den Aktivitäten ORGANISIERE-BESPRECHUNG und GEHALTSERHÖHUNG vorkommen. Es handelt sich dann um zwei Verwendungen des Aktivitätstyps BENACHRICHTIGE innerhalb der Definition anderer Aktivitätstypen. Eine Instanz der Aktivität BENACHRICHTIGE ist dann ein einzelner Benachrichtigungsvorgang, zum Beispiel ein Anruf bei Herrn Meier, um ihn zu einer Besprechung einzuladen.

Wie Prozeduren in Programmiersprachen können auch Aktivitäten formale Parameter haben, die bei der Verwendung der Aktivität durch aktuelle Parameter ersetzt werden. In der Instanz, also beim Aufruf einer Aktivität zum Ablaufzeitpunkt, nehmen dann die Parameter Werte an. In unserem Beispiel gaben wir der Aktivität BENACHRICHTIGE die formalen Parameter EMPFÄNGER und NACHRICHTENINHALT. In der Verwendung innerhalb von ORGANISIERE-BESPRECHUNG wird EMPFÄNGER durch den aktuellen Parameter PROJEKTMITGLIED ersetzt. In den einzelnen Aufrufen zur Benachrichtigung aller Projektmitglieder kann dann PROJEKTMITGLIED die aktuellen Werte "Meier", "Müller" und "Schulze" annehmen.

2.2   Operationale Abstraktion

Vom Konzept der Klassifikation ist das Konzept der operationalen Abstraktion von Bürovorgängen zu unterscheiden. Ähnlich wie man Datenobjekte in Datenmodellen auf verschiedenen Abstraktionsniveaus betrachten kann, kann man auch Aktivitäten im Büro in verschiedenen Abstraktionsstufen darstellen. Dabei können - entsprechend den Objektabstraktionen bei [21] - auch zwei Arten der operationalen Abstraktion unterschieden werden, (Operations-) Generalisierung und Aggregation.

2.2.1   Generalisierung

Unter Generalisierung von Aktivitäten verstehen wir das Verallgemeinern von mehreren speziellen, ähnlich gearteten Aktivitäten zu einer abstrakteren Aktivität, die alle Gemeinsamkeiten aller speziellen Aktivitäten umfaßt. Die speziellen Aktivitäten sind zugleich Aktivitäten der höheren Abstraktionsstufe. Beispielsweise können so die Aktivitäten RUFE-AN, SCHREIBE-BRIEF und SENDE-TELEX auf höherer Abstraktionsebene als Aktivität BENACHRICHTIGE generalisiert werden. In umgekehrter Richtung würde man RUFE-AN, SCHREIBE-BRIEF und SENDE-TELEX als Spezialisierungen von BENACH-RICHTIGE bezeichnen.

Wie bei der abstrakten Beschreibung der Datenobjekte "erben" auch die Aktivitäten auf niedrigerer Abstraktionsstufe alle Eigenschaften der Aktivitäten der höheren Stufe. Wenn in unserem Beispiel die Aktivität BE-NACHRICHTIGE die Parameter EMPFÄNGER und NACHRICHTENINHALT hat, so haben auch die Aktivitäten RUFE-AN, SCHREIBE-BRIEF und SENDE-TELEX diese Parameter. Zusätzlich können natürlich die Aktivitäten der niedrigeren Abstraktionsstufe spezielle Paramater haben, z. B. RUFE-AN eine Telefonnummer, SCHREIBE-BRIEF ein Postfach und SENDE-TELEX eine Telex-Teilnehmernummer (Beispiel 1).

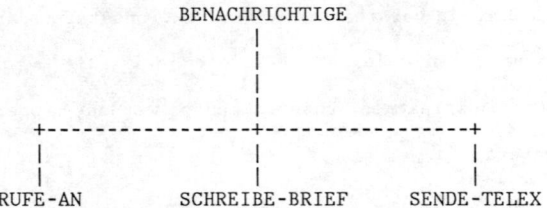

Beispiel 1: Generalisierung von Aktivitäten

Der Abstraktionsprozeß bietet besondere Vorteile beim Software Engineering. Bei einer ersten Grobspezifikation können Aktivitäten zunächst sehr allgemein ('abstrakt') angegeben werden und dann später im Sinne einer schrittweisen Verfeinerung immer detaillierter ausgearbeitet werden, bis hin zur Kodierung, wenn die Aktiviät von einem Rechensystem ausgeführt werden soll (Top-Down-Entwurf).

2.2.2   Aggregation

Unter Aggregation verstehen wir das Zusammenfügen von einzelnen Aktivitäten zu einer Gesamtaktivität. Die abstraktere Aktivität besteht aus den Aktivitäten des niedrigeren Abstraktionsniveaus. Die Aggregation verwendet zuvor definierte Aktivitätstypen zum Erzeugen neuer, komplexerer Aktivitätstypen. Beispielsweise können die Einzelaktivitäten SUCHE-ADRESSEN, ERZEUGE-BRIEFINHALT und VERSCHICKE-BRIEF zu einem Aggregat SCHREIBE-BRIEF zusammengefaßt werden (Beispiel 2).

                    SCHREIBE-BRIEF
                          .
                          .
       ....
       .   .   .
       .   .   .
   SUCHE-ADRESSEN   ERZEUGE-BRIEFINHALT   VERSCHICKE-BRIEF

Beispiel 2: Aggregation von Aktivitäten

In den Beispielen 1 und 2 wird sichtbar, daß Aktivitäten in einer Generalisierungshierarchie (SCHREIBE-BRIEF) zugleich Aktivitäten in einer Aggregationshierarchie sein können. Generalisierung und Aggregation sind orthogonale Konzepte.

Dem Konzept der Aggregation sehr verwandt sind die aus dem Software-Engineering bekannten Benutzt-Hierarchien von Modulen. Ein Modul, das eine Anzahl von untergeordneten Modulen benutzt, kann als Aggregat aufgefaßt werden. Der Unterschied liegt darin, daß das übergeordete Modul neben der Verwendung der untergeordneten Module noch weitere Teile enthalten kann; dies ist bei der Aggregation unzulässig.

Bei der Zusammensetzung (Aggregation) von Aktivitäten werden zunächst keine Aussagen darüber gemacht, ob die Teilaktivitäten sequentiell oder parallel ausgeführt werden sollen. In mathematischer Sprechweise handelt sich bei der Struktur der in einer Aggregation zusammengefaßten Aktivitäten um eine Menge von Teilaktivitäten, nicht um eine geordnete Liste. Die Aggregation sagt lediglich, was zusammengesetzt wird, und nicht, wie es zusammengesetzt werden soll. Die Innenstruktur eines Aggregats, das 'Wie', wird mit anderen Konzepten beschrieben. Mögliche Operatoren zum Zusammensetzen von Aktivitäten stellen zusätzliche operationale Beschreibungsmittel bereit, die den unterschiedlichen Kontrollstrukturen höherer Programmiersprachen vergleichbar sind; im wesentlichen gehören dazu Mechanismen zur Spezifikation der Hintereinander- oder Parallelausführung von Anweisungen (vgl. etwa [18], [22]) oder auch traditionelle Kontrollstrukturen wie Schleifen und bedingte Anweisungen.

3   Ein Datenmodell zur Modellierung von Bürovorgängen

Bisher haben wir Strukturierungsmethoden für zusammengesetzte Aktivitäten auf verschiedenen Abstraktionsniveaus betrachtet, die jeweils auf Teilaktivitäten einer darunterliegenden Ebene aufbauen. Die nicht weiter unterteilbaren Aktionen an den jeweils untersten Enden einer derartigen Abtraktionshierarchie wollen wir Basisaktivitäten nennen. Basisaktivitäten bilden die Grundlage für die komplexen, in der Regel aus einer Vielzahl solcher Operationen zusammengesetzten Büroaktivitäten, die mit Hilfe der im vorangegangenen Kapitel vorgestellten Beschreibungsmittel strukturell spezifiziert sind.

Typischerweise gibt es in einer Büroumgebung unter den Basisaktivitäten sowohl solche, die nur von Menschen ausgeführt werden können, als auch solche, die formal beschreibbar und vollständig automatisch ausführbar sind. In den folgenden Abschnitten beschränken wir uns auf Konzepte zur Formulierung der automatisch ausführbaren Teilaktivitäten im Büro. Da viele dieser Basisaktivitäten auf dem Erzeugen, Selektieren, Ändern, Versenden etc. von Büroobjekten basieren, benötigen wir nun auch ein Modell der Datenobjekte der zu beschreibenden Anwendungen. Wir charakterisieren die Datenobjekte durch die Menge der auf ihnen ausführbaren elementaren Operationen und beschreiben damit Ausdrucksformen für die Verwaltung kompliziert aufgebauter und variabel großer Datenobjekte. Die zugrunde liegenden Objektstrukturen verallgemeinern dabei Objektmodelle herkömmlicher Techniken der Datenmodellierung, die zur Beschreibung der typischen Objektstrukturen einer Büroumgebung (z.B. Dokumente, Texte etc.) als zu restriktiv angesehen werden.

3.1   Das Rekursive Datenmodell

Das rekursive Datenmodell [14], [15], [16] geht von den für Büroumgebungen typischen, komplizierten und variablen Objektstrukturen aus und stellt Konzepte für die sprachliche Beschreibung der elementare Operationen auf ihnen bereit. Es erweitert damit die Ausdrucksmöglichkeiten herkömmlicher Datenmodelle insbesondere um abstrakte Repräsentationsformen für hierarchisch strukturierte Objekte. Es geht davon aus, daß derartige 'komplexe Objekte' in sehr flexibler Weise aus einer nicht von vorneherein beschränkbaren Zahl von - möglicherweise weiter strukturierten - Einzelteilen aufgebaut sind, die sich nicht direkt durch die fest formatierten Record-Strukturen herkömmlicher Datenmodelle beschreiben lassen. (Ähnliche Ziele verfolgen auch Erweiterungen des relationalen Datenmodells von Haskins und Lorie [12] und von Schek et al. [19].)

3.1.1   Rekursive Typdefinitionen

Rekursive Typdefinitionen mit alternativen Generatoren zur Erzeugung von Klassen von Wertausprägungen eines Typs erlauben es, auch Datenobjekte zu beschreiben, die aus einer Vielzahl von Komponenten aufgebaut sind und auf komplexe Weise miteinander in Beziehung stehen. So besteht beispielsweise eine Aktensammlung aus einer Vielzahl von einzelnen Akten, diese wiederum aus einer Reihe von zeitlich geordneten und weiter strukturierten Dokumenten etc., und der Aufbau dieser Objekte ändert sich typischerweise ständig durch Erzeugen, Ergänzen, Löschen und Abändern einzelner Schriftstücke. Einzelne Dokumentausprägungen können weiterhin entweder als Briefe oder als Formulare oder auch als Memos gegeben sein. Damit läßt sich der Typ derartig strukturierter Dokumente einer Büroumgebung im rekursiven Datenmodell etwa wie in Beispiel 3 angegeben definieren.

```
        DocumentType = Letter (sender, receiver: NameType;
                               from, to: AddressType;
                               date_mailed, date_received: DateType;
                               content: TextType)
                     | Form ( ... ) | Memo ( ... ) | ...;

        TextType     = Empty_text ()
                     | Append_para (text: TextType;
                                    paragraph: ParagraphType);

        . . .
```

Beispiel 3: Rekursive Definition komplexer Objekttypen

Im rekursiven Datenmodell wird der Typ eines komplex strukturierter Objektes durch Angabe von - in der Regel alternativen - Generatoren zur Erzeugung einzelner Ausprägungen von Objekten diesen Typs definiert. (In Beispiel 3 sind die Generatoren für den Typ "DocumentType" als "Letter", "Form" und "Memo" gegeben.) Diese Strukturgeneratoren sind in der Regel parametrisiert und können auch rekursiv definiert sein (siehe die Definition des Typs "TextType" in Beispiel 3). Mit ihrer Hilfe können kompliziert aufgebaute Objekte - im allgemeinen in mehrerer Schritten - aus vorgegebenen Teilkomponenten erzeugt werden.

Einzelne Komponenten der mit Hilfe der Strukturgeneratoren erzeugten komplexen Objekte sind durch elementare Komponentenselektoren identifizierbar, deren Namen bei der Typdefinition den Parametertypen eines jeden Strukturgenerators vorangestellt werden (etwa die Bezeichner "sender", "receiver", "from" etc. in Beispiel 3 bei der Definition von "DokumentType"). Um für eine gegebenes komplexes Objekt feststellen zu können, ob es mit Hilfe eines speziellen der alternativen, zum entsprechenden Typ gehörigen Strukturgeneratoren erzeugt worden ist, stellt das rekursive Datenmodell implizit Boolesche charakterisierende (Test-) Funktionen bereit. So dient etwa der Boolesche Ausdruck "is-Form (document)" dem Test, ob eine gegebenes Dokument "document" als Formular erzeugt worden ist oder nicht.

3.1.2 Elementare Operationen auf rekursiv definierten Objekten

Auf der Ebene der elementaren Operationen auf komplexen Objekten wird im rekursiven Datenmodell also von den folgenden drei semantischen Grundoperationen ausgegangen:

1. die Erzeugung komplexer Objekte aus einer Reihe von Teilobjekten, die entweder als elementar vorgegeben oder in früheren Generierungsschritten erzeugt worden sind; dazu dienen die Strukturgeneratoren, die jeweils auf aktuelle Parameter (entsprechend der Komponententypen bei der Definition des komplexen Objekttyps) angewendet werden. Beispielsweise läßt

sich so ein spezielles Dokument als Brief aus einer Reihe vorgegebener Teile (wie Adressen, Daten, Texten etc.) mit Hilfe des Strukturgenerators "Letter" für Dokumente generieren. Beispiel 4A zeigt, wie eine Ausprägung eines neuen Dokumentes als Brief aus den vorgegebenen Komponenten "Müller" (Absender), "Meier" (Empfänger), "Hamburg" (Absendeort) "München" (Empfangsort), "Date (23,05,85)" (aus drei Komponenten mit Hilfe des Generators "Date" zusammengesetztes Absendedatum), "Date (25,05,85)" (Empfangsdatum) und "Append_para (...)" (als Text vom Typ "TextType" aus hier nicht weiter angegebenen Komponenten erzeugter Briefinhalt) generiert wird. Damit ist durch diese Operation gerade die Basisaktivität ERZEUGE-BRIEFINHALT aus Beispiel 2 programmiersprachlich beschrieben.

2. die Selektion von Teilkomponenten eines gegebenen komplexen Objektes; dazu dienen die elementaren Komponentenselektoren, die bei der Typdefinition komplexer Objekte für jeden formalen Parameter eines jeden Strukturgenerators angegeben werden müssen. Beispielsweise läßt sich auf diese Weise das Empfangsdatum eines als Brief gegebenen Dokumentes "document" mit Hilfe des elementare Komponentenselektors "date_received" auswählen (und als Ausdruck oder Variable eines programmiersprachlichen Kontextes weiter verwenden), wie in Beispiel 4B gezeigt.

3. das Erkennen der Generierungsregel eines vorgegebenen komplexen Objektes (es gibt ja verschiedene Alternativen für dessen Erzeugung !); dazu dienen die Booleschen charakterisierenden Funktionen, die - angewandt aus ein gegebenes komplexes Objekt - aussagen, ob dieses mit Hilfe des

entsprechenden Strukturgenerators erzeugt worden ist oder nicht. So läßt sich beispielsweise für ein gegebenes Dokument "document" feststellen, ob es ein Brief ist, und (nur dann !) eine Selektion des Empfangsdatums sinnvoll ist; siehe dazu den Booleschen Ausdruck zum Test, ob ein Dokument ein Brief ist, in Beispiel 4C.

A) OBJEKTERZEUGUNG:

```
        Letter ('Müller', 'Meier', 'Hamburg', München',
               Date (23, 05, 85), Date (25, 05, 85),
               Append_para (...) )
```

B) KOMPONENTENSELEKTION:

```
        document [ date_received ]
```

C) CHARAKTERISIERENDE FUNKTION:

```
        is-Letter ( document )
```

Beispiel 4: Elementare Operationen auf rekursiven Objekten

3.2 Modellerweiterungen

Neben den elementaren Operationen auf komplexen Objekten stellt das rekursive Datenmodell noch eine Reihe weiterer, abstrakter Beschreibungsmittel zur strukturellen Repräsentation einer größeren Anzahl von Objekten und zur Modellierung von komplizierteren Operationen auf Bürodatenobjekten zur Verfügung.

Größere Ansammlungen von Objekten können im rekursiven Datenmodell entweder als ungeordnete Menge, als geordnete Liste oder als Menge von einzeln identifizierbaren Objekten, d.h. als Abbildung von Identifikatoren auf die zu identifizierenden Objekte beschrieben werden. Mit allen diesen Objektstrukturen 'höherer Ordnung' stellt das rekursive Datenmodell jeweils auch die dazugehörigen Operationen (wie Vereinigung und Durchschnitt etc. bei Mengen, Konkatenation und Selektion der i-ten Komponente etc. bei Listen und Anwendung auf ein Argument etc. bei Abbildungen) implizit zur Verfügung.

Die Manipulationsoperationen auf komplexen Objekten sind zunächst als Zuweisung eines neuen Wertes an eine (auch Komponenten-) Variable eines rekursiv definierten Typs gegeben. Erweiterte Manipulationsoperationen basieren auf der - in der Regel prädikativ bestimmten - Selektion von (Teil-) Mengen von Objektkomponenten, ähnlich kalkülorientierten relationalen Anfragesprachen und zugehörigen Manipulationsoperationen (wie z.B. Pascal/R [20]). Für die in dieser Arbeit im Vordergrund stehende Strukturierung von Büroaktivitäten stellen alle hier aufgeführten Operationen zusätzliche Ausdrucksmöglichkeiten für die konkrete, programmiersprachliche Formulierung von Basisaktivitäten zur Verfügung.

Schließlich können im rekursiven Datenmodell anwendungsspezifische, häufig vorkommende und komplizierte Funktionen oder Komponentenselektionen als anwendungsspezifische Funktionen und Selektoren mit formalen Parametern abstrakt definiert werden (vergleichbar mit Prozedur- und Funktionsdefinitionen in herkömmlichen Programmiersprachen). Derartige Funktionen und Selektoren können - ebenso wie die elementaren Operatoren und

Komponentenselektoren - als semantische Grundoperationen eines speziellen Anwendungsbereiches angesehen und verwendet werden. (Eine genauere Beschreibung des erweiterten, rekursiven Datenmodells findet sich in [14] und in [15].) Für die Modellierung von Büroaktivitäten ist in diesem Zusammenhang von Bedeutung, daß für vorgegebene Anwendungen auch Prozeduren und Funktionen insgesamt als abstrakte, anwendungsspezifische Basisaktivitäten verwendet werden können.

3.3 Operationen in verteilten Systemen

Eine speziell zu berücksichtigende Klasse von Operationen stellen die zur Kommunikation zwischen Teilaktivitäten benötigten dar, wenn diese auf unterschiedlichen Arbeitsstationen ausgeführt werden. Typischerweise werden komplexe Bürovorgänge von mehreren Arbeitsstationen berührt, die räumlich und organisatorisch voneinander unabhängig sein können. Zu berücksichtigen sind auf der Ebene der durch das verwendete Datenmodell unterstützten, elementaren Operationen insbesondere Elementaroperationen zum Senden und Empfangen von (auch komplexen) Datenobjekten der verteilten Arbeitsumgebung. Beispielsweise läßt sich so die Basisaktivität VERSCHICKE-BRIEF aus Beispiel 2 mit Hilfe einer entsprechenden Sendeoperation direkt ausdrücken.

Einen Ausgangspunkt für die Formulierung der Kommunikationsoperationen stellen etwa die 'Communicating Sequential Processes' von Hoare [13]

dar. Zur sicheren und netzunabhängigen Realisierung der Kommunikations-
dienste in verteilten Bürosystemen schlägt Naffah die Verwendung von speziellen Protokollen nach Art des ISO Referenzmodells vor [17]. Eine Bewertung
der unterschiedlichen Kommunikationsmechanismen auf der Anwendungsebene
bleibt weiteren Arbeiten vorbehalten.

Operationen zur Synchronisation, d.h. zur Aktivierung, zur
Verzögerung sowie allgemein zur Regelung der zeitlichen Abfolge von
Teilaktivitäten auf gleichen oder unterschiedlichen Arbeitsstationen werden
nicht auf der Ebene des Datenmodells zur Verfügung gestellt. Die Spezifikation derartiger Operationsstrukturen erfolgt mit den in Kapitel eins beschriebenen Mechanismen; ihre Realisierung kann dann beispielsweise auf den
auch in [18] verwendeten 'Path Expressions' beruhen.

4   Die Verknüpfung von Aktivitäten und Daten

Mit den in Kapitel drei zusammengestellten elementaren und erweiterten Selektions-, Manipulations- und Kommunikationsoperationen stellt das
rekursive Datenmodell die Basis für konkrete Formulierungen von mächtigen,
abstrakten Elementaroperationen auf komplex strukturierten Objekten bereit.
Die im zweiten Kapitel beschriebenen Strukturierungsmechanismen für automatisch ausführbare, komplexe Aktivitäten des Bürobereiches bauen letztlich
auf einer derartigen, durch das rekursive Datenmodell zur Verfügung ge-
stellten operationalen Benutzerschnittstelle auf.

Ausgangspunkt für die vorgeschlagene Strukturierung von Büroaktivitäten sind Abstraktionsmechanismen, die den Aufbau komplexer Bürovorgänge aus einzelnen Teilprozeduren beschreiben. Die Art der in Kapitel zwei vorgeschlagenen Strukturierungsmechanismen lehnt sich dabei an entsprechende Abstraktionsmechanismen zur Strukturierung der Datenobjekte an [21]. Für die Spezifikation der Objekte, die von Bürovorgängen berührt werden, werden zunächst die entsprechenden Abstraktionskonzepte (Objektklassifikation, -generalisierung und -aggregation) vorausgesetzt.

Beim integrierten Entwurf der Datenobjekte und der Aktivitäten einer Büroumgebung wird die Spezifikation der Datenobjekte und die der Aktivitäten auf abnehmenden Abstraktionsniveaus parallel immer weiter konkretisiert. Dabei treten typischerweise Abhängigkeiten zwischen Aktivitäten und den durch sie beeinflußten Datenobjekten auf (in der Regel stellen Datenobjekte Parameter von Aktivitäten dar).

Ausgehend von der strukturellen Modellierung der Datenobjekte auf verschiedenen Abstraktionsniveaus weisen bereits Brodie u.a. [5], [6] auf daraus entstehende Konsequenzen für die Modellierung der Operationen auf solchen Objekten hin. Ausgehend von der strukturellen Beschreibung der Aktivitäten ist es für den hier vorgeschlagenen schrittweisen Entwurf integrierter Büroinformationssysteme wichtig, daß auf jeder Abstraktionsstufe das Abstraktionsniveau der spezifizierten Objekte jeweils dem der Aktivitäten entspricht. So ist etwa bei Spezialisierung der Aktivität BENACHRICHTIGE nach Beispiel 1 entsprechend auch das Objekt ADRESSE entweder in das speziellere Objekt TEL-NR oder POSTADRESSE oder TELEX-TEILNEHMERNR auf nächstniedriger Abstraktionsstufe zu konkretisieren.

Auf der untersten Ebene der Abstraktionshierarchien von Objekten und Daten werden sowohl die strukturellen als auch die operationalen Teilaspekte der zu beschreibenden Bürosysteme mit Hilfe der Sprachschnittstelle des rekursiven Datenmodells realisiert. Dabei werden die Basisaktivitäten der untersten Hierarchiestufe direkt durch Operationen auf rekursiv definierten Objekten implementiert. Basisaktivitäten sind also elementare Aktivitäten, die nicht weiter zerlegt oder mit Hilfe der in Kapitel zwei vorgestellten Mechanismen weiter strukturiert werden können. Sie stellen die atomaren, operationalen Bausteine dar, die mit Hilfe von operationaler Aggregation und Abstraktion zur Spezifikation komplexer Büroaktivitäten verknüpft werden.

Der hohe Abstraktionsgrad der Konzepte des rekursiven Datenmodells ermöglicht eine weitgehend direkte Repräsentation der Basisoperationen durch entsprechende Konstrukte der zugehörigen rekursiven Sprache. Probleme einer konsistenten Implementation komplexer Objekte und der auf ihnen ausführbaren Operationen (zum Beispiel solche einer 'referentiellen Integrität' [7]) können dadurch weitestgehend vermieden werden.

Die Realisierung der zeitlichen Abfolge der in operationaler Aggregation zusammengefaßten Teil- oder Basisaktivitäten durch dazu nötige Konnektoren und Kontrollstrukturen kann prinzipiell sowohl prozedural erfolgen (nach Art herkömmlicher Programmiersprache wie etwa Pascal), als auch

deskriptiv (wie etwa in dem auf logischen Programmiersprachkonzepten beru-
henden Ansatz von Günther [11]) formuliert werden. Die in Kapitel 1 angesprochenen Prozeßmodelle der Büromodellierung bieten eine Vielzahl von
Alternativen zur abstrakten Beschreibung der dynamischen Aspekte von
Büroaktivitäten. Eine geignete Auswahl entsprechender Spezifikationshilfs-
mittel für die hier vorgeschlagene Entwurfsmethodik bleibt weiterer For-
schungsarbeit vorbehalten.

5   Zusammenfassung

Die bekannten Konzepte zur Büromodellierung konzentrieren sich vor
allem auf die Beschreibung von komplexen Datenobjekten und von parallelen
Prozessen. In Ergänzung dazu schlagen wir Strukturierungskonzepte für
Büroaktivitäten vor.

Durch Klassifikation, Generalisierung und Aggregation lassen sich
komplexe Büroaktivitäten strukturiert beschreiben. Bei der Analyse einer
Bürowelt kann dabei zunächst mit einer abstrakten Beschreibung begonnen
werden, die dann schrittweise verfeinert wird. Parallel zur Beschreibung der
Aktivitäten wird die Beschreibung der Datenobjekte des Büros auf jeweils
gleichem Abstraktionsniveau verfeinert. Auf der untersten (konkretesten)
Stufe werden schließlich Basisaktivitäten spezifiziert, die nicht weiter
zerlegbar sind. Diese Basisaktivitäten werden mit den Sprachmitteln des
Rekursiven Datenmodells beschrieben, wobei die Operationen mit den Datenob-

jekten verkapselt werden. Auf diese Weise werden auf der untersten Stufe Aktivitäten und Datenobjekte zusammengeführt.

LITERATUR

[1]   M. Ahlsen et al.: An Architecture for Object Management in OIS. ACM Trans. on Office Information Systems, Vol. 2, No. 3 (July 1984), pp. 173-196.

[2]   L. Aiello, D. Nardi, M. Panti: Modelling the Office Structure: A First Step towards the Office Expert System. Proc. 2nd ACM SIGOA Conf. on Office Information Systems, Toronto, June 1984, pp. 25-31.

[3]   G. Bracchi, B. Pernici: SOS: A Conceptual Model for Office Information Systems. Proc. SIGMOD/Database Week, Databases for, Business and Office Applications, San Jose, 1983, pp. 108-116.

[4]   G. Bracchi, B. Pernici: The Design Requirements for Office Systems. ACM Trans. on Office Information Systems, Vol. 2, No. 2 (April 1984), pp. 151-170.

[5]   M.L. Brodie: On Modelling Behavioral Semantics of Databases. Proc. 7th Int. Conf. on Very Large Databases, Cannes, 1981, pp. 32-42.

[6]   M.L. Brodie, D. Ridjanovic: On the Design and Specification of Database Transactions, in: M.L. Brodie, J. Mylopoulos, J.W. Schmidt (Hrsg.): On Conceptual Modelling: Perspectives from Artificial Intelligence, Databases, and Programming Languages, Springer Verlag, Berlin Heidelberg New York, 1984, pp. 277-306.

[7]   C.J. Date: Referential Integrity, Proc. 7th Intern Conf. on VLDB, Cannes, France, September 1981, pp. 2-12.

[8]   C.A. Ellis, G.J. Nutt: Office Information Systems and Computer Science. Computing Surveys, Vol. 12, No. 1 (March 1980), pp. 27-60.

[9]   S. Gibbs, D. Tsichritzis: A Data Modelling Approach for Office Information Systems. ACM Transactions on Office Information Systems, Vol. 1, No. 4 (Okt. 1983), pp. 299-319.

[10]   A. Goldberg, D. Robson: SMALLTALK-80, The Language and its Implementation. Addison-Wesley, Reading, Massachusetts, 1983.

[11]   K.D. Günther: PLOP - A Predicative Programming Language for Office Procedure Automation, Intern. Techn. Report, Ges. für Mathematik und Datenverarbeitung, GMD/IFV, Darmstadt, 1984.

[12]   R.L. Haskins, R.A. Lorie: On Extending the Functions of a Rela-
         tional Database System, Proc. ACM SIGMOD Conf., Orlando, Florida,
         Juni 1982, pp. 207-212.

[13]   C.A.R. Hoare: Communicating Sequential Processes. Comm. ACM, Vol.
         21, No. 8, Aug. 1978, pp.666-677.

[14]   W. Lamersdorf: Semantische Repräsentation komplexer Objektstruk-
         turen: Modelle nichtkonventioneller Datenbankanwendungen. Infor-
         matik-Fachberichte, Vol. 100, Springer Verlag, Berlin Heidelberg
         New York Tokyo, 1985.

[15]   W. Lamersdorf, G. Müller, J.W. Schmidt: Language Support for Office
         Modelling. Proc. 10th Intern. Conf. on VLDB, Singapore, 1984, pp.
         280-288.

[16]   W. Lamersdorf, J.W. Schmidt, G. Müller: A Recursive Approach to
         Office Object Modelling, Information Technology, Butterworth,
         London, vol. 4, 1985.

[17]   N. Naffah: Communication Protocols for Integrated Office Systems,
         Computer Networks, Vol. 5, No. 6, Dec. 1981, pp.445-454.

[18]   S. Ronzani, F. Titsano, R. Zicari: An Office Specification Language
         Based on Path Expressions.   Techn. Rep. 84-22, Dipt. di
         Elettronica, Politecnico di Milano, 1984.

[19]   H.-J. Schek, P. Pistor: Data Structures for an Integrated Data Base
         Management and Information Retrieval System, 8th Intern. Conf. on
         VLDB, Mexico City, Sept. 1982, pp. 197-207.

[20]   J.W. Schmidt: Some High Level Language Constructs for Data of Type
         Relation, ACM TODS, Vol. 2, No. 3 (Sept. 1977), pp. 247-261.

[21]   J.M. Smith and D.C.P. Smith: Database Abstractions: Aggregation
         and Generalization. ACM Trans. on Database Systems, Vol. 2, No. 2
         (June 1977), pp. 105-133.

[22]   R. Studer, A. Horndasch: Modelling Static and Dynamic Aspects of
         Information Systems, in: Meersman et al. (Hrsg.): IFIP TC-2 Working
         Conf. on Database Semantics, Hasselt, Noth-Holland Publ. Co., 1985.

[23]   M. Zloof: QBE/OBE: A Language for Office and Business Automation.
         IEEE Computer, Vol. 14, No. 5 (May 1981), pp. 13-22.

Dr. Wolfgang Effelsberg, Dr. Winfried Lamersdorf

Wissenschaftliches Zentrum der IBM Deutschland
Tiergartenstraße 15, D-6900 Heidelberg

END USER OBJECTS

D. Tsichritzis and O. Nierstrasz
Centre Universitaire d'Informatique
Université de Genève

1. Introduction

There are objects and again there are objects. We will be
discussing in this paper a conceptual framework for end user
oriented objects which can be useful within an Office
Information System. Our objects will be based on a particular
object oriented environment [NiTs85]. We hope, however, that
our conceptual model can be implemented on top of different
object oriented systems [ABBH84, Gold84, GoRo83].

We will explain the concepts by using analogies (sometimes
rather loosely) from the animal world. We expect that the user
interface will be icon based and the explanation of the
objects will be via animation. The analogies serve two
purposes. First, they can provide a user model of the
behaviour of the system [LeLo85]. Second, they illustrate the
design choices and the implementation difficulties. We hope
that the reader will not be distracted by the analogies and
lose the technical nature of our discussions. This is a paper
about end user programming environments and not an attempt to
science fiction. What we describe can be built with available
tools.

We start by defining the two most essential concepts in
our world light and matter. Light corresponds to information
and emanates from the users. Matter corresponds to data and it
is the encoding of information within the system. The
interplay of light and matter according to the rules of
creation produces life. The interplay of user information and
system data according to the rules of the application produces
knowledge. Life is perceived in terms of living objects.
Knowledge in our environment is encapsulated as objects which
will be called KNOwledge acquisition, dissemination and
manipulation objects, in short kno's [Tsic85].

Kno's consist of data (matter) and rules (soul). Kno's interact with users directly, or through other defined kno's. Kno's can be alive or dead. They are alive if they can participate in events orchestrated by an object manager. When they are dead both their data and rules become data and are part of the data base (mother earth). Kno's can move around between environments. An environment is a collection of kno's under the juridiction of an object manager. The object manager controls events between kno's and it oversees the birth and death of kno's. Object managers play, in essence, the role of god.

To summarize we can phantasize and represent our world, the objectworld, as a galaxy of stars. Each star is under the juridiction of its object manager (the local god). Each star consists of matter, the data base, and kno's its living objects. Objects can move from star to star. They behave according to their own rules and the local conditions. The general terms under which they live are enforced by the object manager. In order to make our world more concrete and less phantasy we should first talk about object specification. We apologize for descending abruptly from the world of creation to the world of bits and bytes. Kno's like everything else real or unreal can have a counterpart in our computer systems.

2. Object specification

The objects that we will use in this paper are comparable to Smalltalk objects [GoRo83, Gold84], Actors [Hewi77, Ther83], monitors [Hoar74], abstract data types [Gutt77], and modules with persistent data. The word "object" is usually used to describe an entity that encapsulates some data and the allowable operations on it. Smalltalk objects, for example, have a collection of instance variables that contain data, and a number of methods for manipulating the data. In addition to this, objects in our environment are capable of initiating actions on their own behalf. Objects change state within atomic transactions, called events. Events take place amongst a collection of cooperating objects when the participants agree to a mutually acceptable contract. Any observable side-effect may trigger an event, so it is not necessary for users to explicitly initiate all actions. For a different view of atomic transactions with stable storage of objects, the reader is directed towards [LiSc83, Oki83].

The object collection is maintained by the system, giving the illusion that all objects reside in a large, persistent virtual memory. Objects may have quite complex operations associated with them. Rather than having programs that interact with data, we simply have objects interacting with objects, all within the same, homogenous system.

Since there are many workable notions of "objects" in the literature, we shall first present a brief overview of our objects, and then describe some of its features with an example. For more detail the reader can consult a separate paper [NiTs85].

An object is an entity with contents and behaviour. Objects fall into classes with similar properties. We can distinguish object instances within the same class by their contents and their id's.

Every object class has a specification which describes the contents and behaviour of instances of the class. The specification is not necessarily an object itself, but may be represented as an object - a text object, for example. Figure 1 shows a partial specification for an imaginery coffee maker object [NiTs85].

We call the data portion of an object its contents. Data in an object typically consists of other objects. Ultimately all objects are made up of primitive objects such as integers and strings. The contents of an object are stored in instance variables. Instance variables are not objects themselves, just a place to put them. In the implementation, an instance variable declaration allocates space for objects of a certain class, just as variable declarations do in programming languages like C or Pascal. Instance variables are so named because they store the data that distinguish one object instance from another.

Behaviour tells how an object may change state and interact with other objects. For example, books and bicycles are objects. Books may be opened to an arbitrary page and they may be read, but they can't be pumped up with air. An object's behaviour is extremely important because it is the mechanism through which it controls its interactions with all other objects. Object creation, destruction and all updates take place under the constraints of the rules specified in the behaviour.

```
percolator : appliance {
     /* instance variables */
     capacity : integer; /* in cups */
     grounds, water, coffee : integer;
     brewing, light_on : boolean;

     /* rules */
     alpha(cups) { /* rule for creation */
          /* creator */
          ~ : hacker;
          cups : integer;

          /* a trigger condition: */
          /* you can't have two pots */
          ~.pot() = nil;
          capacity := cups;
          }

     make_coffee(cups) {
          cups : integer;

          /* trigger conditions */
          /* you want fresh coffee, right? */
          cups <= capacity;
          grounds = 0;
          water = 0;
          coffee = 0;
          grounds := cups;
          water := cups;
          brewing := TRUE;
          light_on := FALSE;
          }

     /* this rule just tells you if the light's on */
     light_on(){
          }(light_on)

     ...
     /* other rules */
}
```

Figure 1 : A *percolator* object class

The behaviour of an object may be specified by a set of named _rules_ that describe what happens, and under what circumstances it may happen. If you try to do something inappropriate to an object i.e., invoke a non-existent rule, then it will simply ignore you. A rule invocation looks very much like a procedure call, and, in fact, rules themselves look very much like procedures, with instance variables as static data. Every object class has _alpha_ and _omega_ rules for the creation and destruction of instances.

Objects may communicate with each other if they are _acquainted_. For one object to be acquainted with another, it must have some sort of name with which to address the acquaintance.

In our first implementation there was no need for objects to be explicitly acquainted [Nier85]. One would simply specify the class of the objects one wished to have as acquaintances and some trigger conditions to limit the selection. In a new implementation we expect to maintain a set of object id's for acquaintances of each object. One can still, as before, select acquaintances from a list, but one must be properly introduced to acquaintances before this can be done.

Objects can be introduced to other objects when they are created, or at any time during their lives. All they need is an instance variable to store or "remember" the id's of their acquaintances.

An object's behaviour describes precisely the circumstances under which an object may do something. "Doing something" means changing state or causing some other object to change state within an _event_. An object changes state when it is created or destroyed, or when its contents are altered in some way.

An _event_ takes place when several objects enter into a mutually satisfactory contract, exchange information and change state. The nature of the contract and the side-effects is completely specified by the rules of the participating objects. The execution of an event is very similar to the execution of a program with one rule, a _top-rule_ invoking sub-rules of other objects, passing objects as arguments and receiving other objects in return. There are several important differences, however.

The execution of an event is atomic - if any of the participants is not satisfied, then the event will not take place. Instead, the event <u>waits</u> until something happens.

Usually, the unsatisfied object, or the participant it was not satisfied with must take part in some other event. If the side-effects of the other event cause the unsatisfied object to "change its mind", then the waiting event may continue. Alternatively, if one of the participants is destroyed in another event, then the waiting event can never continue, and it may be cancelled.

In the example of Figure 1, if a person tries to make coffee in a dirty pot, the pot will wait until it is cleaned. This is presumably accomplished by another rule.

Events are guaranteed to be serializable, that is, the participants have read and write locks placed on them during the event to prevent parallel events from putting the objects in an inconsistent state. In this way events are similar to database transactions. Waiting events, however, may need to roll-back actions and release locks if a participant is required for some other event. This is necessary since a waiting event is effectively a stalemate between its participants. Some participant must change state in another event, and resolve the stalemate in the waiting event.

Top-rules are similar to sub-rules except that they are not explicitly invoked. Instead, they initiate an event when their trigger conditions become true. This is always a consequence of a side-effect of some other event, so one may think of events triggering one another in a chain-reaction.

Triggering is especially useful for being notified of side-effects in other objects.

A sub-rule generally has a rule-name, a receive-list and a send-list. Since top-rules are not explicitly invoked, they do not have send or receive lists. Sub-rules, being comparable to procedures, may be passed a number of objects as arguments in their receive-list, and can return a number of objects in their send-list. In addition, sub-rules are passed the object id of their invoking acquaintance. The rule may insist that only objects in certain classes may invoke it, or that only certain known acquaintances are acceptable, or even that the rule is to be "private" and only invokable by other rules.

Rules may also invoke other rules by specifying an object to be addressed, supplying a variable name or an object id, a rule-name to be invoked (also possibly a variable), a list of objects to be sent, and a list of variables or locations for the returned objects to be stored.

Failure of a rule within an event need not always cause the event to fail. Instead, the failure may be used to affect control-flow, causing the parent event to seek alternatives. Any rule invocation may succeed or fail. A rule invocation by itself acts as a trigger condition, passing failure onto the calling rule. A rule invocation within a control flow statement such as an if-then-else will be used instead to change the course of execution of the calling rule. It is important to realize that in the latter case, there are no side-effects visible from the failed rule.

What we have described above is a very basic object model. It can be considered as a programming language. Within our world it is the language for specifying small cells, i.e., the objects. The same language can also be used to describe far more complicated user objects, i.e., kno's. The difference between objects in the object oriented system and kno's are of size, function and user utilization. Objects like cells are the building blocks of kno's. Many objects may have to be grouped or combined to form a kno. A kno may have many more rules than a simple object. On the other hand, viewed in terms of its outside behaviour a kno should be rather simple. Consider as an analogy a cow. For the farmer it is a rather straight forward animal with known and useful bahaviour. For the veterinarian a cow is far more complex because he has to understand how it behaves internally. At the cell level a cow is probably an immensely complex object to describe. We believe that an end user should view and deal with objects in the same way as a farmer deals with his cows.

3. User oriented objects

We are interested in defining objects which can be potentially useful to users. The objects are defined in terms of the object specification language as discussed in the previous section. We expect these objects to be defined by object oriented programmers and then made available to users. We do not stipulate, therefore, that they are simple, or easy to define. We expect, however, to be easy to describe to users, possibly by using physical analogs. We also expect them to have some wide use. In this section we discuss user oriented objects as they will be described to users.

A user oriented KNOwledge acquisition, dissemination and manipulation object (in short kno) consists of : a center, a body and a set of reflexes. The center contains the kno's identifier and information on acquaintances and past history. Detailed contents of the center are not visible outside a kno. The center's contents are needed mainly by the object manager for housekeeping purposes. The center's contents become especially important when a kno moves or dies.

The body of a kno consists of a set of named relations using a set of named attributes. The kno can also have other local variables used in its rules. The body is the part of its data structures which are visible outside the kno. We expect that the attributes of a kno's body are within a universally known set of attributes. In this way the meaning of such attributes is clear. One way to achieve this requirement is to assume that a kno is always an instance of a given kno class. In this case the body types of allowable kno classes are known and understood.

4. Reflexes

The reflexes of a kno are the rules which are visible from outside. The kno may have other rules which are important for its operation. They are not part of reflexes if their operation does not manifest in behaviour which affects other kno's, users, or the data base.
Reflexes have the form :

<cause> => <effect>

and they are indivisible. They operate potentially in parallel but in a serializable fashion. Reflexes are performed when the <cause> part is satisfied completely. They perform what is prescribed in the <effect> part.

The <cause> part is the conjunction of a number of clauses. Each <cause> clause can be of the following types.

1) <user cause>
   This is like an oracle coming from a user outside the kno. It takes the form of a nudge or a menu selection. It implies the desire of a user to perform the rule represented by the reflex, provided the other <cause> clauses are also satisfied concurrently. Nudges can not be saved for later time like tokens.

2) <object cause>
   A specified object, an acquaintance, has to perform a corresponding reflex at the same time. The corresponding rules are fired together in one event provided all their causes are satisfied.

3) <data base cause>
   A Boolean condition of data base selections in terms of the data base available in the kno's environment (local data base). This feature enables the deposition of tokens and values in the data base by kno's to be used later to invoke reflexes of other kno's.

4) <body cause>
A Boolean condition of selections and comparisons between attributes of the kno's body and local data base attributes. This feature also allows sequencing of reflexes by modifying internal variables used in causes of other reflexes.

The <effect> part of a reflex is a _series_ of clauses which are performed in order. The reflex is not complete (and it should be rolled back) unless all the clauses are performed. The <effect> clauses can be of the following types.

1) <body effect>
An assignement of an expression including body attributes and local data base attributes to the local body attributes. This includes the possibility of insertion in which case the past values of attributes are retained. With this feature a kno can obtain information from the local data base.

2) <data base effect>
An assignement of an expression of body attributes and local data base attributes to the local data base. With this feature a kno can deposit information to the local data base.

3) <object effect>
This effect allows the triggering of a reflex in an acquaintance, including the possibility of exporting some body values to another kno. This effect presupposes that the other kno is available and willing to operate its reflex. If not the original reflex cannot be performed.

4) <user effect>
This effect comes as an alarm to the user. It also presupposes that the user is there to receive it, or else the reflex is not preformed.

5. Existential rules

There are a number of rules which are special. We will call them _existential rules_ because they affect the existence of objects. Their causes are the same as any other rules. We would actually expect to be triggered by simple body or data base flags to make their firing conditions very clear. Their effects are very important to other objects, other environments and themselves. We will enumerate the effects of special existential rules.

1) <move effect>
    The object performing this rule is moved to another environment as specified, i.e, to another station. The object is removed from the environment of its current object manager. The move has ramifications in terms of disabling conditions waiting for events and has to be handled carefully.

2) <die effect>
    The object commits suicide by firing this rule. In essence, it is like a move to nowhere. The body of the object falls back as part of the local data base. We would expect a data base type corresponding to each object class. The rules are also stored (but they can be stored once).

3) <export effect>
    The object exports by copying a rule or a part of its body to another object. We will assume that the other object fires a corresponding rule with an import effect. Exporting-importing are parts of an event. The importing object stores the imports in a special place. Imported rules and bodies are not supposed to augment the existing rules and bodies. Imported bodies and rules can only be read and passed over to other objects. The importing object does not change class.

4) <grow effect>
    A subset of an object's rules and body are copied in a new subservient object. The new object does not operate independently but it is behaving like a limb of the original

object. Limbs cannot grow other limbs. Only heads can grow limbs. In this way there is centralized control of all the limbs. Limbs however, can move to other environments. This operation is complex but necessary. It implies that each time a limb moves the head is automatically notified.

5) <spawn effect>
    A subset of an object's rules and body are copied into a new and _independent_ object. Imported bodies and rules can also take part in the formation of the new object. This is really the way that an object can endow its offspring with more rules than it has. An object does not become more "intelligent" in terms of rules. It can, however, gather rules and pass them to its children. Before an offspring is born we have the chance to check for rule consistency (genetically doomed offspring can not be born).

With the special effects as described above we can obtain the following behaviour.

1) A complex object can be specified with one head and many limbs which can also venture in other environments.

2) An object can die. Its <dying effect> is usually triggered by somebody else. Hence an object is literally killed. When a head of a complex object dies all its limbs are killed automatically by the corresponding object menagers.

3) Objects can hop around between environments. In the case of a complex object the head and limbs coordinate their moves. Each limb has to get the head's approval (or at least acknowledgement) before it moves.

4) Objects can inject rules to other objects which in turn can produce children with a combination of their rules. This is a very powerful operation allowing objects to create new generations of more intelligent objects.

5) Objects can be handcrafted by the users. This will represent a mutation (a kno with rules which no kno had before). Although it seems crude it is also necessary. If we disallow it there will be limitations on the kno's we can have by spawning alone (closed societies don't generate intelligent species).

6. Kno species

Using the rules outlined in the previous sections we can specify many different kinds of kno's. Some of them may even be odd or demonstrate unsocial behaviour. It is important to outline and obtain classes of useful kno's and eventually even categories of similar classes. We started with an analogy between kno's and living objects in the real world. We should try to establish analogies between categories of useful kno's and categories of living objects. Most categories of living objects are defined in terms of the way they breed, what they eat and how they move. We will see that kno's fall into categories in a similar way.

A plant kno is a kno which has many restrictions in its use of existential rules.

1) A plant kno cannot move, i.e., its rules cannot have a <move effect> to another environment. A plant kno can be complex, i.e., it can use a <grow effect>, but its limbs remain local.

2) A plant kno can spawn another kno. It would be preferable not to spawn directly a plant kno but a seed kno. A seed kno can use a move rule for a couple of times and then disable it. In that way a plant kno can issue a child which can travel before it becomes a plant kno.

3) A plant kno interacts with users, the data base and other kinds of kno's but not with other plant kno's. In this way, the plant kno's "grow" independently.

There are many examples of useful plant kno's. Views in data bases are examples of plant kno's. They give a way of selecting and transforming data for a particular utilization. A knowledge base is another example of a plant kno. Rules of inference are defined based on the data of a data base. The rules give a way of interpreting the data and make some deductions. Note that the information and constraints inside different plant kno's may be different. In that way, plant kno's can provide different opinions based on the same information. Consistency is not enforced across kno's but only within them.

Any kno which moves will be called an <u>animal kno</u>. There are obviously many different cases. We will distinguish them by the way they breed, they move and they eat.

An animal kno can be simple or complex depending on whether it can grow limbs. A complex kno may have limbs residing in different environments. In that case the coordination of limbs may become a problem, especially if the communication facilities are unreliable or intermittent.

A simple kno can issue move commands in which case it will hop to another environment. A complex kno moves in a far move complex manner. Each limb can move independently. We expect, however, the moves to be serialized and controlled by the head. An interesting case is a kno which keeps its head stationed but grows and moves its limbs. In this way it can grow objects in different environments while the control remains centralized. An example of such kno's are intelligent messages as in I-mail Hogg85 .

An animal kno can produce children by using a <spawn effect> in its rules. If the child kno inherits a subset of the rules of the parent, it is not that interesting. The interesting case arises with the export of rules of one kno to another. The second kno can then produce a child which is augmented by the imported rules. In this way many kno's can participate in the birth of a new kno. Each one deposits rules in one "mother" kno which then spawns a child with a combination of all the rules deposited.

Kno's can "eat" by importing data and rules. They can import from the data base, from other kno's and from the users. If they import information from plant kno's rather than the data base they can get them preselected and possibly transformed. They don't have to issue their own queries. Kno's importing from plants are like herbivore animals. They "eat" plants. Animal kno's can import from other animal kno's either by copying or by copying and then destroying. In the latter case they operate as predators. Predator kno's can be very important for population control. For instance, if we want to destroy a free roaming kno we can do so by issuing a predator kno to chase it. In this way we decide its destruction dynamically. At that time we don't even know where the kno is in order to destroy it. Only a predator kno can find it and then destroy it ShHu82 .

There are many simple cases of extremely useful animal kno's. A carrier kno is a simple kno which moves around and can carry a message. It is destroyed when the message is delivered or deposited. A bee kno is a simple kno which can hop around among plant kno's transmitting information from one to another.

A shepherd kno is a kno which can trigger move rules in other kno's and influence them to assemble in the same environment. One of the most interesting kno's is an actor kno whose rules allow it to interpet imported rules. In this way it can act any rules Hewi77 .

We expect kno's to be prepackaged, that is prespecified and ready to use. A user can indicate with an icon interface the kno he needs to use. He can then specify some parameters on its behaviour and give it life through an object manager. Hopefully, the analogy with the real world can help the user visualize immediately the behaviour of the kno he uses.

7. Evolution

It is probably amusing to end with a parallel between world and kno evolution. As it was mentioned in the first section at the beginning there were users and light (information). Then there was matter (data) which was the equivalent of light but in more concrete form. Programming languages including object oriented systems give us the tools to construct any living cell (program). At the beginning we construct primitive cells, like our example coffee maker. The problem always remains the combination of the primitive cells and the way they coexist.

In traditional programming environments the cells were put together in a very careful way to construct a rather unwieldy animal which was more like a dinosaur. We called it an application system. As dinosaurs, application systems are all powerful and they do well a particular job. However, they are difficult to deal with and the users are like pygmies running around them with bows and arrows. Every now and then the pygmies get sick and tired and they kill the dinosaur. Another one sooner or later takes its place. This form of life was particularly successful until now but we see emerging a new environment. First, systems are getting widely distributed. We cannot easily distribute dinosaurs in little pieces. Second, users are getting sophisticated. They shoot down dinosaurs at a very fast pace. Third, the environment of a system's operation changes very rapidly. Dinosaurs can adapt with great difficulty. What we need is animals which are smaller, they adapt quickly, they move freely and they are dispensable. In our terms, we need kno's which move around, they can import data and rules from their environment and they can multiply rapidly. In such an environment new problems become important. The problem is not how to design a dinosaur from non-existing or shaky specifications. The emphasis is on how to control the object population, on how to make them adapt in foreign environments, on how they cooperate with each other and how to relate them to users. There is no such thing as the perfect kno, or object, or animal for that matter. The perfection lies in the harmony between kno's, or objects, or animals. This harmony is obtained through a reasonable cooperation between imperfect objects, and imperfect users in a fast changing world.

References

[ABBH84] M. Ahlsen, A. Bjornerstedt, S. Britts, C. Hulten, and
          L. Soderlund, "An Architecture for Object Management
          in OIS", ACM Transactions on Office Information
          Systems, Vol. 2(3), pp. 173-196, July 1984.

[Gold84] A. Goldberg, Smalltak 80 : the Interactive Programming
          Environment, Addison-Wesley, 1984.

[GoRo83] A. Goldberg and D. Robson, Smalltalk 80 : the Language
          and its Implementation, Addison-Wesley, May 1983.

[Gutt77] J. Guttag, "Abstract Data Types and the Development of
          Data Structures", Communications of the ACM, Vol.
          20(6), pp. 396-404, June 1977.

[Hewi77] C. Hewitt, "Viewing Control Structures as Patterns of
          Passing Messages", Artificial Intelligence, Vol. 8(3),
          pp. 323-364, June 1977.

[Hoar74] C.A.R. Hoare, "Monitors : An Operating System Structu-
          ring Concept", Communications of the ACM, Vol. 17(10),
          pp. 549-557, Oct. 1974.

[Hogg85] J. Hogg, "Intelligent Message Systems", pp. 113-134,
          in Office Automation : Concepts and Tools, ed. D.C.
          Tsichritzis, Springer Verlag, Heidelberg, 1985.

[LeLo85] A. Lee and F. Lochovsky "User Interface Design", in
          Office Automation : Concepts and Tools,   ed. D.C.
          Tsichritzis, Springer Verlag, Heidelberg, 1985.

[LiSc83] B. Liskov and R. Scheifler, "Guardians and Actions :
          Linguistic Support for Robust, Distributed Programs",
          ACM TOPLAS, Vol. 5(3), pp. 381-404, July 1983.

[Moon84] J. Mooney, "Oz : An Object-based System for implemen-
          ting Office Information Systems", M. Sc. Thesis, De-
          partment of Computer Science, University of Toronto,
          1984.

[Nier85] O.M. Niertrasz, "An Object-Oriented System", pp. 167-
          190, in Office Automation : Concepts and Tools, ed.
          D.C. Tsichritzis, Springer Verlag, Heidelberg, 1985.

[NiMT83] O.M. Niertrasz, J. Mooney, and K.J. Twaites, "Using
          Objects to Implement Office Procedures", Proceedings
          of the Canadian Information Processing Society
          Conference, Ottawa, PP. 65-73, May 1983.

[NiTs85] O.M. Niertrasz and D.C. Tsichritzis, "An Object-Orien-
          ted Environment for OIS Applications", Proceedings,
          Conference on Very Large Data Bases, Stockholm, August
          1985.

[Oki83]   B.M. Oki, "Reliable Object Storage to Support Atomic
          Actions", M.Sc. Thesis, MIT/LCS/TR-308, MIT Dept EE
          and CS, May 1983.

[ShHu82] J. Shoch and J. Hupp, "The Worm Programs - Early Experience with a Distributed Computation", Communications of the ACM, Vol. 25(3), pp. 172-180, March 1982.

[Ther83] D.G. Therault, "Issues in the Design and Implementation of Act2", M.Sc. thesis, TR =728, MIT AI Lab, June 1983.

[Tsic85] D.C. Tsichritzis, "Objectworld", pp. 379-398, in Office Automation : Concepts and Tools, ed. D.C. Tsichritzis, Springer Verlag, Heidelberg, 1985.

[Twai84] K.J. Twaites, "An Object-based Programming Environment for Office Information Systems", M.Sc. Thesis, Department of Computer Science, University of Toronto, 1984.

Auf dem Weg zur integrierten Bürokommunikation

Dr. H. Peuckert, Siemens AG

Einführung

Die Produktivitätssteigerung im Büro bleibt die vordringlichste Aufgabe in den kommenden Jahren, wie alle Publikationen und Kongresse zum Thema "Büroautomatisierung" zeigen. Modernen multifunktionalen Bürosystemen und integrierten Kommunikationssystemen wird dabei eine Schlüsselrolle zufallen. Diese integrierten Bürokommunikationssysteme, die die verschiedensten Formen der Informationsverarbeitung und der Kommunikation im Büro in wirklich integraler Weise unterstützen, werden erst neuerdings am Markt angeboten. Sie werden die heute in den Büros noch vorherrschenden monofunktionalen Terminals und Geräte wie Telefone, Fernschreiber, Schreibmaschinen und Datenstationen ergänzen und zum Teil ersetzen.

Neue, universell im Büro einsetzbare ISDN-Kommunikationssysteme wie HICOM von Siemens [1] schaffen ganz neue Qualitäten der Büroarbeit und der Bürokommunikation. Die Einbindung von lokalen Netzen und von Arbeitsplatzsystemen in HICOM, sowie die Ausrichtung der gesamten Produkt- und Systemlandschaft (Bild 1) auf die auf internationalen Standards beruhende Siemens-Büro-Architektur (SBA) zeigen den Weg zur integrierten Bürokommunikation.

Begleituntersuchungen für das seit mehreren Jahren produktiv eingesetzte Bürosystem 5800 haben gezeigt, daß derartige Systeme sowohl die Produktivität der Büroarbeit deutlich steigern, als auch hohe Akzeptanz bei den Benutzern finden [2]. Komplette Dokumente, bestehend aus Text, Daten und Grafik, werden durchgängig elektronisch behandelt, d.h. erstellt, überarbeitet, archiviert, verteilt und erst bei Bedarf ausgedruckt. Die Funktionsvielfalt dieses Bürosystems sowie seine komfortable Bedienungsweise [3] ermöglichen die Rückkehr zur ganzheitlichen Vorgangsbearbeitung an einem Büroarbeitsplatz.

Stand der Bürokommunikation heute

Betrachtet man den Einsatz der heute in Büro und Verwaltung vorhandenen Hilfsmittel wie Zentralrechner, Nebenstellenanlagen, Arbeitsplatzsysteme und Endgeräte, sowie die von diesen genutzten Kommunikationswege, so kann man folgende Feststellungen treffen:

- Es werden weitgehend monofunktionale Geräte für die Kommunikation und Bearbeitung der unterschiedlichen Informationsarten Sprache, Bild, Text und Daten verwendet. Dabei entstehen durch technische Inkompatibilitäten und mangelnde Integration in großem Umfang unnötige Informationsumsetzungen - man spricht hier von Medienbrüchen.

- Die Kommunikationswege sind speziell auf die verschiedenen Informationsarten zugeschnitten.

- Effizienzsteigerungen sind durch spezielle Unterstützungen nur in spezifischen Aufgabenbereichen zu verzeichnen. Als Beispiele sind hier die DV-Programme für gut strukturierbare Arbeitsabläufe oder die Textverarbeitung in Sekretariaten und Schreibdiensten zu nennen.

- Durch Nichtberücksichtigung von ganzheitlichen Arbeitsprozessen unter Beibehaltung bisheriger Arbeitsteilung treten Reibungs- und Zeitverluste auf, die vermieden werden könnten.

Die Analyse dieser Situation zeigt, daß erhebliche Verbesserungen zu erreichen wären, wenn folgende Prämissen ganz oder zumindest weitgehend erfüllt sind:
- Integration der Informationsbasis für Sprache, Bild, Text und Daten;
- Integration bei den Informationswegen, Netzen, Diensten und den Vermittlungssystemen;
- Integration der mit der Vorgangsbearbeitung verbundenen Kommunikationstätigkeiten.

Auf diese notwendigen Integrationsschritte hat die Einführung eines ISDN-Kommunikationssystems und die Einführung des öffentlichen ISDN-Netzes einen ganz gravierenden Einfluß [4].

Neue ISDN-Kommunikationssysteme

Um die Bedeutung von ISDN (Integrated Services Digital Network) und der ISDN-Kommunikationssysteme für den Nutzer und den Betreiber aufzuzeigen, seien zunächst einmal die wesentlichen
Merkmale des ISDN dargestellt.

Technik
- Digitaltechnik von Endgerät zu Endgerät, für Übertragung und Vermittlung;
- zwei Nutzkanäle mit 2 x 64 kbit/s Übertragungsrate sowie ein leistungsfähiger Signalisierungs-
  kanal mit 16 kbit/s;
- gleicher Übertragungsweg für Sprache, Bild, Text und Daten.

Kommunikation
- Die Mehrfachkommunikation ermöglicht gleichzeitige Verbindungen über verschiedene
  Dienste zu unterschiedlichen Teilnehmern;
- Mischkommunikation ermöglicht simultan zur Sprache die Übertragung von Bild, Text und
  Daten zum gleichen Teilnehmer;
- Für alle Kommunikationsformen *eine* einheitliche Rufnummer beim Anwender.

Standardschnittstelle
- Die ISDN-Standardschnittstelle ist herstellerunabhängig;
- ISDN-Systeme sind *offene* Kommunikationssysteme;
- die *Steckdose* für Kommunikation wird möglich;
- Inhouse-Kommunikationssysteme und öffentliche Systeme wachsen zu einem einheitlichen
  Gesamtnetz zusammen.

Dienste
Das ISDN-Diensteangebot umfaßt:

- die *Standarddienste* 'Fernsprechen', 'Fernschreiben', (Teletex bringt Geschäftsbriefqualität),
  und 'Fernkopieren' (Fax);
- *Datenübermittlungsdienste* mit Anschluß an Datennetze mit Leitungs- und Paketvermittlung;
- *höhere Dienste* wie 'Bildschirmtext' (Btx) und 'Elektronische Post' für Sprach- und Text-
  mitteilungen;
- *Alarm und Überwachungsdienste* sind für einen späteren Zeitpunkt geplant.

Endgeräte
- Die Entwicklung und Herstellung neuartiger multifunktionaler Endgeräte in großen Stückzah-
  len und damit zu akzeptablen Preisen wird möglich.
- Der Anwender kann diese Endgeräte bei der Büroarbeit für Kommunikation *und* Bearbeitung
  von Sprache, Bild, Text und Daten einsetzen.
- Die bisher recht unterschiedlichen Bedienoberflächen der verschiedenen Endgeräte werden
  vereinheitlicht.

Netze
- Das vorhandene Fernsprechleitungsnetz wird weiterverwendet.
- Die Nutzung der 'Kommunikationssteckdose' für Einfach- und Mehrfachkommunikation erfolgt
  über den vorhandenen zweiadrigen Fernsprechanschluß.
- Alle am Arbeitsplatz verwendeten digitalen Endgeräte lassen sich über dieses Netz zusammen-
  schließen.

Das neue universelle Kommunikationssystem HICOM integriert als erstes echtes ISDN-System alle Kommunikationsformen in einem Netz, auf einer Leitung, unter einer Rufnummer - und auf der Basis der in jedem Unternehmen vorhandenen Telefonkabel. Dank der Gesamtübertragungsrate von 144 kbit/s lassen sich auf einer Leitung gleichzeitig zwei Kanäle zu je 64 kbit/s benutzen; das eröffnet die Möglichkeit der simultanen Mischkommunikation in Form von Sprache, Text, Bild und Daten. Was bisher Komforttelefon, Textterminal und Datenstationen bieten, vereint das HICOM-Multiterminal: Damit kann erstmals von einem einzigen Gerät aus die Mischkommunikation genutzt werden.

Im HICOM-System (Bild 2) schaffen Adapter die Möglichkeit, digitale Sprachterminals mit herkömmlichen Faxgeräten sowie Teletexstationen miteinander zu verknüpfen und die neue Leistung - die Misch- und Mehrfachkommunikation - zu nutzen. Einen zweiten HICOM - Funktionsbereich stellen die integrierten Server dar - als additive Leistung und Bestandteil des Gesamt-Systems. Zu nennen sind hier der Administrations- und Datenserver als Modul für zusätzlichen Datenkomfort, der Text-Fax-Server als Modul für Speicher- und Bearbeitungsfunktionen, sowie der Voice-Mail-Server als Modul für die Speicherung und Verteilung von Sprachinformationen.

Kooperation von Lokalen Netzen (LAN) und ISDN-Kommunikationssystemen

ISDN-Kommunikationssysteme steht im Mittelpunkt der gesamten Bürokommunikation. Hierfür sind vor allem zwei Eigenschaften maßgebend:

● die digitale Kommunikationssteckdose mit 2x64 kbit /s Übertragungsleistung und
● die Verwendung des bisherigen flächendeckenden Telefonleitungsnetzes.

Dies bedeutet, daß nicht nur - wie bisher schon - Telefonendgeräte, sondern zukünftig ganz allgemein alle Endgeräte am Àrbeitsplatz an das ISDN-Kommunikationssystem über das bereits installierte Telefonnetz anschließbar werden: Personal-Computer, Textsysteme, Fernkopierer, Bildschirmtextgeräte, Datenterminals und Arbeitsplatzsysteme. Dadurch kann weitgehend das heute noch erforderliche Nebeneinander von Telefon-, Daten- und Textnetz am gleichen Arbeitsplatz entfallen. Deren Anschluß und Transportleistungen kann das ISDN-Kommunikationssystem übernehmen.

Das bedeutet nun aber keinesfalls, daß zukünftig alle Endgeräte nur noch über das ISDN-Kommunikationssystem angeschlossen werden müssen. Es wird auch weiterhin Datennetze und lokale Hochgeschwindigkeitsnetze (LAN) geben. Für Benutzer, die überwiegend mit Datensichtgeräten oder Expertenarbeitsplatzsystemen arbeiten, ist im allgemeinen der direkte Anschluß an die DV-Anlage oder an das LAN sinnvoll.

Das ISDN-Kommunikationssystem kann sicher viele Aufgaben der heutigen LAN's übernehmen, bei denen es nicht auf eine sehr hohe Übertragungsgeschwindigkeit ankommt. Die Geschwindigkeit von 64 kbit/s ist ausreichend für die schelle Übertragung einzelner Textdokumente oder Bilder. Man benötigt weniger als 10 Sekunden Übertragungszeit für eine A4-Seite mit Grafik und wenige Zehntelsekunden für eine Textseite. Ebenso können abgesetzte Arbeitsplatzsysteme mit Zentralrechnern oder Servern in Lokalen Netzen sowie die Lokalen Netze einer Firma oder eines Standorts untereinander über diese 64 kbit/s -Leitungen verbunden werden (Bild 3).

n Zukunft wird es eine ausgeprägte Kooperation zwischen ISDN-Kommunikationsanlagen und Lokalen Netzen geben. In der Regel liegen die Vorteile der LAN's bei höheren Kanalbreiten, höheren Übertragungsgeschwindigkeiten und niedrigen Einstandskosten. Die Vorteile der Kommunikationssysteme liegen im Bereich der Sprachkommunikation, der Einbeziehung der Fernkommunikation und der Nutzung des vorhandenen Telefonleitungsnetzes.

Die ISDN-Kommunikationssysteme eignen sich vorzüglich für die Bild-, Text- oder Datenübertragung, wenn die Verkehrsstruktur nicht zu stark von der des Fernsprechens abweicht (Verbindungsdauer einige Sekunden bis zu wenigen Minuten). Multifunktionale Bürosysteme, die sich aus Kostengründen gemeinsam benutzter Betriebsmittel bedienen (Server z.B. für Ablage, Drucken, externe Kommunikation), tauschen häufig sehr kurze Nachrichten mit schnell wechselnden Partnern aus. Es wäre nicht ökonomisch, diese Verbindungen nur leitungsvermittelt über eine Nebenstellenanlage herzustellen, da dann das Steuerwerk viel größer dimensioniert werden müßte.

Hierfür braucht man Paketvermittlungstechniken, wie sie in den Lokalen Netzen eingesetzt werden.

Folgende Punkte sollten bei der Auswahl eines LAN berücksichtigt werden:

- Festlegung der anzuschließenden Terminals und der zu übertragenden Kommunikationsarten
- Erfüllung der internationalen ISO- und CCITT-Standards für LAN's und Dokumentaustausch
- Einfache Änderbarkeit und Erweiterungsfähigkeit des Netzes
- Zuverlässiges Zugriffsverfahren auch bei hohem Verkehrsaufkommen

Wichtig ist auch die Entscheidung zwischen Basis- und Breitband-System (Modulationsart), denn sie bestimmt die Integrationstiefe der Kommunikationsarten. Es ist dabei zu berücksichtigen, daß Breitbandsysteme zwar den Vorteil der Sprach- und Bewegtbild- Übertragung auf demselben Kabel bieten, andererseits weit höhere Anschlußkosten erfordern und in Bezug auf Störungssicherheit Schwächen aufweisen. Weiterhin ist die Flexibilität bei Umzügen und Netzerweiterungen geringer. Dazu kommen Probleme bei der Signallaufzeit und der Protokollkonvertierung.

Siemens hat sich bei Lokalen Netzen auf Basis der heute vorherrschenden Koaxialkabel für den LAN-Standard CSMA/CD - Basisband ("Ethernet") entschieden, der beim Bürosystem EMS 5800 verwendet wird. Diese Technik ist seit über 10 Jahren in der Praxis erprobt, robust und ausfallsicher. Neue Geräte können einfach und schnell während des laufenden Betriebes angeschlossen werden. Für zukünftige hochleistungsfähige Lokale Netze auf Glasfaser-Basis werden Ring-Strukturen mit Token-Zugriffsverfahren angestrebt.

Siemens-Büro-Architektur SBA

Die heute im Büro überwiegend eingesetzten spezialisierten Kommunikationssysteme jeweils für Sprache und Bild, Text und Daten werden zusammenwachsen. Die vorhandenen Inkompatibilitäten bei Hard- und Software, bei Funktionen und Services, bei Protokollen, Schnittstellen, Netzen und Diensten verunsichern den potentiellen Büro-Anwender in seiner Entscheidung, erschweren die Realisierung und verursachen vermeidbare Kosten.

Wir halten deshalb ein Regelwerk für notwendig, das verbindlich vorschreibt, welche Systeme in die umfassende Bürolösung eingebunden werden sollen, wie sich die Komponenten dieser Systeme untereinander verständigen sollen (Dokumentenaustausch) und welches der Inhalt dieser Verständigung ist (Dokumentenstruktur). Ein solches Gesamtkonzept wird durch die neu geschaffene Siemens-Büro-Architektur (SBA) definiert. Sie stellt ein Regelwerk zur verbindlichen Festlegung von Produkttypen, Konfigurationen, Benutzer-Schnittstellen und Protokollen dar.

Hierbei wurden von ISO/CCITT vorgegebene internationale Normen berücksichtigt. Deren wichtigster Aspekt ist ihre langfristige Gültigkeit und die "Normative Kraft" in Richtung allgemein geltender Standards, die sozusagen die SBA "prägen".

Zielsetzung der SBA ist die Minimierung der Produktvielfalt, die Funktionalität im Verbund und die Berücksichtigung von Schnittstellen wichtiger Fremdhersteller. Damit wird erreicht, daß technische Reibungsverluste und Inkompatibilitäten weitgehend ausgeschlossen sind.

Die SBA leistet einen wesentlichen Beitrag zur Zukunftssicherheit: Dadurch, daß weitgehende Aufwärtskompatiblität ("wachsen ohne zu wechseln") innerhalb der SBA-Systemfamilien besteht, daß heute noch nicht verfügbare, aber sich durchsetzende Techniken leichter adaptiert und eingebunden werden können und daß eine Langfristplanung für Bürokommunikation durchgeführt werden kann.

Durch das Einbeziehen der ISDN-Kommunikationssysteme in das Regelwerk der SBA lassen sich die ISDN-Leistungsmerkmale für alle Terminals und Geräte nutzen und es ergibt sich ein freizügiger Dokumentenaustausch zwischen den SBA-Komponenten untereinander bzw. über das ISDN-Kommunikationssystem. Ferner ermöglichen die in der SBA vorgesehenen Gateways den Informationsaustausch mit wichtigen Fremdsystemen. Das ISDN-Kommunikationssystem HICOM steht damit künftig im Mittelpunkt der innerbetrieblichen Kommunikaiton.

Ausblick

Betrachtet man die Bürokommunikation einmal völlig losgelöst von der Technik, dann ist offensichtlich, daß schon bei der direkten, persönlichen Kommunikation mehrere Kommunikationsformen gleichzeitig benutzt werden: die Sprache, schriftlich fixierte Dokumente aus Text, Bild und Daten sowie das Bewegtbild. Es ist das langfristige Ziel der Bürokommunikation, alle diese Kommunikationsformen dem Menschen auch bei der Fernkommunikation zu bieten.

Mit den in diesem Beitrag beschriebenen, heute am Markt verfügbaren komfortablen Arbeitsplatzsystemen und den ISDN-Kommunikationssystemen für die gesamte Bürokommunikation werden die Sprach- und Dokumentkommunikation bereits optimal unterstützt.

In Zukunft wird hierzu ergänzend die Bewegtbildübertragung in Form des Bildfernsprechens hinzukommen. Dieser Dienst, dessen Einführung von der Deutschen Bundespost ab 1990 im öffentlichen Breitband-ISDN geplant ist, kann für ein privates ISDN-Kommunikationssystem mit einem gewissen zeitlichen Vorlauf erwartet werden. Die für die Bewegtbildübertragung benötigten hohen Übertragungsraten von 34 bis 140 Mbit/s auf Glasfaserkabeln ermöglichen dann auch die superschnelle Dokumentübertragung im Büro.

Literatur

[1] Puls, W.: HICOM - das erste ISDN-Kommunikationssystem für private Netze.
ISDN im Büro-HICOM: Sonderausgabe telcom report und Siemens-Magazin COM 3.85

[2] Allerbeck,M. und Peuckert, H.: Bürosysteme prägen Arbeitsabläufe.
data report 19 (1984) Heft 1, S. 32 - 35

[3] Peuckert, H.: Der elektronische Schreibtisch - Bedienungseigenschaften des Arbeitsplatzsystems 5815. telcom report 6 (1983) Heft 2, S. 135 - 139

[4] Pribilla, P.: ISDN als Schlüssel zu mehr Anwendernutzen im Büro.
ISDN im Büro-HICOM: Sonderausgabe telcom report und Siemens-Magazin COM 3.85

SIEMENS

Öffentliche Netze

K 100 IN/16
12/84

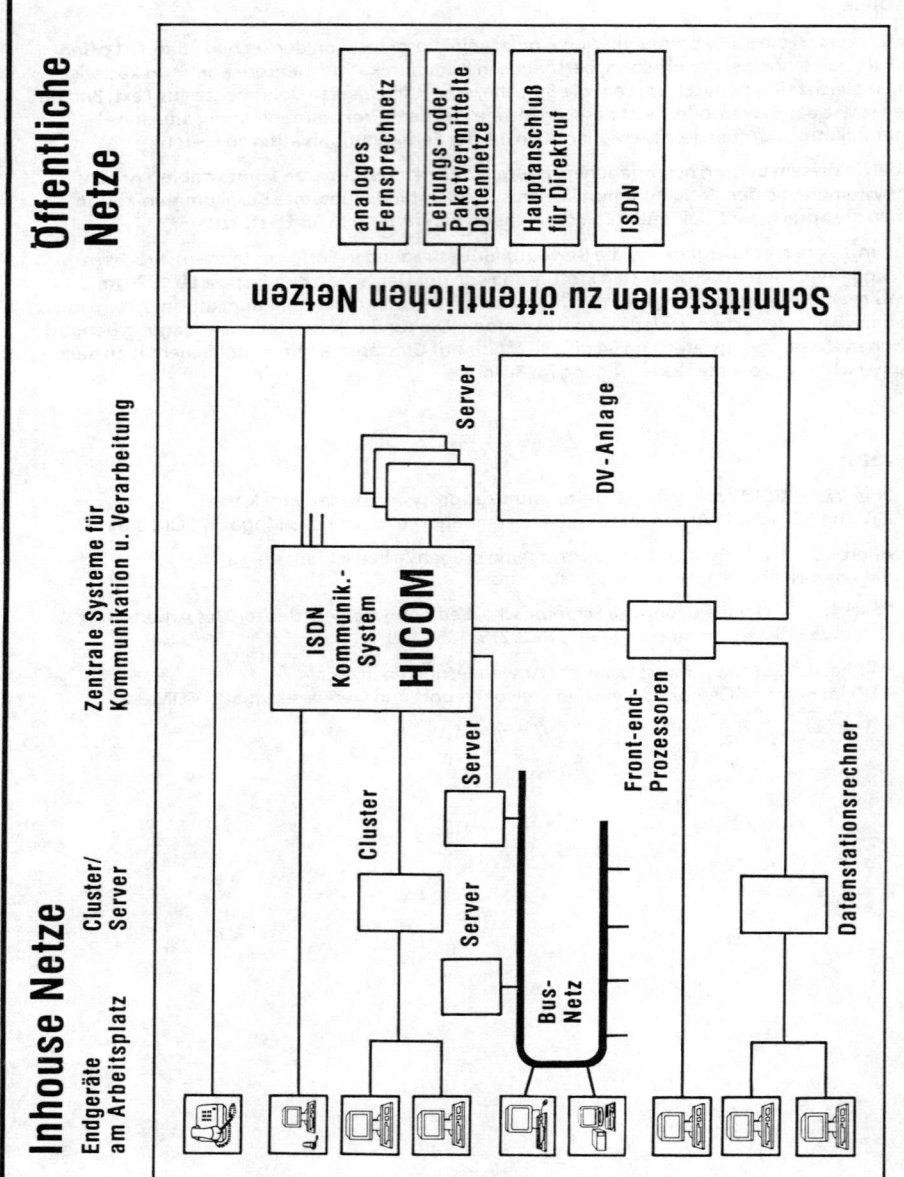

Inhouse Netze

Endgeräte am Arbeitsplatz · Cluster/Server · Zentrale Systeme für Kommunikation u. Verarbeitung

Schnittstellen zu öffentlichen Netzen

analoges Fernsprechnetz · Leitungs- oder Paketvermittelte Datennetze · Hauptanschluß für Direktruf · ISDN

ISDN Kommunik.-System **HICOM** · Server · DV-Anlage · Cluster · Server · Server · Bus-Netz · Front-end-Prozessoren · Datenstationsrechner

Produkt- und Systemlandschaft

Bild 1

SIEMENS

K 100 IN/1754 (
12/84

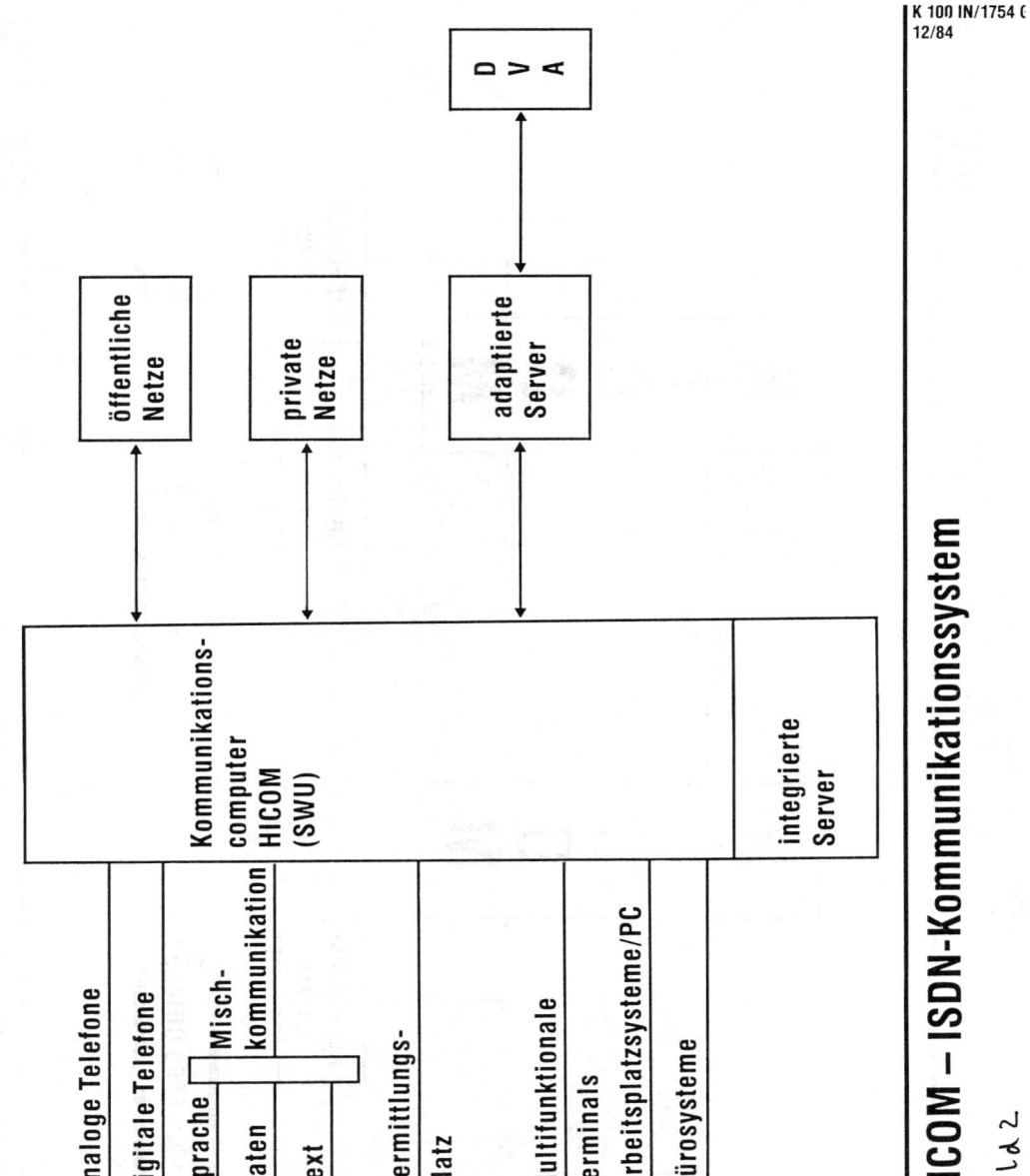

HICOM – ISDN-Kommunikationssystem

Bild 2

K 100 IN/18
12/84

SIEMENS

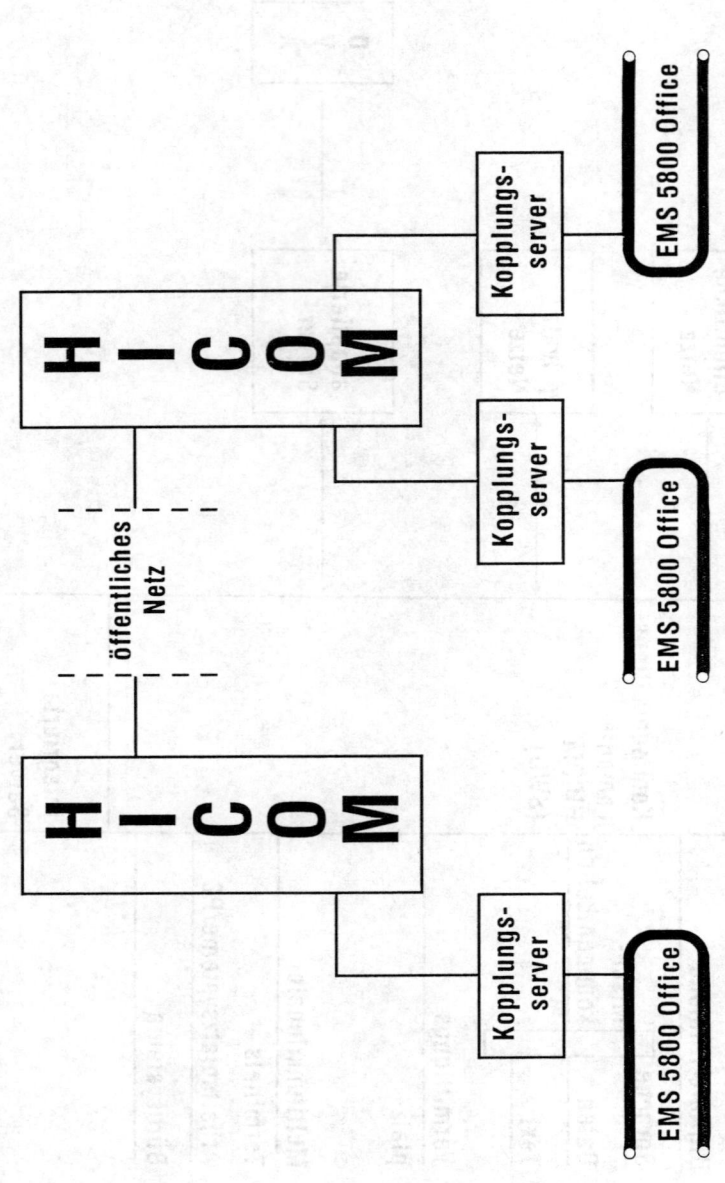

HICOM – Kopplung von Kommunikationscomputer und LAN

Videokonferenzen

Entscheidender Schritt in der Unterstützung von Managern und
Fachspezialisten durch integrierte Bürosysteme

Dipl.-Ing. Till W. Truckenmüller

Dipl.-Kfm. Joachim Niemeier

Dipl.-Math. Klaus - Peter Fähnrich

Fraunhofer-Institut für Arbeitswirtschaft und Organisation (IAO)
Stuttgart

Gruppe Bürosystemforschung

April 1985

Videokonferenzen

Entscheidender Schritt in der Unterstützung von Managern und Fachspezialisten durch integrierte Bürosysteme

1 Einleitung

In diesem Beitrag soll die Aufmerksamkeit auf eine neue Form der Tele-kommunikation, die Videokonferenz, gelenkt werden, die inzwischen auch in der Bundesrepublik Deutschland in Pilotprojekten für ihren Breiteneinsatz ausge-testet wird.

Konferenzen wurde schon immer eine besondere Aufmerksamkeit geschenkt. Dies gilt besonders, wenn wichtige Informationen auszutauschen, Entschei-dungen zu treffen oder Aufgaben innerhalb und zwischen Unternehmen zu koordinieren sind. Vor allem Führungskräfte verbringen einen großen Teil ihrer Zeit in Besprechungen. Es liegt deshalb nahe, das Augenmerk auf Methoden zur Unterstützung bei der Durchführung von Konferenzen zu richten und Mittel zur Verfügung zu stellen, um diese so effektiv wie möglich zu gestalten.

Videokonferenzen sind als Baustein im Konzept der integrierten Bürosysteme zu sehen. Einleitend wird deshalb kurz auf Basisbausteine und Entwicklungs-tendenzen im Rahmen der Bürokommunikation eingegangen. Ausgehend von einer detaillierten Analyse einzelner Tätigkeiten von Managern und Fachspezia-listen werden anschließend Anwendungsfelder für Videokonferenzen aufge-zeigt. Zukunftsorientierte Entwicklungstrends werden als Entscheidungsgrund-lage für die Breiteneinführung der Videokonferenztechnik in konkreten An-wendungsszenarien aufbereitet.

2 Ausgangssituation und Trends bei der Bürorationalisierung

Die Situation für viele Unternehmen ist heute geprägt von Begriffen wie Steigerung der Produktivität, Kostenreduktion, Erhöhung der Rentabilität durch Mitarbeitereinsparung oder reaktives Marktverhalten.

Der bestmögliche Einsatz der Produktionsfaktoren Arbeit und Kapital (Betriebsmittel und Werkstoffe) kann dabei als Mittelpunkt unternehmerischen Handelns gelten. Dies hat jedoch zur Folge, daß sich die Rationalisierungsbemühungen auf den Fertigungsbereich konzentrieren. Die Produktivität konnte damit in den letzten 20 Jahren um ca. 90 % gesteigert werden.

Weitaus geringere Beachtung wurde hingegen den Rationalisierungsbemühungen im administrativen bzw. Bürobereich geschenkt. Der wohl entscheidende Grund für das wesentlich geringere Engagement im Bürobereich liegt im falschen Einsatz der zur Verfügung stehenden Technik oder auch im Fehlen dieser Technik, die zudem den Arbeitsabläufen im Büro nicht immer gerecht wird bzw. diese nicht entscheidend unterstützt oder verbessert. Erfolge wurden nur im Bereich rein repetitiver Prozesse bei der Verarbeitung strukturierter Daten erzielt (z.B. Fakturierung, Lohnbuchhaltung etc.).

Typisch für die Arbeitsabläufe im Büro ist jedoch ein weitgehend unstrukturierter Austausch von Informationen. Neben den Faktoren Arbeit und Kapital stellt sich somit die Information als wesentliches drittes Bein bei der Beurteilung des "Büros" dar. Daraus läßt sich ableiten, daß der zukünftige Erfolg einer Unternehmung wesentlich von der Beherrschung dieses dritten Produktionsfaktors Information abhängt.

Dritter Produktionsfaktor im Büro: Die zunehmend strategische Bedeutung von Informationen

Diese Situation reflektiert nicht zuletzt die Entwicklung hin zur Schaffung von mehr und mehr Dienstleistungsunternehmen, den Übergang von Großserienfertigung zu konsumangepaßten Kleinserien und einer auftragsbezogenen Fertigung , sowie der laufend wachsenden Komplexität der produzierenden und administrativen Prozesse. Laut einer US-Regierungsstudie entstammen bereits heute über 75 % aller technischen Produkte des amerikanischen Marktes Serien von unter 50 Stück. Als Beispiel kann die Entwicklung von CIM, dem Computer Integrated Manufacturing, gelten.

So wie im Bereich der Produktion durch CIM, sollen im Bürobereich "Integrierte Bürosysteme" eine Initialzündung für unsere Unternehmen liefern. Sie sollen unternehmensinterne und -externe Kommunikation mit dem Ziel der Entwicklung marktangepaßter Unternehmensstrategien, der Produktinnovation, der

Verkaufsförderung und der Kundenzentriertheit fördern. Sie sollen weiterhin dazu beitragen, unsere Unternehmen im Bürobereich zu flexibilisieren und zu dezentralisieren.

Bild 1: Integrierte Bürosysteme - Eine Initialzündung für unsere Unternehmen

Auf diesem wachstumorientierten Weg zum Chancenmanagement sind Verhaltensänderungen bei Führungskräften und Mitarbeitern notwendige Voraussetzungen. Die Angst vor Innovationen, der daraus resultierende Unsicherheitsdruck, sowie die reine Adaption vorhandener neuer Technologien müssen überwunden werden. Dies unterstreicht noch einmal deutlich die Bedeutung, die die Unternehmen Qualifizierungskonzepten beimessen sollten.

Integrierte Bürosysteme: Eine Initialzündung für unsere Unternehmen

Integrierte Bürosysteme sind eine neue Rationalisierungstechnologie, in ihren Möglichkeiten und Grenzen kaum ausgelotet. Wie bei jeder neuen Rationalisierungstechnologie stellt sich auch hier eine Vielzahl drängender Fragen. Sie reichen von rein technikorientierten Fragestellungen über Nutzungskonzepte bis hin zu Unternehmensstrategien. Für Praktiker spielen Fragen der Wirtschaftlichkeit eine hochrangige Rolle. Gerade bei einem massiven wirtschaftlichen und gesellschaftlichen Umbruch, wie er durch den Einsatz hochtechnischer Rationalisierungssysteme im Bürobereich ansteht, sind Fragen des Unternehmensumfeldes nicht zu vernachlässigen / 1 /.

Die Einstiegsfrage bei der Beurteilung des Einsatzes moderner Informations- und Kommunikationssysteme ist, in welcher Weise die Arbeitsprozesse im Büro sinnvoll unterstützt werden können. Der Arbeitsprozess Kommunikation bzw. Informationsaustausch kann jedoch gerade wegen seiner Unstrukturiertheit nicht einfach systematisiert und rationalisiert werden, wie z.B. in der Fertigung beim Schweißen ein Roboter ehemals von Menschen ausgeführte Tätigkeitselemente übernimmt. Das Ziel besonders im Bereich des mittleren und oberen Managements, kann nur eine möglichst effektive Unterstützung des Faktors Kommunikation sein.

Rationalisierung als Ergebnis effektiver Unterstützung durch integrierte Bürosysteme

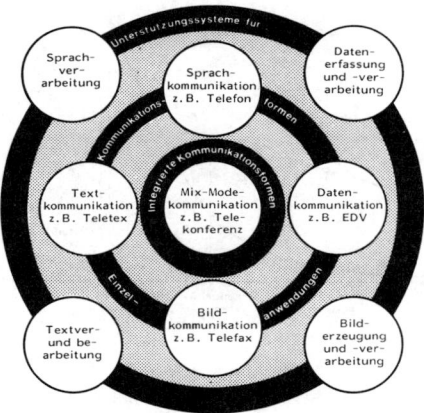

Bild 2: Kommunikationsformen und ihre Anwendungsbereiche

Dabei wird unter Kommunikation die Gesamtheit aller Arbeiten im Büro, die im wesentlichen aus Teilprozessen der Kommunikation zwischen Personen oder Personen und Maschinen besteht, verstanden. Betrachtet wird nicht nur die technische Übertragung von Daten, sondern auch die menschliche und/oder maschinelle Informationsver- und -bearbeitung sowie Speicherung in Form von Sprache, Text, Daten und Bildern (Bild 2).

Zur weiteren Strukturierung und Beurteilung der Arbeitsprozesse im Büro wurden zahlreiche Benutzerbefragungen und -untersuchungen durchgeführt, mit dem Ziel, die Anforderungen an zukünftige Systeme zu ermitteln. Dabei wurde übereinstimmend in allen relevanten Arbeiten festgestellt, daß die Integration der Kommunikation und der entsprechenden Technik bzw. Technologie besonders wichtig ist. Die Verschmelzung von Informations- und Kommunikationstechnologien über verschiedene Stufen der Integration ist in Bild 3 dargestellt. Die beiden Kurven stellen die Zustände 1984 und 1990 dar. Es wird erwartet, daß der Entwicklungstrend ausgehend von Insellösungen (z.B. Text-Mehrplatzsysteme) und gekoppelten Systemen (z.B. multifunktionale Systeme - Workstations) zukünftig massiv zu integrierten Systemen (z.B. Endgeräte im Rahmen eines Netzwerkes mit einer Vielzahl von Diensten) gehen wird. Videokonferenzen werden dabei ein Baustein dieser Dienste sein.

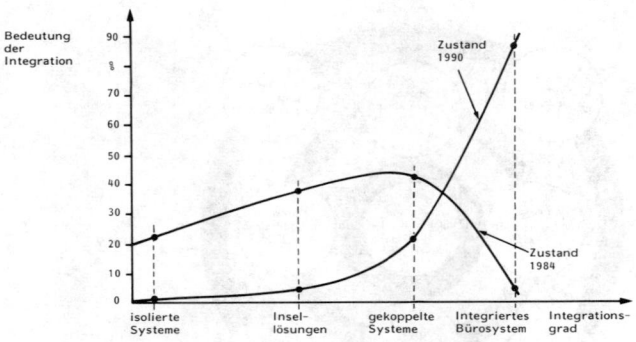

Bild 3: Verschmelzen von Informations- und Kommunikationstechnologien

Analysiert man die einzelnen Arbeitsprozesse im modernen Büro, so lassen sich unterschiedliche Stufen in der Bedeutung der Tätigkeitsfelder erkennen. Geht man von diesem Tätigkeitsspektrum aus, kann leicht festgetellt werden, daß eine entscheidende Unterstützung für den Personenkreis Manager und Fachspezialisten nur durch leicht bedienbare und integrierte Systeme erreicht werden kann.

```
┌─────────────────────────────────────────────────────────┐
│              Besonders kritische Tätigkeiten              │
│                                                           │
│   ● Wiedergewinnung von abgelegten Informationen          │
│   ● Besprechungen                                         │
│   ● Austausch von Dokumenten                              │
│   ● Zugriff auf gesuchte Personen                         │
│                                                           │
└─────────────────────────────────────────────────────────┘
```

```
┌─────────────────────────────────────────────────────────┐
│                  Bedeutsame Tätigkeiten                   │
│                                                           │
│   ● Zeitlich versetzte Übermittlung von Nachrichten, Memos usw. │
│   ● Erstellen von Dokumenten am einzelnen Arbeitsplatz    │
│   ● Umgang mit Datenmaterial                              │
│   ● Gemeinsames Erstellen von Dokumenten                  │
│   ● Umgang mit Graphiken, Charts, Bildern usw.            │
│                                                           │
└─────────────────────────────────────────────────────────┘
```

```
┌─────────────────────────────────────────────────────────┐
│                   Wichtige Tätigkeiten                    │
│                                                           │
│   ● Arbeit an Tafel, Flip-Chart usw.                      │
│   ● Diskussion von EDV-Ausdrucken                         │
│   ● Präsentation von Bildern, Graphiken usw.              │
│   ● Erstellen von Graphiken                               │
│   ● Testen und Ausführen von EDV-Programmen               │
│                                                           │
└─────────────────────────────────────────────────────────┘
```

Bild 4: Bedeutung einzelner Tätigkeiten im modernen Büro für Manager und Fachspezialisten

3 Telekonferenzen in der Bundesrepublik Deutschland

Ein Ergebnis dieser Unterstützungsbestrebungen stellt die Telekonferenz dar. Die unter besonders kritisch eingeordneten Tätigkeiten Besprechungen, Austausch von Dokumenten und Zugriff auf gesuchte Personen können damit wirkungsvoll unterstützt werden. Je nach System findet eine integrierte Übertragung von Sprache, Text, Bild, Grafik und Daten statt. Telekonferenzen werden deshalb auch als multifunktionales Kommunikationssystem (Verbundkommunikation) angesehen.

In den USA wurden bereits Mitte der 40er Jahre die ersten Schritte in Richtung Telekonferenz getan. Gute Bewegtbildkonferenzen wurden jedoch erst Ende der 70er bzw. Anfang der 80er Jahre abgehalten. Die Anzahl der Teilnehmer hat sich dadurch in den letzten 3 bis 4 Jahren jeweils vervielfacht.

In der Bundesrepublik Deutschland wird in Audio-/Computerkonferenzen, Fernsprechkonferenzen und Videokonferenzen unterschieden (Bild 5). Die ersten beiden Konferenzarten werden bereits seit einigen Jahren auch in der Bundesrepublik erfolgreich durchgeführt. Videokonferenzen werden dagegen erst in jüngster Zeit in Form von Pilotprojekten ausgetestet (z.B. Deutsche Bundespost, ANT Nachrichtentechnik GmbH, Messerschmitt Bölkow Blohm, Ford).

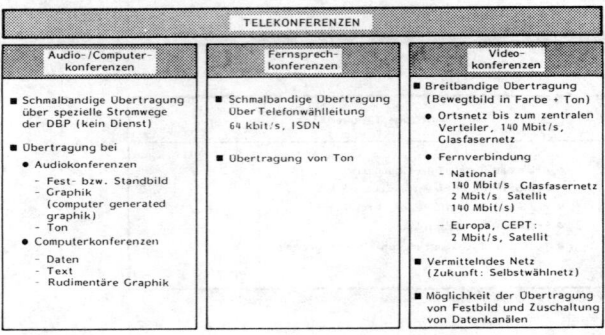

Bild 5: Formen der Telekonferenz

Der Stand der Technik auf diesem Gebiet entspricht somit eher dem Prinzip "learning by doing". Einige prinzipiellen Punkte sollten deshalb bei der Implementation von Videokonferenzen, wie bei allen neuen Informations- und Kommunikationstechnologien, beachtet werden.

o   Die Einführung neuer Informations- und Kommunikationstechnologien fordert eine Veränderung der Organisationsformen eines Unternehmens

o   Genaue Kenntnisse über die Bedarfsstrukturen der Benutzer sind ein wichtiger Schlüssel zum Erfolg

o   Die beste Technologie ist ohne entsprechenden Service nichts wert

o   Die Einführungsstrategie neuer Informations- und Kommunikationstechnologien muß mit der Unternehmensphilosophie übereinstimmen (Es
führen meist viele Wege zum Erfolg)

Aus der Sicht der Deutschen Bundespost stellen Videokonferenzen die ge-
schäftliche Anwendungsform des Bildfernsprechens (BIGFON) einschließlich
zusätzlich nutzbarer kommerzieller Applikationen dar. Angeboten werden soll
ein öffentliches, vermittelndes, digitales Netz, wobei innerhalb der Bundesrepublik in ein Kabelnetz eingespeist, ansonsten über Satellit übertragen wird.
Das modulare Konzept erlaubt jedoch auch die Anschließung der verschiedensten,
den Anforderungen des Nutzers entsprechend ausgerüsteten, privaten Video-
konferenz-Räume /2/. Die Überlegungen der Post zur Einführung des Video-
konferenz-Dienstes wurden auf der IFA 83 in Berlin vorgestellt. Realisiert wird von
der Post von Anfang an die volle Bewegtbildübertragung in Farbfernsehqualität
mit zusätzlicher Unterstützung durch Dokumenten-, Text- und Datenübertragung. Das technische Konzept konzentriert sich dabei zunächst auf die Verbindung von jeweils 2 beliebigen Videokonferenz-Räumen, läßt aber die Freiheit,
auch Multipoint- und Einweg-Konferenzschaltungen zu realisieren. Andere
Lösungen, wie z.B. Fernsprechen mit langsamer Bewegtbildübertragung sind
Spezialanwendungen, die der Abwicklung in vorhandenen oder künftigen
Schmalbandnetzen vorbehalten bleiben können /2/.

Breite Markteinführung 1985/1986

Die ersten Pilotinstallationen wurden von den Firmen ANT und MBB im Auftrag
der Deutschen Bundespost in Berlin, Hamburg und Frankfurt errichtet.

Neben privaten, firmeninternen Studios (z.B. Ford), sollen 1985/86 weitere
öffentliche Studios der Post in Ballungszentren, wie z.B. Bonn, Bremen,
Dortmund, Düsseldorf, Hannover, Köln, München, Nürnberg und Stuttgart
eingerichtet werden. Der Anschluß privater Studios soll ab Mitte 1985 angeboten
werden.

Zur Feststellung des zukünftigen Marktpotentials im Bereich der Bundesrepublik
Deutschland wurden am Fraunhofer-Institut für Arbeitswirtschaft und Organisation (IAO) in Stuttgart im Rahmen eines Forschungsprojektes /3/ Untersuchungen
über Videokonferenzsysteme durchgeführt. Erhoben und ermittelt wurden so-

wohl die Vor- und Nachteile solcher Systeme, als auch die Wünsche, Vorstellungen und Forderungen tatsächlicher und zukünftiger Anwender.

Bild 6: Videokonferenzstudio (Werkbild ANT Nachrichtentechnik GmbH)

Weit über 100 Studios in der Bundesrepublik Deutschland

Als wichtigstes Kriterium für die Beurteilung der Relevanz von Videokonferenz-Systemen wurde ein starkes Kommunikationsbedürfnis (viele Konferenzen, starker Telefon-, Telex-, Teletex-, Telefax-, Hauspostverkehr etc.) sowie ein hohes Reiseaufkommen (Flugzeug-, Dienstwagen-, Werkbusverkehr etc.) zwischen verschiedenen Standorten eines Unternehmens genannt. Weiterhin wurde festgestellt, daß bisher nur Großfirmen Überlegungen zur Einführung von Video-konferenz-Systemen angestellt haben. In Zukunft können jedoch auch verstärkt dezentralisierte mittelständische Unternehmen als Nutzer von Telekonferenzen angesehen werden. Auslandsniederlassungen der Unternehmen können diesen Trend noch verstärken.

Branchenübergreifend wurden die Vor- und Nachteile von Videokonferenzen ermittelt (Bild 7 und 8).

Vorteil Nr. 1: Schneller Informationsaustausch

Unterschiede traten bei der Bewertung der rein quantifizierbaren Aspekte auf. Wurde die Planung bzw. Realisierung der Anlage in den Organisations-, EDV-,

Marketing- oder nachrichtentechnischen Abteilungen von Führungskräften mit schwerpuktmäßig technischer Ausbildung durchgeführt, traten qualitative Vorteile in den Vordergrund, lag die Konzeption bei Personen mit betriebswirtschaftlicher Ausbildung, wurden die quantitativen Aspekte stärker gewichtet. Dieses Symptom kann bei allen Produkt- und Verfahrensinnovationen beobachtet werden.

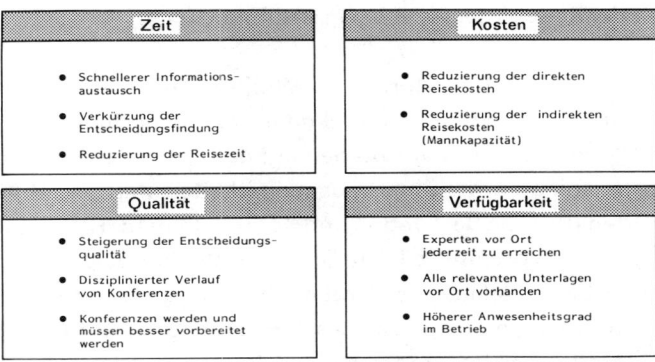

Bild 7: Hauptvorteile von Videokonferenzen

Alle Vorteile nur bei firmeninternen Studios

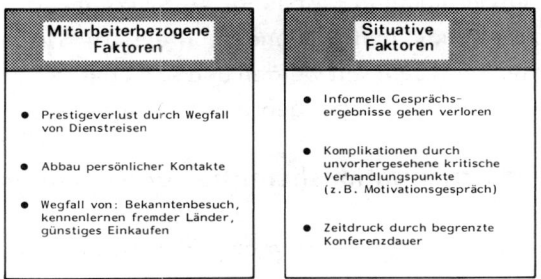

Bild 8: Nachteile von Videokonferenzen

Bei tatsächlichen Anwendern werden die qualitativen Vorteile als entscheidend für das erfolgreiche Betreiben von Tele(Video)konferenzanlagen beurteilt, wenn ein vernünftiges Kostenniveau realisiert werden kann. Dazu zwei Beispiele:

Herr Otto Raible, Leiter des Audiokonferenzstudios von IBM in Böblingen, ist der Meinung: "Hauptvorteil unseres Systems ist es, die Kommunikation der Laboratorien besonders im internationalen Bereich zu intensivieren, die Effizienz der Besprechungen zu steigern und die Reisebelastung für die Mitarbeiter zu senken. Die Reduzierung der Reisekosten ist eher ein sekundäres Ziel."

Ähnliche Auffassungen vertritt Herr H. J. Weiher, Leiter der nachrichtentechnischen Abteilung bei Ford in Köln und damit zuständig für das Pilotprojekt Videokonferenz: "Die besten Erfolge werden auf der Ebene der Fachspezialisten erzielt, d.h. bei Ingenieuren die eng zusammenarbeiten müssen, aber sich an verschiedenen Orten (Dunton bei London und Köln) aufhalten. Höchste Präferenz bei der Aufstellung der Vorteilsliste hatte für Herrn Weiher der Faktor Zeit, d.h. die Zeiteinsparung bzw. Verkürzung von Entscheidungsprozessen bei der Entwicklung neuer Produkte (in diesem Fall des Ford Granada Nachfolgers Scorpio). Die Kosteneinsparungen bei der fordeigenen Luftflotte waren nur zweitrangig."

Qualitative Vorteile weit vor quantitativen Vorteilen

Dieser Trend bei der Beurteilung durch Anwender wird auch von neueren Untersuchungen in den USA bestätigt /z.B. 4, 5, 6 ,7/. Der größte Vorteil wird erzielt, wenn die Studios direkt am Einsatzort (z.B. in der Fertigung, im Entwicklungsbereich, auf einer Großbaustelle etc.) installiert werden. Dabei muß jedoch der Kosten/Nutzen Relation besondere Aufmerksamkeit geschenkt werden. Ein Videokonferenzstudio muß wie andere integrierte Systeme im Rahmen des gesamten Unternehmens beurteilt werden und kann deshalb keiner bestimmten Abteilung kostenmäßig eindeutig zugeordnet werden.

Bei der Planung alle Organisationsbereiche berücksichtigen

Bei der Beurteilung von Videokonferenzen bzgl. der Art der durchzuführenden Konferenzen oder bei der Evaluierung für den Einsatz in verschiedenen Unternehmensbereichen wurde nach Branchen unterschieden (Bild 9).

Branchen

	Automobilbau/Flugzeugbau	Elektrotechnik/Elektronik	Maschinenbau/Anlagenbau	Chemie/Arzneimittel/Mineralölverarb. Ind.	Geld und Kredit	Versicherungen	Transport und Verkehr	Medienunternehmen	Handel	Bauindustrie	Konsumgüter/Nahrungsmittel	Forschungseinrichtungen	Ministerien/Behörden
Hierarchie													
Vorstand	◐	◐	◐	◐	●	●	◐	●	◐	◐	◐	●	◐
Oberes Management	●	●	●	●	●	●	●	●	●	●	◐	●	◐
Mittleres Management	●	●	●	●	●	●	●	●	●	◐	●	●	◐
Sachbearbeiter	●	◐	◐	◐	○	○	○	◐	○	○	○	●	○
Organisationsbereich													
F + E — Forschung	●	●	●	●	○	○	○	○	○	○	◐	●	○
Entwicklung, Versuch, Prototypenbau	●	●	●	●	○	○	○	○	○	○	◐	●	○
Konstruktion	●	◐	●	◐	○	○	○	○	○	●	◐	◐	○
Produktion — Produktionsplanung, Arbeitsvorbereitung	●	●	●	●	○	○	○	○	○	○	◐	○	○
Materialwirtschaft (Einkauf, Lagerwesen, Logistik)	◐	◐	◐	●	○	○	○	○	○	○	◐	○	○
Fertigung	●	◐	●	●	○	○	○	○	○	◐	◐	◐	○
Qualitätswesen	●	◐	●	●	○	○	○	○	○	○	◐	◐	○
Marketing — Produktplanung	●	●	●	●	◐	○	◐	○	◐	○	●	○	○
Werbung (Produkteinführung, Präsentationen)	◐	◐	◐	◐	●	○	●	●	◐	◐	●	●	◐
Vertrieb (Verkaufsplanung, Verkaufsgespräche)	◐	◐	◐	◐	◐	○	◐	◐	●	◐	●	◐	○
Service, Kundendienst	○	○	○	○	○	○	◐	◐	◐	●	◐	○	◐
Personal — Aus-/Weiterbildung	◐	◐	◐	◐	◐	○	◐	◐	◐	◐	◐	◐	◐
Seminare	◐	◐	◐	◐	●	○	◐	◐	◐	◐	◐	◐	◐
Organisation — Zentrale Organisation	◐	◐	◐	◐	◐	○	◐	◐	●	◐	◐	◐	◐
EDV	◐	◐	◐	◐	●	○	◐	◐	●	◐	◐	◐	◐
Unternehmensplanung	●	◐	●	◐	◐	○	◐	◐	●	◐	◐	○	◐
Controlling — Finanzplanung, Investitionen	◐	◐	◐	◐	●	●	◐	●	◐	○	○	○	◐
Rechnungswesen	○	○	○	◐	●	◐	○	◐	○	○	○	○	○
Berichtswesen	○	○	○	○	◐	◐	○	◐	○	○	○	○	○
Sonstige — Externe Kommunikation	◐	◐	●	◐	●	●	●	●	◐	●	◐	●	●
Großprojektabwicklung	●	◐	●	◐	○	○	●	◐	◐	●	◐	◐	●
Art der Konferenz													
Fachdiskussionen	●	●	●	●	●	●	●	●	●	●	●	●	●
Entscheidungsfindung, Problemlösung	●	●	●	●	●	●	●	●	●	●	●	●	●
Informationsveranstaltungen, Präsentationen	◐	◐	◐	◐	●	●	●	●	◐	◐	●	●	◐
Meinungsaustausch	●	●	●	●	●	●	●	●	●	●	●	●	●
Produkteinführungen, Verkaufsgespräche	◐	◐	◐	◐	●	●	●	●	●	◐	○	◐	○

○ kaum oder keine Anwendung   ◐ Anwendung   ● Hauptanwendung

Bild 9: Art der Konferenzen und Nutzung durch verschiedene Hierarchieebenen, sowie Einsatz in verschiedenen Unternehmensbereichen

Prinzipiell kann festgestellt werden, daß schwierige, komplexe, konfliktgeladene oder politisch brisante Verhandlungen mit Videokonferenzen nicht oder nur mit unzureichendem Erfolg durchgeführt werden können. Eine Ausnahme wird in der Bewältigung von kritischen Situationen oder Katastrophen, die schnelle Expertenentscheidungen fordern, gesehen.

Obwohl die Übertragungs- und Displaytechnik inzwischen wesentlich verbessert wurde, gehen doch teilweise Informationen des Gesichtsausdrucks bzw. der Körpersprache verloren. Vertrauensbildende Maßnahmen können deshalb nur bei direktem persönlichem Kontakt in vollem Umfang stattfinden. Video-konferenzen werden somit nur bei sachlichen und technisch orientierten Konferenzen und/oder wenn sich die Konferenzteilnehmer bereits kennen, den gewünschten Erfolg erziehlen.

Schwerpunkt: Sachdiskussionen, schnelle Entscheidungsfindung

Abhängig von der Unternehmensbranche bzw. dem Einsatzzweck wurden auch die Anforderungen an die Ausstattung der Studios untersucht. Übereinstim-mungen traten in folgenden Punkten auf:

o   Gefordert wird die Möglichkeit der Ton- und Farb-Bewegtbildübertragung von Personen

o   Dazu kommt die Übertragung von Texten und Bildern mittels Kameras und/oder Telefax

o   Steuerung in erster Linie durch die Konferenzteilnehmer selbst (Vertrau-lichkeit)

o   Der Konferenzraum sollte auch für gewöhnliche Konferenzen, Be-sprechungen oder Seminare zu nutzen sein

o   Zusätzliche Forderungen der Firmen an die Ausstattung der Studios waren:
    a) notwendig: Telefon, EDV-Anschluß, Videorekorder
    b) wünschenswert: Diaprojektor, Filmprojektor, Hardcopygerät

Die wichtigsten festgestellten Unterschiede bei der Einschätzung von Video-konferenz-Systemen lassen sich bei einer Einteilung in Produktions- und Dienst-leistungsunternehmen zusammenfassen.

Produktionsunternehmen

o   Wesentlich wichtiger als die reine Personendarstellung wurde die Darstellung und Übertragungsmöglichkeit von Zeichnungen (teilweise über
DIN A0), Grafiken und Bildern angesehen

o   Der Einsatz einer schwenkbaren Kamera zur Aufnahme von Objekten
wurde durchweg als notwendig beurteilt

o   Hervorgehoben wurde auch die Notwendigkeit der elektronischen Bild-
erstellung bzw. -bearbeitung (Telewriting, Electronic Stick, Graphical
Tablet, Electronic Blackboard). Dabei sollte auf die Positionierung und
Auswahl dieser Medien besonders geachtet werden

Produktionsunternehmen: Schwerpunkt Bild-, Grafik- und Objekt-darstellung

o   Großbildschirme werden im Gegesatz zu den Dienstleistungsunternehmen
nur für die Darstellung von Bildern/Grafiken bevorzugt (Normale Fernseh-
bildschirme liefern eine bessere Bildqualität und sollten deshalb bei der
Darstellung von Personen bevorzugt werden)

o   Auslegung der Räume auf maximal 6 Personen (im Bereich der Per-
sonenkameras). Die Darstellung des Eigenbildes wurde nicht immer als
notwendig erachtet

o   Eine elektronische Bildspeichereinheit würde begrüßt werden

Dienstleistungsunternehmen

o   Besonderer Wert wurde auf die Darstellung von Personen gelegt. Dadurch
entstand der Wunsch die Personen auf Großbildschirmen darzustellen

o   Nach Ansicht einiger Unternehmen soll der Raum von mehr als 6 Personen
zu nutzen sein (Die Darstellung aller Personen in Lebensgröße ist dann
jedoch problematisch, das Gefühl des direkten Ansprechens würde sinken)

Dienstleistungsunternehmen: Schwerpunkt Personendarstellung

o   Eigenbilddarstellung wurde von fast allen Firmen gefordert

o   Auf eine elektronische Bild- und Grafikdarstellung bzw. -bearbeitung
      wurde nur von einigen Firmen Wert gelegt

Zentrale Bedeutung für die schnelle Einführung dieses neuen Telekommuni-
kations-Dienstes wird neben Faktoren wie der Qualität der Systeme oder der
Übertragung die Wirtschaftlichkleit darstellen. Wirschaftlichkeitsberechnungen
ergaben, daß bereits bei einer Entfernung von 200 bis 300 km und einer Teil-
nehmerzahl von 3 bis 4 Personen, sowie einer monatlichen Nutzungsdauer von 20
bis 30 Stunden, ein wirtschaftlich positives Ergebnis erzielt werden kann. Dies
ergibt sich übereinstimmend mit Berechnungen von Diebold /7/ und eigenen
Recherchen. Zur Erhöhung der Wirtschaftlichkeit muß der Einsatz und die
Nutzung der Studios so geplant werden, daß alle Organisationsbereiche
berücksichtigt werden. Dies muß jedoch nicht bedeuten, daß das Studio möglichst
zentral bereitgestellt wird, es ist durchaus sinnvoll, es in einen Haupteinsatz-
bereich zu legen.

Die Übertragungskosten werden nach Angaben der Post bei ca. 800.-- DM pro
Stunde innerhalb der Bundesrepublik Deutschland liegen. Einmalige Anschlußge-
bühren in Höhe von 12.000.-- DM und eine monatliche Grundgebühr von 1500.--
DM können als niedrig gelten und werden somit die Akzeptanz fördern. Dazu
kommt, daß dieser Preis für die gesamte Verbindung (beide Kommunikationspartner) berechnet wird. Die Gebühren innerhalb Europas werden bei ca. 1200.--
DM und außerhalb bei ca. 2500.-- DM pro Stunde liegen. Dabei ist zu berücksichtigen, daß diese Gebühren nur für die halbe (eigene) Verbindung gelten.
Der ausländische Videokonferenzpartner hat die Gebühr für seine Leitungshälfte
bei seinem Netzanbieter zusätzlich zu entrichten. Der Preis für die Studios richtet
sich nach den Wünschen der Anwender und liegt durchschnittlich zwischen
500000.-- DM und 1000000.-- DM für 2 Studios, wobei hierbei von einer guten
technischen Ausstattung ausgegangen wurde. Für viele Anwendungsfälle wird
jedoch auch ein relativ einfach ausgestattetes Studio den Zweck bereits erfüllen.
Ein gewisser Grundaufwand ist jedoch zur Sicherstellung der Ton- und Bildqualität
nötig. Dieser Punkt wird bei bereits realisierten Studios (besonders in den USA)
aus Kostengründen oder Nachlässigkeit oft nicht in ausreichendem Maß berücksichtigt. Die Tonübertragungsqualität muß qualitativ wesentlich besser sein

als die Übertragungsqualität einer normalen Fernsprechverbindung. Ein zusätzlicher Konzentrationsfaktor Ton würde die Akzeptanz der Systeme beträchtlich senken. Die Bildqualität muß, besonders für die Personendarstellung, der des Fernsehens entsprechen.

Eine weitere wichtige Voraussetzung für die effiziente Nutzung sowie die Akzeptanz dieser Substitutionstechnologie ist die ergonomische Gestaltung der Studios, ihrer Einrichtung und besonders der Bedienteile für die Steuerung von Kameras, Videorekordern etc..

Durch eine ungenügende Gestaltung wird die effiziente Nutzung und die Akzeptanz der Systeme gerade in ihrer Einführungsphase beträchtlich gesenkt. Dieser Punkt ist deshalb so wichtig, da es sich bei der Benutzergruppe vorwiegend um im Umgang mit komplexen Informations- und Kommunikationssystemen unerfahrene Benutzer handelt.

Literatur:

/1/   Bullinger, H.-J.:
        Die Durchdringung der Unternehmen mit integrierten Bürosystemen - Die
        Phasen der Bürorationalisierung
        Aus Bullinger, H.-J. (Hrsg.), Integrierte Bürosysteme - Zukunfssichere
        Strategien und erfolgreiche Anwendungen, 3. IAO Arbeitstagung, 1984

/2/   Wichards, Fr.-H.:
        Videokonferenzen statt Dienstreise
        Nachrichten Elektronic - Telematik, 37 (1983) 8/9, S. 345 - 348
        Siehe auch Informationsschriften der Deutschen Bundespost über Video-
        konferenzen, Stand April 1985

/3/   Ilg, R.; Truckenmüller, T. W.:
        Videoconferencing Man-System Interface Design
        Forschungsbericht des Fraunhofer-Instituts für Arbeitswirtschaft und Orga-
        nisation (IAO), Stuttgart, 1984

/4/   Johansen, R.:
        Teleconferencing and Beyond. Communications in the Office of the Future
        McGraw-Hill Publications Company, New York, 1984

/5/   Bohm, R. J.:
        The Executive Guide to Video Teleconferencing
        Artech House Inc., 1984

/6/   Olgren, Ch. H.:
        Teleconferencing Technology and Applications
        Artech House Inc., 1983

/7/   Diebold Group Inc.:
        A Review of Teleconferencing Opportunities. United States Experience,
        July 1983

/8/   Diebold Deutschland GmbH:
        Marktgerechte Gestaltung von Telekonfernzdiensten
        Frankfurt, Juli 1983

/9/   Fähnrich, K.-P.; Ilg, R.; Truckenmüller, T. W.:
        Videokonferenzen - Kommunikationsunterstützung für Management und
        Fachspezialisten
        Office Management, 32 (1984) 10, S. 934 - 939

/10/   Bullinger, H.-J. (Hrsg.):
        Integrierte Bürosysteme - Zukunfssichere Strategien und erfolgreiche
        Anwendungen, 3. Arbeitstagung des Fraunhofer-Instituts für Arbeits-
        wirtschaft und Organisation (IAO), 27./28. 11. 1984, Stuttgart
        Springer-Verlag, Berlin, Heidelberg, New York, Tokio, 1984

/11/   Anastassiou, D. et al:
        Series 1-based videoconferencing equipment
        IBM System Journal, 22 (1983) 1/2, pp. 97 - 110

/12/   Colloquium on Videoconferencing
        Conference, London, Great Britain, 10 May 1983

/13/   Williams, K. R.:
        INSIS, Socio Psychological Perspectives on the Design of a Video Conferen-
        cing Complex
        Manchester Business Technology Centre, April 1983

/14/   Shimamura, K.; Sakasai, Y.:
        Video Teleconference Systems. Psychological Evaluation
        Review of the Electrical Communication Lab., 29 (1981) 3/4, pp. 307 - 328

/15/   Kavenik, F.:
        Designing a Successful Videoconference Network
        Satellite Commun., 8 (1984) 5, pp. 26 - 31

/16/   Fisk, R.P.:
        Videoconferencing: Tips for Business Users
        Mark. News, Vol. 18, No. 23, 1984

Konzeptionelle Grundlagen einer wissensbasierten Mensch-Maschine-Schnittstelle

Hans-Werner Hein, Scott R. Smith, Christoph G. Thomas

Abstract

After briefly motivating the need for a unified and consistent approach to the design of man-machine dialogs, the fundamental aspects of an object-oriented knowledge-based dialog system are presented. A number of categories of knowledge over objects and activities in the user's domain of interest are included, supporting a variety of communication techniques. The system concepts for AiD are described, a generalized knowledge-representation framework and procedural toolkit to be used for constructing intelligent man-machine dialog systems spanning a wide range of computer assisted office activities.

Kurzfassung

Nach einer kurzen Motivation für den Bedarf von einheitlichen und konsistenten Benutzerschnittstellen werden die fundamentalen Aspekte eines objekt-orientierten wissensbasierten Dialogsystems dargestellt. Eingeschlossen sind hierbei verschiedene Bereiche von Wissen über die Objekte und die Handlungen des Benutzers auf diesen Objekten zur Unterstützung vielfältiger Kommunikationstechniken. Das AiD-Systemkonzept eines Prototyps für intelligente Mensch-Maschine-Kommunikation im weiten Bereich der Computer-unterstützten Büroanwendungen wird beschrieben.

1. Motivation

Als es in der Frühzeit der Informatik noch keine Betriebssysteme gab, mußte sich jeder Benutzer um die richtige Aussteuerung peripherer Geräte und um viele andere heute selbstverständlichen Aspekte der Computerbenutzung selbst kümmern. Ein Mehrbenutzerbetrieb war völlig undenkbar. Die Praktiker erkannten bald, daß sie bei jeder Anwendungsprogrammierung grundlegende Probleme des Computerbetriebs stets aufs neue lösten. Dieser Ineffizienz konnten sie durch Abtrennung der Betriebsroutinen von den einzelnen Anwendungen und ihrer Wiederverwendungen bei neuen Anwendungen abhelfen: Die Geburtsstunde der Betriebssysteme.

Auf dem Gebiet der Mensch-Maschine-Schnittstellen ist ein solch grundlegender Schritt, obwohl schon längst theoretisch diskutiert, in der Praxis nur ansatzweise vollzogen: Die Entwicklung einheitlicher und wiederverwendbarer Lösungen für die Kommunikation des Benutzers mit vielerlei Anwendungssystemen. Statt dessen werden tausendfach wieder und wieder Bedienungshilfen und Dialogführungen von Grund auf neu programmiert - jedesmal anders. Zum Teil läßt sich das auf die stürmische Entwicklung der Terminaltechnik zurückführen. Innerhalb der letzten 15 Jahre wurden aus Fernschreibern mit Endlospapier und Lochstreifen erst alphanumerische, monochrome Dialoggeräte und dann hochauflösende Grafikterminals mit Farboptionen und Grafiktablett oder Maus.

Jeder technische Entwicklungsschritt machte natürlich frühere Kommunikationslösungen obsolet. Die gemischte Bedienung aller Anwendungen über einen Bildschirm weicht einer strukturierten Bedienungsoberfläche mit vielen virtuellen Bildschirmen für je eine Anwendung (Basis: Fenstersysteme). Zeilenorientiertes kommandogesteuertes Arbeiten mit Textverarbeitungs- und Grafiksprachen weicht bildschirmorientiertem gestisch gestütztem Arbeiten nach dem Motto "what you see is what you get" (WYSIWYG). Die Ausgabe vielfältiger akustischer Signale ist einfach geworden. Erste Verarbeitungsmöglichkeiten für gesprochene Sprache stehen bevor.

Nun ließe sich auf dem heutigen Technologiestand irgendeines der bekannten Mensch-Maschine-Kommunikationsschemata wohl realisieren. Es zeigt sich aber, insbesonderen im Bereich der Büroarbeit, daß eine starre Normierung von Systembedienung wie Arbeitsabläufen uneffizient wäre; z.B. würde eine Menühierarchie den Arbeitsablauf bei häufigen Benutzern viel zu sehr bremsen. Daneben wäre sie auch inhuman, wie schon eine einfache Betrachtung mehrerer beliebiger Büroarbeitsplätze zeigen kann: Entsprechend dem Temperament und Aufgabenprofil des Inhabers sind sie unterschiedlich organisiert. Die zweifellos auch vorhandenen Gemeinsamkeiten sind mehr abstrakter Natur. *Neue Mensch-Maschine-Schnittstellen sollten sich daher einheitlich bei verschiedenen Anwendungen aber unterschiedlich bei verschiedenen Benutzern verhalten können!*

Aus dieser Kernforderung und den softwaretechnischen Bewertungen weiter oben lassen sich konzeptionelle Prinzipien ableiten, die im folgenden konkretisiert werden. In der Forschungsgruppe Mensch-Maschine-Kommunikation der GMD wird derzeit die Schnittstelle AiD (AiD improves Dialogs) nach diesen Prinzipien prototypisch auf einer LISP-Maschine (Symbolics 3670) entwickelt.

2. Objektorientierte Wissensbasierung

Damit ein System seine Benutzer bei ihrer Arbeit wirkungsvoll unterstützen kann, braucht es Informationen über diese Arbeit:

- an welchen Objekten gearbeitet wird
- aus welchen Komponenten diese Objekte bestehen
- in welcher strukturellen Beziehung diese Komponenten zueinander stehen (syntaktische Information)
- welche inhaltlichen Beziehungen zwischen den Komponenten gelten (semantische Information)

• in welchen Beziehungen die Objekte als solche untereinander stehen.

Um den erforderlichen Aufwand möglichst optimal abzuwickeln, wird man die Tatsache ausnutzen wollen, daß die zu beschreibenden Objekte in vielen Fällen nicht völlig unterschiedlich sind.

Beschreibt man die Gemeinsamkeiten von Objekten getrennt als "abstrakte Objekte", erhält man dadurch zwar mehr Objekte als real benötigt, spart sich aber das mehrfache Hinschreiben von Information. Dieser softwaretechnologisch sehr vorteilhafte Vorgang der Abstraktion läßt sich in der Praxis über mehrere Stufen fortführen, bis zu sehr allgemeinen Objekten, die dann an der Spitze einer "Abstraktionshierarchie von Objekten" stehen [6]. Diese Abstraktionshierarchie von Objekten wird verkürzt auch gern als **Objekthierarchie** bezeichnet.

Die Beschreibung der realen Objekte läßt sich über einzelne oder Kombinationen der folgenden Vererbungsmechanismen gewinnen:

• *Spezialisierung* eines abstrakten Objekts durch Hinzufügen genauerer und einschränkender Information zu einzelnen Komponenten und eventuelles Hinzufügen neuer Komponenten.

• *Variation* eines abstrakten Objekts durch Änderung an der enthaltenen Information.

• *Verschmelzung* abstrakter Objekte und ihrer Eigenschaften zu einem neuen Objekt.

Bezüglich des Programmierens von Algorithmen läßt sich das Abstrahieren mit der Bildung von Prozeduren und das Vererben mit dem Aufruf von Prozeduren in Analogie setzen. Den elementaren Standardfunktionen eines Betriebssystems oder einer Programmiersprache entsprechen dann bei der objektorientierten Wissensbasis die sehr abstrakten Objekte in den obersten Ebenen der Hierarchie.

Konsequenterweise sollte eine wissensbasierte Mensch-Maschine-Schnittstelle diesen obersten Bereich der Objekthierarchie als Grundstock einer Wissensbasis zur Verfügung stellen. Von hier aus lassen sich dann qua Vererbung nach Bedarf beliebig spezielle Objekte für verschiedenste Anwendungen ableiten, ohne daß deren zum Teil sehr abstrakte Gemeinsamkeiten wieder verloren gehen.

Daher ist es besonders bemerkenswert, daß in Objekthierarchien keine festen Grenzen zwischen anwendungsunabhängigen und anwendungsabhängigen Objekten erwartet werden dürfen; oder zwischen Objekten für eine Anwendung X und eine Anwendung Y. Die Übergänge sind hier genauso fließend wie in Aufrufhierachien von Prozeduren.

Figur 1 zeigt das (vereinfachte) Beispiel einer Objekthierarchie. Auf der Grundlage eines Basisobjekts (AiD-basic-object-mixin) werden durch mehrere Stufen von Spezialisierung und Verschmelzung Büroobjekte (dh. Anwendungen aus dem Bürobereich) wie z.B. Business Letter, SEQUEL Database Inquiry Synthesizer oder auch VisiCalc Spreadsheet gebildet.

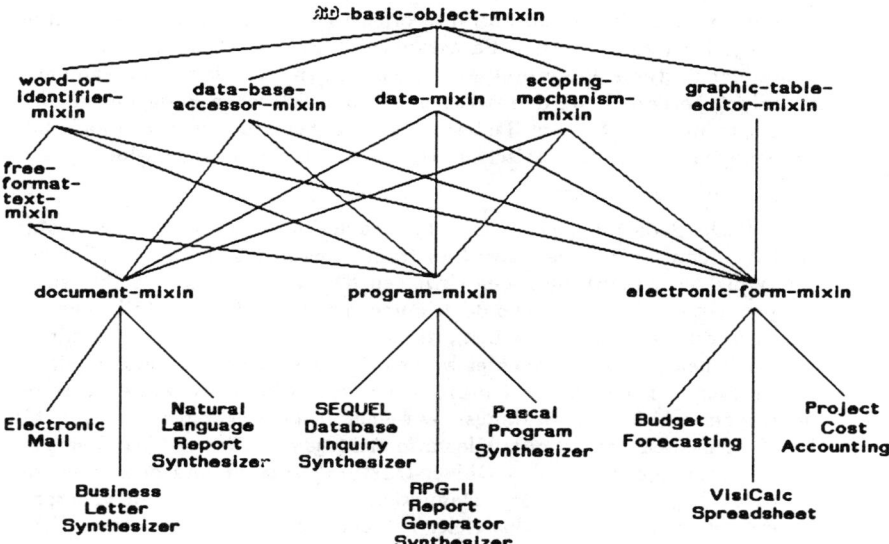

Figur 1 : Beispiel einer Objekthierarchie

3. Mehrschichtige Kommunikation

Die Mächtigkeit einer Objekthierarchie fordert aus Sicht des Benutzers die Verfügbarkeit einer Menge von allgemeinen Werkzeugen, die auf alle Objekte in der Hierarchie anwendbar sind. Sie sollten den Benutzer bei der Arbeit an einem spezialisierten Objekt effizient unterstützen können und diese Effizienz nicht verlieren, wenn er zu einem Objekt einer anderen Anwendungsklasse wechselt. *Für einen Benutzer sollte die Funktionalität der Oberfläche für alle Anwendungsklassen gleich sein.* Dies entspricht dem Grundsatz der Einheitlichkeit eines Schnittstellenverhaltens bei unterschiedlichen Anwendungsklassen. Allgemeine Werkzeuge können für den Benutzer explizit an der Systemoberfläche verfügbar bzw. aufrufbar sein oder implizit im System selbst integriert sein.

Die Werkzeuge sollten eine Objekthierarchie im allgemeinen, und eine aktuelle Instanz eines Objekts im speziellen unter unterschiedlichen Gesichtspunkten betrachten können. Erforderliche bzw. wünschenswerte Gesichtspunkte sind hierbei:

- die Syntax der Objekte

  Die Bearbeitung jeder Instanz eines Objekts aus der Objekthierarchie kann in einem allgemein zur Verfügung stehenden Struktureditor ausgeführt werden, in dem zu jeder Zeit nur syntaktisch korrekte Änderungen an einem Objekt erlaubt sind. Über einen mitlaufenden Navigationsprozeß kennt die Schnittstelle die aktuelle Position des Benutzer in einem Objekt (den "Focus of Attention"), so daß erlaubte strukturorientierte Änderungen dieser Position ("Bewege Dich zum nächsten Paragraphen", "Bewege Dich zum ersten Namen in der Postliste") interpretiert werden können. Darüberhinaus kann eine Abbildung hergestellt werden zwischen den physikalischen Bewegungen eines Zeigeinstruments auf einem Rasterdisplay und den entsprechenden logischen Bewegungen auf der syntaktischen Struktur der Objektinstanz selber.

- die Semantik der Objekte

Semantische Berechnungen auf den Objekten des Benutzers können ausgeführt werden, indem kontext-sensitive Constraints aus den Objektbeschreibungen (den Objektschemata) unter den einzelnen Komponenten der Objekte sichtbar gemacht werden [4]. Solche Berechnungen heißen **inkrementell** , wenn zu jeder Zeit die jeweils aktuellen Instanzinhalte eines u.U. noch nicht vollständig beschriebenen Objekts betrachtet werden [5]. Diese Überprüfbarkeit semantischer Beziehungen und Bedeutungen der einzelnen Instanzteile untereinander während der Entwicklungsphase einer Instanz erweitert die Qualität der Mensch-Maschine-Schnittstelle umso mehr, je schneller und klarer semantische Abhängigkeiten in den Objektstrukturen erkannt und dem Benutzer verständlich gemacht werden. Dann kann der traditionelle und fehlerproduzierende Entwicklungszyklus vieler Anwendungen ("Editiere Deinen Text; Sende ihn an den Postverteiler") verbessert werden durch ein integriertes Verfahren, in dem zwar noch die Reihenfolge der Anwendung von Operationen (erst "Editieren", dann "Senden") die gleiche ist, in dem aber durch den Vorteil der sofortigen Entdeckung semantischer Inkonsistenzen ("Empfänger existiert gar nicht") viele Mängel traditioneller Schnittstellen wegfallen.

- die Visualisierung der Objekte

Die Visualisierungsmöglichkeiten für ein Objekt reichen von der einfachen strukturdefinierten Darstellung bis hin zu einer Darstellung, in der syntaktische und semantische Informationen ausgenutzt werden, um einen sogenannten "holophrastic" Blick zu erreichen. Holophrasing bedeutet, daß in einer aktuellen Instanzstruktur Objektteile, die zwar zur Instanz gehören, auf die aber nicht der Focus of Attention gerichtet ist, durch signifikante Repräsentanten beschrieben werden. Dh. in einer holophrastic Darstellung wird Wissen über die hierarchische Struktur von Objekten benutzt, um dem Benutzer zu jeder Zeit einen seinen Intentionen gerechten Blick auf ein Objekt zu liefern, in dem weniger interessante Informationen in den Hintergrund geschoben werden, um mehr Platz und auch Aufmerksamkeit für den Kontext zu bekommen, an dem er gerade arbeitet [7].

- die Historie der Objekte

Die Dialoghistorie enthält die Darstellung der (Folge von) Handlungen des Benutzers auf seinen Objekten zusammen mit adäquaten Zustandsbeschreibungen dieser Objekte. Repräsentiert eine solche Darstellung nur eine sequentialisierte Aufschreibung der Benutzeraktionen in ihrem zeitlichen Ablauf, können einfache UNDO- bzw. REDO-Operationen auf der Historie ausgeführt werden [1], [8]. Wird aber von dem zeitlichen Ablauf der Dialogschritte abstrahiert, um logisch zusammenhängende Aktionen, die ja nicht unbedingt zeitlich direkt hintereinander ausgeführt werden müssen, auch als logisch zusammenhängend in einer Dialoghistorie darzustellen, hat man Vorteile in mehrfacher Hinsicht: Zum einen können komplexe UNDO/REDO-Strategien auf selektierten Teilstrukturen der Dialoghistorie ausgeführt werden. Beispielsweise kann der Benutzer eine Folge logisch zusammenhängender Aktionen markieren und diese mit UNDO rückgängig machen oder mit REDO und eventuell geänderten aktuellen Parametern nochmals ausführen. Desweiteren hat man die Möglichkeit, temporäre (oder auch permanente) Benutzermakros allein durch Markierung eines logisch zusammenhängenden Teils aus der Dialoghistorie zu definieren und diese im weiteren Dialogablauf zu verwenden. Darüberhinaus besteht die Möglichkeit, daß die Schnittstelle selbst die Dialoghistorie analysiert und z.B. im Lauf der Zeit immer wiederkehrende Routinehandlungen des Benutzers erkennt und ihm dafür ein Makro anbietet.

• die Pläne und Ziele für die Objekte

Es ist für den Benutzer ein sehr wichtiger Aspekt einer Schnittstelle, wenn sie auf Informationen in der Objekthierarchie zurückgreifen kann, die beschreiben, welche sinnvollen Ziele für die Objekte existieren und wie diese Ziele auf der Grundlage von hierarchischen Plänen erreichbar sind. Sind solche Pläne in einer Objektbeschreibung abgelegt, kann die Schnittstelle dem Benutzer auf Anforderung kontext-sensitive Hilfe geben, oder ihn durch Einengung bzw. Erweiterung seines Handlungsspielraums zur Erreichung seiner Ziele implizit führen bzw. explizit leiten.

Sind diese unterschiedlichen Gesichtspunkte für eine Objektbearbeitung im allgemeinen Sinn in einer Schnittstelle modelliert bzw. über Werkzeuge verfügbar und konzeptionell voneinander getrennt, hat der Benutzer in vielen Fällen Freiheitsgrade, zu bestimmen, mit welcher Intensität er den einen oder anderen Gesichtspunkt "in seiner Schnittstelle" behandelt haben möchte. Dies kann teilweise in einem Benutzerprofil beschrieben werden. So ist anzunehmen, daß der eine Benutzer sehr stark die Visualisierungskomponente benutzt, während ein anderer Benutzer oft Operationen im Zustandsraum (dh. auf der Dialoghistorie) ausführt und ein dritter sich über die zielorientierten Pläne von der Schnittstelle in seinen Aktionen leiten läßt. Dies entspricht dem Grundsatz, daß sich die Schnittstelle bei verschiedenen Benutzern unterschiedlich verhalten kann; wobei natürlich die erzielbaren Effekte auf den Objekten die gleichen sein müssen.

4. Das AiD - Systemkonzept

Die heute im Bürobereich verwendeten konventionellen Systeme unterstützen die Büroarbeit im allgemeinen mehr oder weniger unzureichend. Bei unterschiedlichen Anwendungen hat der Benutzer jeweils auch ein neues Schnittstellenverhalten kennenzulernen und zu verstehen. Viele der im vorigen Kapitel beschriebenen Möglichkeiten zur Verbesserung der Mensch-Maschine-Schnittstelle werden oft entweder unvollständig oder gar nicht betrachtet (z.B. UNDO nur auf die letzte Aktion, keine aktive Hilfe, Fehlermeldung kommt zu spät, zu viele unwichtige Informationen auf dem Bildschirm etc.).

Zur Verbesserung solchen Verhaltens lassen sich aus dem bisher Gesagten drei wichtige und allgemeine Aspekte für die Automation im Bürobereich ableiten:

- die Repräsentation von Büroobjekten

  dh. Anwendungen aus dem Bürobereich sollten intern als Objekte dargestellt werden.

- die Gestaltung der Mensch-Maschine-Schnittstelle

  dh. ein Benutzer sollte für verschiedene Anwendungen ein gleiches Schnittstellenverhalten erwarten können. Dies erhöht die Akzeptanz und Durchschaubarkeit neuer Anwendungen in wichtigem Maße.

- Wissensrepräsentation

  dh. Informationen über die Objekte und deren Anwendungen, die Werkzeuge und deren Zusammenspiel, den Benutzer und dessen Umgang mit den Werkzeugen und den Objekten sollten mit adäquaten Repräsentationstechniken dargestellt werden. Dies ermöglicht eine effiziente Anwendung von Inferenzmechanismen, die jeweils problemspezifisch arbeiten können.

Beachtung dieser Aspekte führt zu der Folgerung, daß nur dann eine grundsätzliche Verbesserung des Schnittstellenverhaltens gegenüber den Benutzern erreichbar ist, wenn ein Systemkonzept vorliegt, in welchem eine Objekthierarchie als Anwendungs- und Wissensbasis Grundlage ist für eine Schnittstelle, deren Verhalten durch eine Vielzahl von Werkzeugen geprägt ist, welche auf dieser Objekthierarchie arbeiten können.

Das System AiD [3] ist Prototyp für eine Schnittstelle unter diesen Voraussetzungen. Figur 2 zeigt die Grobstruktur des Systems. Grundelemente sind "Objekte" und "Spezialisten". Die Objekte sind in einer hierarchischen Struktur angelegt, die die Wissensbasis des Systems darstellt.

Die Spezialisten sind voneinander unabhängige Prozesse, denen jeweils spezielle Aufgabengebiete zugeordnet sind. Die Spezialisten (Constructor, Navigator, Displayer, Semantic Evaluator, Active Helper) können untereinander kommunizieren. Sie haben Zugriff sowohl auf Wissen über Klassen von Anwendungen ("object schemas") und auf viele konkrete Exemplare dieser Klassen ("instances"), als auch auf in konventioneller Weise gespeicherte Datenmengen ("auxiliary files").

Ein Dialog Handler koordiniert als Monitor das System, indem er benutzerseitige Aktionen protokolliert, interpretiert und entsprechende Aktionen der Spezialisten anstößt. Um die richtigen Aktionen auszuwählen, verfügt der Dialog Handler über eine Regelmenge, in der allgemeine Verhaltensregeln für das System abgelegt sind, ebenso wie die Spezialisten für ihre Funktionsbereiche über gespeichertes und inferenzierbares Spezialwissen verfügen.

Ein Spezialist kann vom Benutzer (über den Dialog Handler) zur Leistung eines Dienstes aufgefordert werden, ebenso wie er implizit eine assistierende Rolle für einen anderen Spezialisten übernehmen kann, oder aufgrund einer allgemeinen Verhaltensregel des Systems aktiv werden kann (z.B. REDISPLAY nach jeder Änderung in einer Instanz). Desweiteren hat ein Spezialist die Möglichkeit über eigene "Daemons" das sind Prozesse, die im Hintergrund ablaufen und ständig nach Erfüllung von Bedingungen Ausschau halten) selbst aktiv zu werden zur Erfüllung einer in seinem Tätigkeitsbereich liegenden Aufgabe.

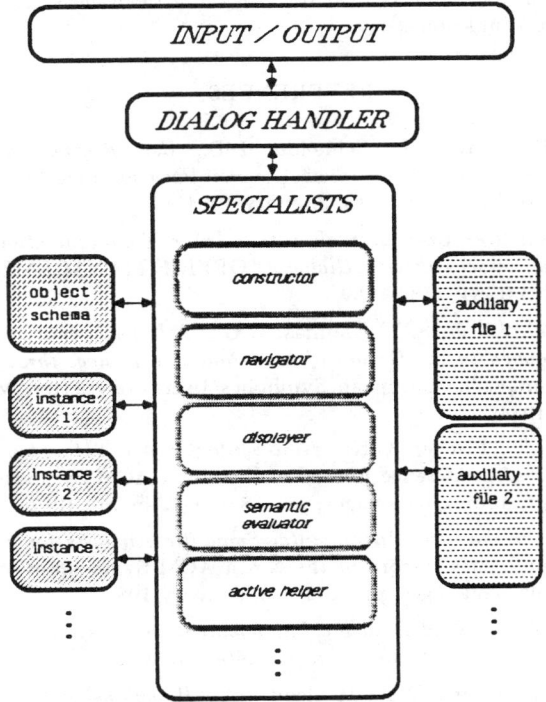

Figur 2 : Systemstruktur der intelligenten Mensch-Maschine-Schnittstelle AiD

Die für den Dialog Handler angelegte Struktur wird als *hierarchischer Handlungsplan* bezeichnet [2]. Ein Handlungsplan besteht hierbei aus der Zusammenfassung von Dialoghistorie und Beschreibung von Benutzerzielen zu einer gemeinsamen Struktur (intern repräsentiert als UND/ODER-Graph). Der logische Schnitt zwischen Dialoghistorie auf der einen Seite und Beschreibung von Benutzerzielen auf der anderen Seite ist dynamisch gegeben durch den jeweils aktuellen Zustand der Instanzen der Objekte, auf denen ein Benutzer arbeitet. Hierarchisch ist ein solcher Handlungsplan in dem Sinn, daß in der Vergangenheit abgeschlossene Aktionenfolgen des Benutzers zusammengefaßt und in einer gemeinsamen Zustandsbeschreibung abgelegt werden. Ebenso hierarchisch strukturiert sind die mit den Objekten erreichbaren Ziele (Stichwort: Zielorientiertes Planen durch Bildung von Unterzielen).

Auf der Grundlage dieses allgemeinen Systemkonzepts lassen sich dann sehr unterschiedliche Aspekte von Schnittstellenverhalten und Systemeigenschaften in einem integrierten Gesamtsystem verankern. Diese Aspekte reichen von der Visualisierung eines Objekts in einer holophrastic Darstellung (Spezialist Displayer) in einem allgemeinen Strukfureditor (Spezialisten Constructor, Navigator) mit inkre-

mentellen semantischen Berechnungen (Spezialist Semantic Evaluator) über aktive
Hilfe und Benutzerführung (Spezialist Active Helper) bis zu benutzereditierbaren
Handlungsplänen für die Bereiche User Recovery und zielorientiertes Planen (Dialog
Handler mit Service-Funktionen).

REFERENCES

[1]   Archer, J.E., Conway, R., Schneider, F.B.: *User Recovery and Reversal in
       Interactive Systems.* ACM Transactions on Programming Languages and Sy-
       stems, Vol. 6, No. 1, pp. 1-19, January 1984.

[2]   Hein, H.-W.: *Der Computer als intelligenter Kommunikationspartner (Ein
       Ausblick auf wissensbasierte Dialoge).* OFFICE MANAGEMENT, Jahrgang
       32, Dezember 1984, 1186-1189.

[3]   Hein, H.-W., Smith, S.R., Thomas, C.G.: *AiD (AiD improves Dialogs) (A
       Better Approach to the Design of Man-Machine Dialogs through Knowledge-
       Based Techniques).* European Symbolics Users Newsletter, Vol. 1, No. 2,
       November 1984.

[4]   Johnson, G.F., Fischer, C.N.: *Non-Syntactic Attribute Flow in Language-
       Based Editors.* Conference Record of the Ninth ACM Symposium on Princi-
       ples of Programming Languages, pp. 185-195, January 1982.

[5]   Reps, T.: *Optimal-time Incremental Semantic Analysis for Syntax-Directed
       Editors.* Conference Record of the Ninth ACM Symposium on Principles of
       Programming Languages, pp. 169-176, January 1982.

[6]   Sandewall, E.: *Unified Dialogue Management in the Carousel System.* Pro-
       ceedings of the ACM Conference, pp. 146-154, 1982.

[7]   Smith, S.R., Barnard, D.T., Macleod, I.A.: *Holophrasted Displays In An In-
       teractive Environment.* Int. Journal of Man-Machine Studies, April 1984.

[8]   Vitter, J.S.: *USeR: A New Framework For Redoing.* Brown University, Tech-
       nical Report No. CS-83-18, February 1984 (revised).

Hans-Werner Hein
Scott R. Smith
Christoph G. Thomas

Gesellschaft für Mathematik und Datenverarbeitung mbH (GMD)
Institut für Angewandte Informationstechnik (F3)
Forschungsgruppe Mensch-Maschine-Kommunikation (MMK)
Schloß Birlinghoven
D-5205 St. Augustin

IMPLEMENTATION OF A DISTRIBUTED MESSAGE SYSTEM ON A LOCAL NETWORK

L. CHEMIN
Laboratoire MASI
France

ABSTRACT

We study the implementation on an Ethernet Local Network of a message system which is distributed among several servers.

Every user owns a mailbox, which is containing messages and a summary which is containing headings of received messages and notifications to the sent messages. As the main problem in a messaging system is storage, we present a solution to reduce it when a broadcasting discipline is offered to the subscribers: the content of the mailbox will be changed and won't hold any longer the received messages but the sent ones. We show the new mechanism to send and read a message.

The whole system is consistent with the MHS recommendation defined by the CCITT in 1984 but some operations are added to the UA entities for Interpersonal Messaging Service. We show how we have been led to complete the messaging protocol to perform our system in the way we have specified it.

1. - INTRODUCTION

Simultaneously with the large development of local computer networks, a lot of telematic applications have been studied which tend to improve the office work, and among them, the message system which enables users to exchange messages. But these services have been implemented on local networks in some different forms. A new step in the development of such systems is their interconnection. The CCITT gives a functional model [1] and describes service elements of Message Handling System (MHS) [2] and the protocols used to support MHS applications [3], [4], [5] . Henceforth, these recommendations, defined in 1984, will be used to implement message systems.

In this paper we describe a message system which is implemented on an Ethernet network. We give some explanations about the architecture, mailbox and summary, and we show why we have chosen to distribute the server and how we have resolved the problems raised. Finally we explain how the architecture is consistent with the MHS functional model.

2. - DESCRIPTION

The network we use as support of our application is an Ethernet network, set in Université Pierre et Marie Curie, which is connecting SM 90 (multiprocessor machines developed by the CNET). Devices with different ways of input-output (IA5Text, G3 Fax and Voice) are used as shown in figure 1:

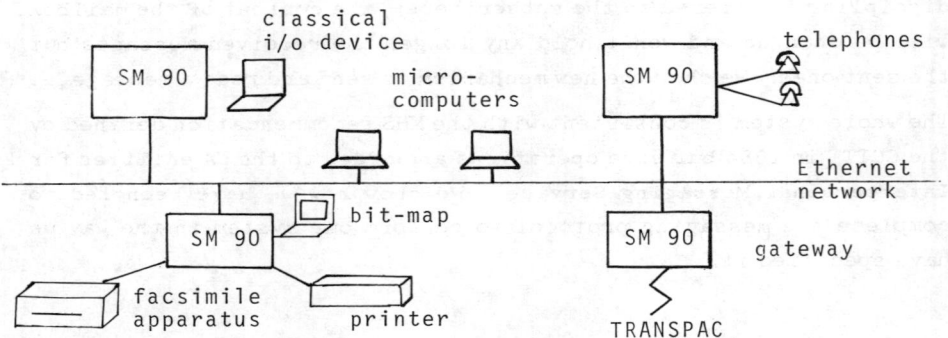

Figure 1.- Ethernet local network.

The Interpersonal Messaging Service enables users to exchange some messages with other subscribers of the network. It ensures routing and delivery of the messages and furthermore storing even if the receiver is not connected when the message is received. Storing is made through a mailbox which contains all the messages received by a user. Headings of the same messages (originator name, recipient name, sending date, subject, ...) are stored in a summary which also contains the delivery, effective reading and destruction notifications for all the messages the user has sent before.

We decide to distribute the messaging system among several SM 90 because of storage and reliability reasons. So every machine can be used as a server for the application and will support mailboxes and summaries for some users. When a machine fails, we can still offer a service which is undoubtedly damaged but which is better than nothing. Furthermore, this distribution allows a larger increase of the number of suscribers, for several machines can store more messages than a single one.

As we want at any time, any user to be able to reach his mailbox and send a message to any other user from any i/o device, we have to suppose for every user the existence of:

• Ssub, subscription server, which contains mailbox and summary and was determined when the user subscribed to the service,

• Scon, connection server, to which the user device is connected at this time, and which will move during the suscription of the user.

Scon is the link between a subscriber and his Ssub. It helps him to read his messages. It deals with some requests of the users and transfers the other ones that he can't deal himself with, to Ssub, especially those about mailboxes and summaries.

The distribution of the application implies the setting of some tables to manage the subscribers:

• List: which contains for every subscriber his name, his Ssub and Scon servers addresses and some management information; the subscriber's name must be unique,

• Connection Table: which includes for every i/o device address of the server the name of the subscriber connected at this time.

So at any time and in any server, it's possible to find a user's address, with the help of List to find Scon address and Connection Table in Scon to find the I/O device address.

Every server of the network includes a copy of List while every server manages its own Connection Table. The multiple copies of List will be managed with an algorithm [7] which uses a majority consensus to control the update and to guarantee mutual consistency of the copies. So the integrity of List will be kept because an update will be done when half the servers plus one at least agree to do so. To implement this algorithm, we can simplify it because only a new subscriber's insertion can cause conflict, since 2 users can ask subscription with the same name at the same time, which we don't want at all.

The service elements we intend to offer to the users are:

• subscribing,

• cancelling of suscription,

• connecting,

• cancelling of connection,

• sending a message,

• reading the summary,

• reading a message in the mailbox,

• reading List (subscribers' names),

• cancelling a message in the mailbox,

• cancelling a notification in the summary.

The natural way to organize the mailbox and the summary is the following : for every user, the summary includes the headings of the messages contained in the mailbox. When a user wants to read or to cancel a message he has to find in his summary its identificator depending on the attributes of the heading, then he can ask the reading or cancelling of the message shown by this identificator. So the structure of a user's mailbox and summary are shown in figure 2 and figure 3. The components of the heading describe the message contained in the mailbox with the same numerical identificator. A message is then composed of the heading stored in the summary and of the content stored in the mailbox.

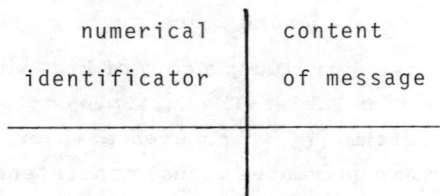

numerical identificator	content of message

Figure 2. - Mailbox

Headings

numerical identificator	sender's name	sending date	subject	type of content	state
				text voice facsimile	read received (not read)

Notifications

numerical identificator	sender's name	sending date	subject	type of notification
				delivery reading destruction

Figure 3. - Summary.

But when a user wants to send the same message to several receivers at the same time (broadcasting), we can observe that this message will be stored several times, which will increase the congestion of the system.

The solution we propose is to change the content of the mailbox which won't include any longer the messages received by a user, but the messages sent by him. On the contrary, the content of the summary will be unchanged (headings of the received messages). From the point of view of the user, the mechanism to read a message seems unchanged: when a user wants to read a message, he searches in his summary its identificator, then he passes it on to the system which finds the message in the sender's mailbox. So the message has only one copy stored in the mailboxes. Every receiver will read the same copy in the same mailbox, but every receiver has his own heading stored in his own summary and will produce his own notification.

Example 1:

U1 sends a message to U2, ... Un.

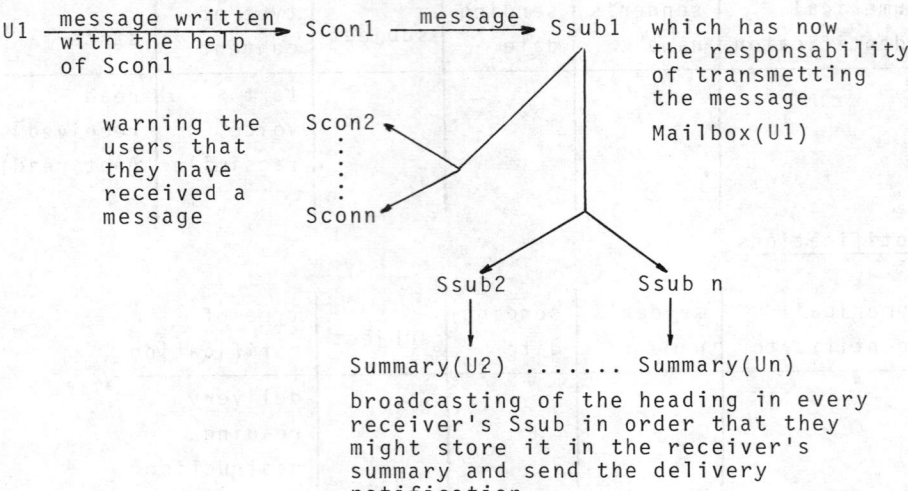

The broadcasting of the heading is performed, using the broadcasting of frames on the network, which is relatively inexpensive in a local network such as an Ethernet, thus improving the response time of delivery and congesting less the network. The message is not broadcast (there's only one copy in the system), but the heading, which is less cumbersome.

Example 2:

U2 requests to read a message sent by U1.

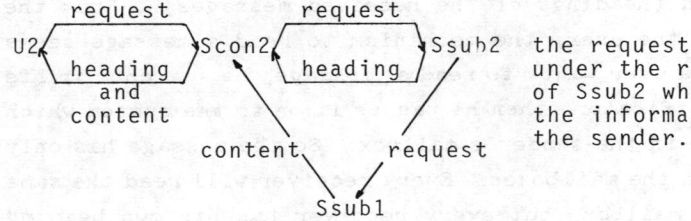

which finds the content
of the message in U1's
mailbox and sends it to U2

For the user, the reading mechanisme is the same as in the other organization. The difference consists in the fact that the system uses Ssub 1 to read the message in U1's mailbox and not just only to send it an effective reading notificzation to store in U1's summary. In fact, the traffic on the network will surely be a little larger in this solution than in the other but it will be spread over the time since it's quite unlikely that all the receivers request to read the message at the same time. We can see furthermore that the problem doesn't consist in the transfer time or in the work time of the network which are low, but on the contrary consists in the required storage capacities [6].

3. – CONFRONTING OUR ARCHITECTURE WITH MHS

The CCITT published some recommendations for the Message Handling System (MHS) which is a standard for the application layer of the ISO model. The MHS gives a definition for a user, a user agent (UA) and a message transfert agent (MTA). It is mainly involved in routing messages and naming users [1]. The CCITT shows how the entities associated with the former functions interact and what protocols they use [4], [5].

To perform our application as we have described it previously, we have to consider 2 kinds of users:

• a person who wants to send or to read messages, and

• for every user, a set including mailbox and summary that the user is reaching to read received messages or the system to store sent messages.

The user agent for a human user helps him to prepare requests and messages and presents him with the received messages on the convenient device. It acts as the connection server, Scon, of part 2. We add local functions for UA that deal with user requests as names server (subscribing, connecting and cancelling of connection or connection) and reading List.

The user agent for the mailbox user is an application process that stores messages in mailbox (delivery) and retrieves messages from mailboxes (submission). It acts as a message server.

We remind that X420 [5] defines 2 kinds of Protocol Data Units, for the protocole P2 that manages communications between user agents, in the Interpersonal Messaging Service.

• IM-UAPDU which carries a message generated by and transfered between originators and recipients, including heading and body,

• SR-UAPDU which conveys notification of receipt or non receipt of a message to its originator.

To perform the whole application, with particularly the notification systems, we can send an IM-UAPDU which is to be analyzed by the UA to know whether it's a real message to deliver to a user, or a message to store in the mailbox, or whether it's an order that a communicating UA sends to it (notification to store in the summary, or content of the summary to display on i/o device of the user). Or we can add a new kind of UAPDU, order UAPDU, beside IM-UAPDU and SR-UAPDU, which will invoke remote operations in UA (storing a message, preparing a notification or a message, displaying a warning,...). With these new UAPDU, we will ensure that messages will be stored in and retrieved from mailboxes, that summaries will be read by their owners and that notifications will be sent for every event occuring in the messages in the mailboxes.

In the basic system we have:

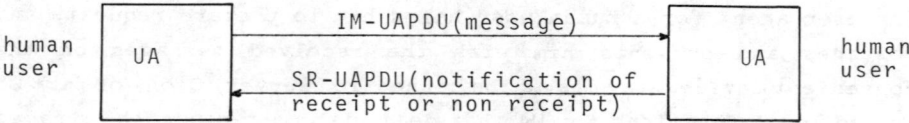

In our system we propose:

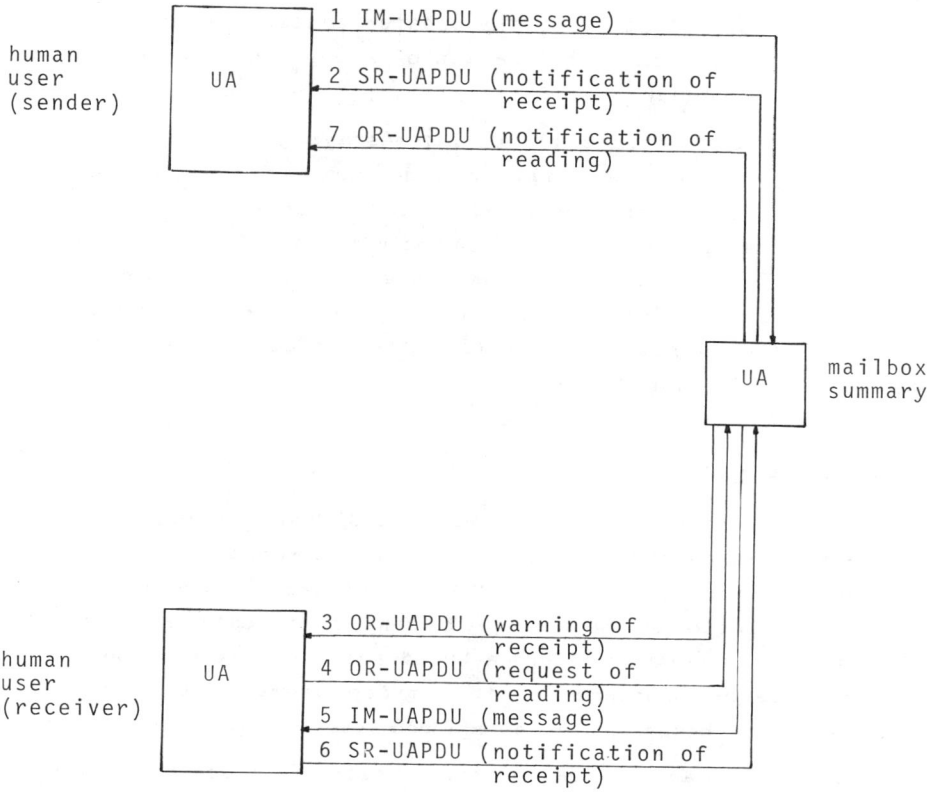

In fact, the OR-UAPDU extends the notion of SR-UAPDU by allowing a human user to consult an UA, without sending a message, used in the sense of heading and body, with an IM-UAPDU.

To be consistent with the CCITT recommendations, we have to use naming method defined in X. 400 [1]. But as this sytem is quite hard to use on a local network, we will just use one attribute level (user's name) to identify the users, but in a gateway towards other networks we will add other attributes to identify the network in a general architecture. So the uniqueness required for a user's name is a local property in the network. The mechanism shown to describe users is specific to the actual network and is implemented only in the servers of this network.

Each interconnection network will have its own way to suscribe users. To ensure votes for all the servers, OR-UAPDU previously defined are used that transmit at first the update requests, when the server votes and finally the notification of accepting or rejecting the subscription request.

When our system is connected to other messaging systems implemented on other networks, we will provide classically delivery and submission for users' messages with the help of IM-UAPDU and SR-UAPDU, but no longer storage in and retrieval from mailboxes for external users. A simple gateway, interconnecting our application with another, builds the correlation between a user's name addressed from the second network and its mailbox address where the sent message is to be stored.

4. - CONCLUSION

We have presented an architecture for a distributed message system implemented on an Ethernet Local Network. We have added to classical message systems some elements of service which allow a suscriber to know the evolution of the messages he sent (notification system). The fact that this network offers a broadcast discipline compels us to offer messages broadcasting to service users, but turning the content of mailboxes to reduce required storage capacities.

We have also to add several protocol units to impersonal messaging protocol defined by the CCITT to provide all the service elements we have defined, but these modifications won't alter the application working in case of interconnection with other systems.

BIBLIOGRAPHY

[1] : X. 400: System model-service elements.

[2] : X. 401: Basic service elements and optional user facilities.

[3] : X. 410: Remote operations and reliable transfer server.

[4] : X. 411: Message transfer layer.

[5] : X. 420: Interpersonal messaging user agent layer

[6] : L. CHEMIN: Messagerie électronique multisupport répartie

sur un réseau local.

Thèse de Docteur-Ingénieur, Université Pierre et Marie Curie,

Paris mai 1985.

[7] : R. H. THOMAS: A majority consensus to concurrency control for

multiple copy data bases. A. C. M. Transactions on

Database Systems, 6/79, n° 2.

Laurence CHEMIN
Laboratoire MASI
Institut de Programmation
Université Pierre et Marie Curie
4, Place Jussieu, 75230 Paris Cedex 05

The User Interface As A Theatrical Mirror

by Alan Kay

Abstract

Business rarely buys a computer system for romantic or esthetic reasons. Their choices amply confirm this! They want function and efficiency. If the function is there but difficult to command, they are happy to hire and train people to be the intermediary between management and the machine. Many of the millions of small businesses in the U.S. can't afford to hire grunts to run powerful programs with wretched interfaces. So they have either not bought or are struggling to get easy to use systems like the Macintosh to actually do what they need.

Thus a very large class of potential users need both easy to use interface and ways to *sculpt* the functionality they require. These two premises formed much of the basis for the Xerox PARC designs of the 1970s, particularly those of the Learning Research Group whose major concern was the realization of the *Dynabook*, an always-with-the-user personal computer. Since then, most of the interest in the PARC work has been centered on the user-friendly principles that led to commercial offerings such as the Xerox Star and the Apple LISA and Macintosh. I believer this bias arises because user-friendly is much more visible and considerably easier to achieve than customisable function.

Surprisingly, even the most visible attributes of the Xerox PARC designs -- such as "bit-map, mouse, menus, and windows" -- have been quite misunderstood. They have been slavishly copied and mostly inappropriately. William James said that every new idea goes through three phases. First it is denounced as ridiculous. Next, it is said to have been obvious. Finally, its former opponents will claim to have invented it. Now that IBM has announced Topview, overlapping windows surely must be obsolete!

My talk is about human-centered design principles for easy to use systems whose powerful functionality is customisable by a novice end-user. I will show video tapes of several remarkable systems from the sixties and seventies including: Sketchpad, the original graphics and nonprocedural programming system; GRAIL, the first system to be completely controlled by gesture; and Smalltalk, the first object oriented windowed system for novice users including children. I will then discuss human psychology, particularly perception and learning, and how it leads to a theatrical approach to design. I will show some remarkable examples of how the proper setting can increase learning rates by factors of 10 and 100. This will lead to principles that combine the separate mentalities that control muscles, vision, and symbolic reasoning to create user interaction that is much easier and more powerful. Next, these ideas will be used to guide designs for customisable applications. Finally, we will take a look at the future of interaction, in particular the great changes that will take place as we move from direct tool-like manipulation to indirect managed interaction with advisable *agents*.